CODE

DE

PROCÉDURE PÉNALE

DU

ROYAUME D'ITALIE

DERNIERE ÉDITION

Modifiée par la loi des 28-30 juin 1876 et précédée du rapport présenté
à S. M. Victor-Emmanuel, par S. E. le Ministre Cortèse,
le 26 novembre 1865

TRADUIT, ANNOTÉ, COMMENTE

Contenant la traduction de tous les articles de loi visés
dans le texte, et l'etude comparative des principales prescriptions
du code avec les procedures penales francaises et etrangères

PAR

HENRI MARCY

ANCIEN MAGISTRAT, AVOCAT A NICE

2e PARTIE

PARIS

LIBRAIRIE A. MARESCQ AINÉ,

A. CHEVALIER-MARESCQ, GENDRE ET SUCCESSEUR

20, RUE SOUFFLOT, 20

1881

CODE

DE PROCÉDURE PÉNALE

DU

ROYAUME D'ITALIE

CODE

DE

PROCÉDURE PÉNALE

DU

ROYAUME D'ITALIE

DERNIÈRE ÉDITION

Modifiée par la loi des 28—30 juin 1876 et précédée du rapport présenté
à S. M. Victor-Emmanuel, par S. E. le Ministre Cortese,
le 26 novembre 1865

TRADUIT, ANNOTÉ, COMMENTE
Contenant la traduction de tous les articles de loi visés
dans le texte et l'étude comparative des principales prescriptions
du code avec les procédures pénales françaises et étrangères

PAR

HENRI MARCY

ANCIEN MAGISTRAT, AVOCAT A NICE

2e PARTIE

PARIS

LIBRAIRIE A MARESCQ AINÉ,

A CHEVALLIER-MARESCQ, GENDRE ET SUCCESSEUR

20, RUE SOUFFLOT, 20

1881

SECONDE PARTIE

RAPPORT

DE M. LE MINISTRE GARDE DES SCEAUX CORTÈSE A S. M. VICTOR EMMANUEL.

DÉCRET ROYAL DE PROMULGATION.

CODE DE PROCÉDURE PÉNALE

« *La celerità in tuti i casi in cui non può nocere alla* »
« *giustizia, la libertà in tutti quelli in cui non sacrifica* »
« *la publica siccurezza, lo svolgimento aperte e leale* »
« *del principio accusatorio, lo svincolo da non necessa-* »
« *rie formalità, e con tutto cio la tutela della dignità del* »
« *cittadino e la economia nei giudizi , questi furono gli* »
« *intenti, questi i principii che si ebbero di mira nella* »
« *revisione del codice.* »

(S. E. CORTÈSE. *Relazione fatta à S. M.*)

« La célérité dans tous les cas où elle ne peut nuire à »
« la justice, la liberté dans tous ceux ou la sécurité »
« publique n'est point sacrifiée, le développement ouvert »
« et loyal du principe d'accusation, la suppression des »
« formalités inutiles, et avec tout cela la protection de »
« la dignité des citoyens et l'économie des jugements, »
« telles ont été les intentions et tels les principes que »
« j'ai eu en vue dans la révision du code »

(S E. CORTÈSE. Rapport à S. M.)

RAPPORT

SUR LE

CODE DE PROCÉDURE PÉNALE

———————————✳———————————

Sire,

En présentant à la signature de Votre Majesté le décret par lequel la procédure pénale est rendue uniforme dans tout le royaume, je n'aurai pas besoin de rappeler combien la diversité des ordonnances judiciaires constitue, dans l'État, une des anomalies les moins supportables ; combien, par cette diversité ainsi que par la différence des opinions juridiques, les habitants et la Magistrature de cette noble Toscane pourraient sembler étrangers à l'unité du royaume ; combien surtout il doit désormais paraître trop étrange que la Jurisprudence dans les tribunaux répressifs n'ait pas encore été reconnue, uniquement et précisément là où siège aujourd'hui le Gouvernement (1) ; là, où les traditions de la sagesse juridique ont de tout temps été largement répandues ; là enfin où la transformation politique ne pourra se dire complète que si on rend le peuple participant et solidaire, comme

—————

(1) Le siège du gouvernement italien, à cette époque, était à Florence. *(Note du trad.)*

dans tout le reste du royaume, aux augustes fonctions de rendre la justice.

Le changement aurait été beaucoup plus important, plus fécond en conséquences utiles et d'une plus vigoureuse politique, si, avec le code de procédure, avait pu entrer en vigueur dans la Toscane un code pénal commun à tout le royaume (1) ; parce qu'alors véritablement aurait été ainsi effacée la dernière trace de cette déplorable difformité d'institutions, par laquelle il est également possible et légitime, qu'il n'est pas moins absurde de voir les juges d'une province de l'État déclarer punissables certaines actions, qui, dans d'autres provinces, sont permises. C'est ainsi qu'on n'a aucune sanction pour réprimer les attentats contre l'exercice des droits politiques qu'a rendu certain et efficace la nouvelle vie nationale.

Votre Majesté n'ignore point quelles graves et délicates questions ont suscité la proposition d'introduire en Toscane le code pénal du royaume et par quelles raisons elles n'ont pu être résolues. C'est pourquoi, pendant qu'une commission, nommée il y a peu de temps, se livrera aux travaux préparatoires pour compléter les études sur le système pénal devant servir de base au nouveau projet de code, et pendant que Votre Gouvernement réclamera au Parlement de faire cesser au plus tôt, par une loi spéciale, cette lamentable lacune du code Toscan, il ne convient point de retarder plus longtemps les avantages qui, provenant de l'uniformité des règles de procédure, sont destinés à mettre au jour la vérité et par elle la justice.

(1) Ce code pénal a été mis en vigueur le 1er janvier 1866.

(Note du trad.)

Ceci, toutefois, n'eut été d'une application possible, jusqu'à présent, qu'aux différents règlements de la magistrature qui existaient en Toscane. Et puisque c'est seulement aujourd'hui que ce désir ou plutôt ce besoin du pays peut être satisfait, je remplirai avec confiance le mandat que la loi du 2 avril de la présente année a donné à Votre Gouvernement, en proposant, avec certaines modifications coordonnées à d'autres lois, le code de procédure pénale, pour être introduit dans tout l'État [au premier janvier prochain.

Autant que la brièveté du temps, et plus encore, que les conditions qui ont lié la faculté concédée au Gouvernement pour la révision de certains règlements me l'ont permis, je me suis efforcé de faire en sorte que le code de procédure, combiné avec la loi qui réglait la compétence pénale des Juges du mandement (aujourd'hui prêteurs), utilisât les bonnes institutions existantes dans les provinces en particulier, et spécialement celles qui permettent de rendre plus expéditives les décisions des tribunaux, et leur donnent plus d'autorité. Je me suis efforcé encore de rendre plus douces les restrictions qui nécessairement les accompagnent, et de garantir par conséquent davantage la liberté individuelle, sans porter préjudice à la sécurité publique.

J'ai tenu compte à la fois de l'expérience qu'on a faite de ce code (1) pendant les années où il était en vigueur dans les anciennes et nouvelles provinces, sauf en Toscane ; des savantes décisions des cours de

---

(1) Il n'est évidemment question la, que de l'*ancien* code.

(Note du trad.)

cassation (1) ; des vœux de la science ; des progrès législatifs ; ainsi que des décisions récentes des pays qui ont les mêmes institutions judiciaires ; et j'ai fait en sorte que les besoins les plus urgents trouvassent une satisfaction qui leur fût proportionnée.

Une revue rapide suffira à faire connaître la nature et l'importance des principales modifications introduites.

Il appartenait au code de procédure pénale du royaume de fixer un laps de temps pour l'action pénale et pour l'action civile ; mais l'art. 6 du code du 20 novembre 1859 altérait assez violemment le principe d'une telle concession, en ordonnant que l'action civile s'éteignit avec l'action pénale, même quand celle-ci était prescrite ; tandis qu'il est bien connu que les raisons faisant admettre la prescription dans le droit pénal sont d'une nature essentiellement différente de celles concernant la prescription civile. C'est pourquoi ce n'aurait été là qu'une innovation peu heureuse pour la Toscane ; d'autant plus que partout ailleurs ce n'était déjà, à ce sujet, qu'une confusion irrationnelle de principes. La distinction qui vient maintenant d'être introduite dans le nouveau code est certainement plus équitable : l'action civile ne s'éteindra plus avec l'action pénale, à moins que le procès pénal n'ait certifié que le fait auquel elle prend sa source est non avenu, ou bien que l'inculpé n'en est ni l'auteur, ni le complice (2).

La compétence des préteurs, étendue non seule-

---

(1) Le *pluriel* qui est employé ici se comprend : Avant l'unité de l'Italie, chacun des Etats qui composaient alors la pé- ninsule avait sa cour suprême. (*Note du trad.*)

(2) Voir, à ce sujet, l'art. 2 du code d'inst. crim, français.

ment à un certain nombre de faits délictueux, mais en général aux délits passibles de la prison, du confinement, ou de l'exil local jusqu'à trois mois, ou d'une multe (*a*) jusqu'à la somme de 300 francs (excepté cependant les délits de presse), a dû être logiquement admise aussi (art. 11) pour la répression des peines accessoires quelle que soit leur durée ; car différemment cette première réforme, dans la plupart des cas, comme ceux qui concernent les oisifs, les vagabonds, les mendiants et leurs semblables, aurait été réduite à l'état de lettre morte (1). Toutefois en ce qui concerne la suspension des offices publics, et en tenant compte tant de la durée que de l'importance intrinsèque de cette peine qui constitue une véritable restriction aux droits civils, il ne m'a pas paru convenable de la soustraire à la compétence des juges d'arrondissement, en suivant ainsi l'esprit général de la législation du royaume (2).

(1) Au point de vue pénal, ces peines accessoires sont elles-mêmes tres importantes, car le juge de police peut infliger, outre la peine principale :

1º L'INTERDICTION, LA SUSPENSION DE L'EXERCICE D'UNE CHARGE, D'UN EMPLOI DÉTERMINÉ, OU D'UNE FONCTION DÉTERMINEE DANS LE COMMERCE OU LES ARTS.

2º LA SURVEILLANCE DE LA SURETÉ PUBLIQUE.

3º L'ADMONESTATION (art. 83.)

(2) La peine CORRECTIONNELLE de la *suspension* de *l'exercice* des offices (*ou charges*) *publics* est, en effet, des plus séveres. Le condamné (art. 26 et 31 dn code pénal ital.) est privé, pendant un temps qui ne peut être inferieur à trois mois ni supérieur à trois ans (art. 59), de l'exercice de ses droits politiques et de toutes fonctions, emplois ou charges publics — sauf une peine plus forte, lorsqu'il s'agit de faits portant atteinte aux droits reconnus par les statuts (art. 193).

Ici, on comprendra des lors l'incompétence des préteurs.

(*Note du trad.*)

(*a*) Voii pour la *multe* la note (*a*) de la page 35

La réforme sur la compétence, combinée avec celle sur la pondération des peines dans plusieurs cas prévus par le code pénal et indiqués dans un autre décret qu'aujourd'hui même j'ai l'honneur de soumettre à la signature de Votre Majesté, est assurément la plus essentielle du code et celle dont nous devons attendre les plus grands effets pour la célérité et l'économie de la procédure. Elle offrira ensuite aux magistrats inférieurs un champ assez vaste pour pouvoir acquérir sur leurs administrés une autorité et une influence plus grandes, tout en rendant ces magistrats plus habiles dans l'exercice des fonctions les plus épineuses des tribunaux.

Pour eux ensuite la sollicitude pour les procès devait être nécessairement tempérée par des garanties plus grandes dans la manière de les conduire et de les terminer. Dans la procédure sommaire pour les cas de flagrant délit correctionnel, ils doivent prendre une décision presque dans l'acte même par lequel il est constaté, et cela sans les formalités ordinaires que la nature même du flagrant délit rendait superflues (art. 46). Quant à la procédure déjà usée (1) de la citation directe, pour laquelle ont été successivement introduites quelques règles qui pourront être nécessaires, elle ne vient qu'après la procédure ordinaire ou formelle, laquelle, avec plus de soin et de circonspection, permet de rechercher la vérité pour la rendre plus claire.

Mais en même temps aussi le nouveau code élève à une plus haute dignité les fonctions des préteurs, puisqu'il les appelle (art. 75) à l'instruction préliminaire

---

(1) *Gia usato*, ces termes sont a relevoi. (*Note du trad.*)

de tous les délits, même de ceux qui ne sont plus de leur compétence, en faisant d'eux les Juges délégués par la loi pour agir au nom et pour le compte du Procureur Royal et du Juge d'instruction, auxquels ils doivent seulement remettre, dans la quinzaine, les procédures par eux reçues ou faites (1). Je me suis efforcé par là d'obtenir une sensible économie de temps et de frais, et de ramener à une époque plus sûre, puisqu'elle est plus immédiate, l'affirmation des faits et la découverte des auteurs. Malgré cela il n'est porté aucune atteinte au principe de provoquer l'action pénale du Ministère Public, le préteur ayant l'obligation de l'informer des faits délictueux (art. 77) et par conséquent il n'est porté aucune atteinte au droit qu'a le procureur Royal de faire ce qui dépend directement du Juge d'instruction (art. 33 et 81) (2).

Le code ne pouvait introduire rien de nouveau, ni de plus circonstancié relativement aux règles générales sur la manière de rendre certain le fait, lesquelles ont déjà été scrupuleusement tracées dans le code précédent. Le plus grand soin a été assurément apporté à faire que celles concernant la recherche de l'auteur, vinssent correspondre aux besoins manifestés dans la pratique et dans la législation. Il y a, en effet, sur ce point un système de procédure pénale où l'on peut perdre de vue l'intérêt social par une excessive libéralité, ou bien convertir cette procédure en une inquisition périlleuse pour la liberté civile. C'était donc la conséquence nécessaire des libres institutions du royaume que d'adopter une

---

(1) Reçues des autres officiers de police judiciaire (art. 75). (*Note du trad.*)

(2) Il y a là une erreur. C'est 43 qu'il faut lire et non 33. (*Note du trad.*)

voie équitable pour concilier les impérieuses exigences de la justice pour la découverte et la punition des coupables, avec le respect dû au citoyen de bonne réputation qui peut sortir innocent après le jugement.

Avec cette manière de voir, le nouveau code a introduit certaines modifications importantes au précédent ; je vais avoir l'honneur de les soumettre à l'attention de Votre Majesté.

Vient d'abord l'obligation qu'avait le juge d'instruction de citer devant lui un inculpé de crime, pour l'interroger et ce non autrement que par un mandat d'arrêt. Or, dans beaucoup de cas, quoique les premières apparences de crime existent dans le fait incriminé, il est possible de présumer avec raison que l'inculpé saura ou en détruire les caractères, ou en affaiblir la gravité. Quelquefois même cette gravité moindre du fait est déjà préalablement établie par la loi pour amoindrir de certains degrés et même pour abaisser la peine : par exemple pour les mineurs. Et cependant le juge d'instruction, auquel il n'était point accordé de prévenir aucune des conséquences légales de l'accusation, devait délivrer un mandat d'arrêt ; et on le voyait ainsi forcé parfois de couvrir d'une tache ineffaçable un nom honoré, ou de fermer toute voie de réhabilitation à une faute de jeunesse. Le nouveau code a dès lors, en règle générale, laissé à la sagesse du juge le soin de décider non seulement pour les inculpés de délit, mais même pour ceux de crime, s'il est nécessaire de décerner un mandat d'arrêt, ou si le mandat de comparution peut suffire (art. 182). Il a été uniquement exclu cette catégorie d'inculpés, pour lesquels prévaut de suite la crainte d'un danger plus grand pour la sécurité publique. Cependant, bien qu'il soit présumable que l'appréciation du juge sera équitable, la loi n'apportera un progrès et un bienfait que si elle apporte le remède à toute erreur, ou à tous abus possibles. C'est pourquoi a été introduite la procédure, déjà expérimentée et si utile, de la confirmation de son ordonnance que le juge d'instruction doit demander, à bref délai, à la chambre du conseil, le procureur du roi entendu (art. 197).

La chambre du conseil déjà reconnue comme la plus utile garantie dans les jugements de répression, avait été abandonnée par la dernière législation, parce qu'on avait exagéré imprudemment ses attributions, rendant le juge d'instruction un magistrat qui lui était en quelque sorte subrogé ; ou qui faisait d'elle une commission instruisant avec une remarquable lenteur les procès, en supprimant d'une façon peu convenable l'indépendance du juge ; et cela avec une périlleuse préoccupation du jugement à prononcer. Ramenée à son principe de sauvegarde et de tutelle, et en abolissant toute cause de défiance et de suprématie, la chambre de conseil est appelée à prêter au nouveau système un puissant appui, tant pour activer que pour arrêter les procès ; tant pour défendre la liberté civile, que pour rendre plus respectable la décision judiciaire.

La chambre de conseil, partant, peut soit confirmer l'ordonnance du juge instructeur, soit l'annuler ; soit encore décider autrement que lui, alors même qu'il ne s'est produit aucun fait nouveau. L'ordonnance confirmée et le juge d'instruction autorisé à continuer ses recherches, elle n'abandonne point pour cela le détenu à la seule conscience et à la seule diligence de ce dernier, mais elle s'informe de lui à des périodes déterminées et veille ainsi à ce que le procès ait son cours régulier et prompt (art. 200). Pour que cette nouvelle institution cependant ne vienne à se transformer, par excès opposé, en un déplacement d'arbitres au préjudice de la sécurité sociale, les ordonnances de la chambre de conseil qui donnent lieu à l'emprisonnement provisoire, ou qui refusent l'arrestation, peuvent être combattues par l'opposition du Procureur Royal, avant la mise en accusation.

Par des raisons semblables à celles que nous venons de donner, nous avons concédé dans de plus larges mesures l'admission de l'inculpé à la liberté provisoire, pendant le cours du procès et cela non seulement pour les délits, mais aussi pour les crimes passibles de la réclusion ou du bannissement; mais cependant avant la sentence des mises en accusation, et sans préjudice de l'hypothèse des crimes renvoyés de la chambre des mises en accusation à la chambre correctionnelle. Ce sera là une réforme saluée assurément avec plaisir, spécialement en Toscane où l'institution de la liberté provisoire avait un caractère si différent, que l'on pourrait dire qu'elle y était presque inconnue.

D'autant plus qu'avec cette réforme, si on a voulu protéger la liberté du citoyen, on n'a point voulu amoindrir les garanties sociales. Aussi ai-je placé à ses côtés une salutaire caution pour les inculpés de crime, afin que le bénéfice ne se changeât en un droit, avant que ne cesse la cause principale et qu'il ne devînt un danger.

Il a été cependant décidé que, si un inculpé de crime se présente volontairement au jugement, la liberté provisoire est pour lui un droit *dans les limites susdites*. S'il ne se présente point volontairement et qu'au contraire il se fasse arrêter, ce n'est plus un droit, il doit l'obtenir, le juge conservant la faculté de l'accorder (art. 205). Avec cette distinction on parviendra à rendre plus loyale et plus claire la procédure, et les cas de fuite ou de contumace plus rares. Il y aura désormais moins de prévenus ayant de la répugnance à se présenter, sous le prétexte que, quelle que soit l'issue du procès, ils doivent se soumettre à la honte et aux souffrances de la prison préventive.

Du reste, il est tout naturel que certaines catégories d'inculpés, plus dangereuses, et pour lesquels déjà on n'avait point cru prudent de lancer la citation devant le juge sans prise de corps, fussent exclues du droit et du bénéfice de la liberté provisoire. Lorsqu'il s'agit cependant de mineurs âgés de moins de dix-huit ans, inculpés de vol et non récidivistes, il a paru juste de les soustraire à une corruption précoce et au fatal déshonneur de la prison ; d'autant plus que la loi pénale même est très bienveillante pour eux (art. 206).

Quant à la caution, en outre que les pauvres de bonne réputation en sont exonérés, il est établi qu'elle doit avoir uniquement pour but de s'assurer de la présence de l'inculpé ; de la sorte on transforme la règle en un exact équivalent de la détention matérielle. Par cela même, comme la caution peut être aussi bien donnée par l'inculpé lui-même que par un fidéjusseur, il arrive qu'une fois la présence de l'inculpé obtenue, le fidéjusseur n'a plus aucune véritable obligation et peut récupérer intégralement sa caution. Avec cette différence que lorsque l'accusé, qui est dans d'autres conditions, a donné lui-même la caution, s'il est condamné, il doit la laisser pour la responsabilité des frais, amendes et dommages-intérêts ; car il est bien juste que, s'il a eu les moyens de se garantir la liberté provisoire, il soit tenu de satisfaire aux obligations qui naissent du délit qu'il a commis (art. 228).

Au surplus, la liberté provisoire est accordée et la caution déterminée par la chambre du conseil, pendant le cours de l'instruction ; par le tribunal ou la cour (chambre des appels correctionnels) si l'instruction est terminée (art. 209). Dans ce dernier cas, l'ordonnance est susceptible d'opposition tant de la part de l'inculpé (et non seulement sur l'admissibilité de la caution, mais encore sur le montant de cette caution) que de la part du ministère public (art. 215). Le droit d'opposition n'est cependant pas accordé à la partie civile, ainsi que le décidait le code de 1859, avec une ingérence exagérée et pour ainsi dire une prépondérance de l'action privée sur l'action publique.

L'instruction terminée, on doit se prononcer sur ses résultats. Selon leur importance, le code décide à qui il appartient de statuer sur eux. Ainsi est évitée l'anomalie des deux excès opposés : ou d'attribuer au juge d'instruction, seul avec le ministère public, tant la déclaration de ne pas donner lieu à poursuivre faute du délit ou d'auteur, que le renvoi de l'accusé devant le tribunal ou la chambre des mises en accusation ; ou bien, d'exiger l'intervention de la chambre du conseil non seulement dans ces difficiles et importantes délibérations, mais encore dans les premières, lesquelles ne réclament point, en vérité, ni tant de temps, ni tant de soins ; toutes raisons pour lesquelles il y avait lieu d'en faire une avantageuse économie.

Le premier système avait été repoussé comme dangereux, par le code dont les effets viennent de cesser, le second, qui avait été mis en exécution, se trouve avoir donné naissance à des retards et à des dépenses hors de proportion avec les besoins et qu'aujourd'hui je veux précisément éviter de mon mieux.

La voie intermédiaire a paru donc la plus convenable. La chambre de conseil intervient seulement dans les cas où il s'agit de crimes, alors même que l'inculpé ne soit pas détenu ; de délits, quand l'inculpé est détenu ; ou quand, à l'occasion des délits, il ait déjà été statué par la même chambre sur la détention provisoire ou sur la demande de liberté provisoire (art. 246 et 257). Enfin, dans les cas où s'agissant de crime, il n'y a pas d'inculpé, ou que l'inculpé se trouve libre, alors que le ministère public ayant demandé non pas d'abandonner les poursuites mais de prendre de nouvelles informations, le juge d'instruction ne croit pas devoir s'y conformer.

Réduite à ces limites, l'ingérence de la chambre de conseil peut être évidemment très utile, comme tutelle, dans de certaines mesures, et de l'inculpé et de la société.

Ce caractère général, que je pourrai appeler de la plus grande prudence, est d'autant plus digne d'être noté, depuis que le code a concédé que dans les cas où le délit est dû à des circonstances déterminées qui le rendent passible de peines moindres, il devient de la compétence du préteur devant lequel est renvoyé l'inculpé.

Cette faculté que la loi accorde d'examiner premièrement, et dans le but d'en exclure les cas les plus graves, un fait incriminé pour le déférer à la connaissance du juge inférieur (et celle qui, par une raison identique est laissée à la chambre des mises en accusation à l'égard des délits qu'elle juge seulement passibles de peines correctionnelles et qu'elle renvoit pour cela devant le tribunal) est une des plus essentielles, en même temps qu'une des plus délicates des facultés que la loi a si largement concédées à l'autorité judiciaire. Cependant elles n'ont point manqué les voix pour combattre de telles prérogatives, sous le prétexte qu'elles constituaient une ingérence prématurée dans l'appréciation de la cause.

Mais bien que la jurisprudence, après avoir varié pendant quelque temps, ait définitivement fait prévaloir une opinion moins exagérée par son interprétation suprême pleine d'autorité, j'ai cru bon de maintenir non seulement la faculté dont je parle, mais encore d'y donner une plus large application, conséquence logique de la théorie suivie, en thèse générale, par le code, pour en déduire la compétence à apprécier la nature de la peine encourue.

En effet puisque les peines, bien que déterminées par la loi pour chaque cas en général, sont ensuite modifiées et restreintes dans les limites que la nature du cas réclame en particulier, selon les circonstances spéciales qui constituent chaque fait incriminé et en font ressortir l'origine véritable et la physionomie

propre, il m'a paru conforme à l'esprit de ce système
de séparer en classes les circonstances atténuantes,
pour donner aux unes et refuser aux autres la faculté
de modifier le fait incriminé. Le but final reste toujours le même : punir le coupable suivant le mode et
dans la mesure dont la loi l'a menacé, en ayant égard
tant à la peine, qu'à la compétence et aux formes du
jugement. Cependant, toutes les fois que la voie en
sera ouverte par un moyen quelconque reconnu par
la loi, il sera humain et conforme au caractère des
informations judiciaires, de permettre que les juges
puissent rapprocher autant que possible la vérité
légale de la vérité réelle.

En fait, la difficulté qui au palais avait divisé les
opinions cesse aujourd'hui d'être possible depuis les
modifications qui ont été introduites dans les art. 252
et 440 (242 et 428 du code précédent). D'après ces
modifications, la chambre de conseil et la chambre
des mises en accusation pourront renvoyer respectivement aux préteurs ou aux tribunaux, les inculpés
qui, sans le concours des circonstances atténuantes,
quelle que soit leur nature (y compris celle indiquée
en l'art. 684 du code pénal), ne sont pas jugés punissables de peines plus fortes que celles attribuées à la
compétence de ces juridictions. On ne peut considérer comme vraiment sérieux le danger des excès possibles de tels renvois, bien qu'ils troublent, en appa-
rence, l'économie des juridictions établies par la loi.
En effet, pour les prononcer, il faut l'unanimité des
voix ; et il n'est pas facile que tous les magistrats
s'accordent pour reconnaître des circonstances atténuantes imaginaires. Quand il s'agit d'un inculpé non
détenu, l'uniformité entre les conclusions du mini-

stère public et l'ordonnance du juge d'instruction est requise (art. 257). De plus, si l'ordonnance de la chambre de conseil ne paraît point fondée, la voie de l'opposition est ouverte contre elle (art. 252) au procureur royal. Enfin, la sentence de renvoi n'empêche point que la nature du fait incriminé ne se discute de nouveau devant les juges. Ainsi quand le renvoi est ordonné pour des circonstances que, dans la suite, les débats démontrent ne pas exister, il y a un remède prompt qui concilie l'économie des jugements et la répression pénale : c'est que la peine peut être élevée au-dessus des limites normales et atteindre, pour la durée (au moins dans les circonstances les plus ordinaires), la peine réservée aux cas d'un degré plus élevé comme gravité (art. 334 et 396).

En ce qui concerne les audiences, aucune innovation importante n'a été faite, en dehors de celles réclamées pour l'augmentation de la compétence des préteurs. Toutefois, pour mieux servir à la découverte de la vérité et pour éviter au Trésor public le préjudice de frais quelquefois importants et faits inutilement, la faculté a été donnée aux préteurs, aux tribunaux et à la cour d'appel chambre correctionnelle (art. 282), d'interrompre les débats pour des motifs graves et d'en renvoyer la continuation à une autre audience qui ne pourra être fixée au-delà de dix jours, afin d'éviter le danger de perdre les impressions reçues. On s'est également efforcé d'amoindrir la production des demandes téméraires d'appel ou de cassation, en prescrivant (art. 284) que les délibérations prises par la cour, le tribunal ou le préteur pendant le cours d'une audience, ne produisent

aucun moyen de nullité, à moins qu'il n'y ait eu opposition au moment ou le jugement a été rendu.
De la même manière, après l'appel, on ne pourra
se pourvoir en cassation que contre les nullités intervenues en appel. Ainsi il ne sera pas permis de
faire revivre les nullités précédentes, sauf pour celles
à l'égard desquelles il y a eu déjà une protestation
ou une demande non encore jugée (art. 420).

Dans le même but, pour faciliter la découverte du
vrai, il a été admis que si la liste des témoins n'est
pas présentée dans le temps voulu pour faire les citations et obtenir la comparution, la preuve n'est point
cependant perdue, puisque la faculté également a
été laissée à la cour, au tribunal ou au préteur de
renvoyer la cause à une autre audience pour faire
citer de nouveaux témoins (art. 291). Même il est
admis que, si les témoins sont cités et ne comparaissent point, il sera permis aux parties de faire lire, d'un
commun accord, les dépositions écrites, à titre de
simple renseignement. Que si le témoin était réellement empêché de comparaître et qu'on ne crut pas
nécessaire de le faire entendre à domicile, les parties
pourront toujours, d'un commun accord, faire lire
sa déposition écrite, qui, dans ce cas, aura la valeur
d'un témoignage complet (art. 294). A ces prérogatives vient se joindre, en outre, un remède efficace
aux abus possibles, dans la faculté donnée tant au
Président qu'aux tribunaux et aux cours d'assises
(art. 385 et 468) de restreindre la liste des témoins
qui serait trop étendue, ou de restreindre les dépositions elles-mêmes.

Une innovation d'une certaine importance existe
dans l'art. 318, par laquelle on enlève la faculté qu'a-

vaient les juges, une fois les débats terminés, de prononcer la sentence non pas immédiatement mais à l'audience suivante.

Le système contraire a été jugé préférable, comme tenant les juges en dehors de toute influence qui, dans ce délai, pourront faire diminuer l'effet de la récente discussion des preuves.

Ce n'est point une objection suffisante que celle de la trop longue assistance aux débats, puisque les juges peuvent se contenter d'un examen superficiel de la cause et surseoir sur les questions, principalement celles de droit. D'un côté, il est bien connu que partout où ce système a été et est en vigueur, les sentences n'en ont pas été moins bien pesées, et que de l'autre, la voie des remèdes légaux est toujours ouverte contre les sentences mal fondées. En outre que l'expérience des Présidents des débats saura partager également les longues audiences, pour que les forces des juges et celles du jury ne faiblissent pas au moment de la décision.

L'appel contre les jugements du tribunal est admis comme dans le code précédent. Dans cette partie aussi se trouve une innovation importante, voire même une réforme dont bénéficiera la Toscane où les avantages de l'appel n'existaient pas. Mais la faculté d'appeler vient d'être réduite dans une mesure raisonnable. Pour les sentences définitives des tribunaux, l'appel est accordé aux condamnés, excepté pour les délits qui sont frappés d'une peine pécuniaire n'excédant pas 600 francs, et n'étant point accompagnés d'une autre peine correctionnelle. Quant aux sentences interlocutoires et préparatoires, la permission existante d'appeler a été abolie, même quand on appelait immédiatement, pour cause d'incompétence ou de dommage irréparable ; car ce n'était là qu'une cause continuelle de retards, de tergiversations et de frais (art. 400).

Des innovations non moins notables ont été introduites dans le verdict des jurés; sans parler de la plus importante qui trouvera sa place dans la loi sur le règlement judiciaire que j'aurai l'honneur de soumettre à la signature de Votre Majesté. Ces innovations ont pour but de soustraire la composition des listes du jury à l'influence locale.

Les actes d'instruction sommaire étant envoyés au Procureur général par la chambre du conseil, et les réquisitoires du même magistrat étant dressés, on a disposé qu'un extrait n'en sera pas notifié à l'inculpé, même lorsqu'il n'est point détenu; sauf si la cause mérite de nouvelles investigations ou est de la compétence des juges ordinaires (art. 424). Le principe régulateur de cette importante réforme est intimement lié à celui sur la nature du jugement d'accusation. Celui-ci a sa base légale, et son développement en droit, dans la sentence d'accusation, qui, en dernière analyse, est celle qui investit de la cause les jurés et leur désigne les faits et les lois qui s'y appliquent. Le jugement est, pour ainsi dire, complexe : il s'établit par la sentence des juges du droit dans l'accusation et se complète par celui des juges du fait dans les débats. Les conséquences d'un tel principe devaient être élucidées, parce qu'elles restaient obscures dans le code précédent, faute de développement suffisant.

Vient ensuite la faculté concédée à l'inculpé de faire examiner les actes du procès au greffe, sous la condition cependant qu'il se trouve détenu ou qu'il se constitue prisonnier, et dans tous les cas, sous l'engagement déjà précédemment admis, qu'il présentera un mémoire de justification (art. 422 et 423).

De cette manière, avec la privation de la liberté (même en dehors des hypothèses sus-dites pour les inculpés de crimes passibles de la réclusion et de l'exil local) et une fois que l'accusation est admise (art. 430), on a pourvu à ce que la plus large défense ne put tourner au préjudice de la sécurité publique et du résultat de l'accusation. Du reste, on a laissé subsister les règles déjà connues sur les droits de l'accusé avant les débats, en écartant cependant celui qui était devenu superflu et qui consistait à prendre copie des actes de la procédure aux frais du Trésor public (art. 463) ; ce qui ne constituait plus qu'un abus et un préjudice pour la justice.

Dans le même but d'éviter les gros frais, de mieux assurer l'issue des débats, et de ne point surcharger les jurés d'une responsabilité excessive et presque intolérable, il a été prescrit, avec des dispositions opportunes, la séparation en autant de jugements qu'il y a d'inculpés : quand certains d'entr'eux peuvent être renvoyés sans danger devant le tribunal correctionnel (art. 20), ou quand toutes les vérifications particulières à chacun d'eux ne peuvent être préparées, ou bien encore quand, par le nombre trop grand d'inculpés et de faits incriminés, il paraît convenable de procéder par décisions séparées, devant la cour d'assises (art. 45 et 474).

Grâce à cela on a remédié à un des inconvénients qui s'étaient produits dans certaines provinces, où par une application exagérée des règles sur la connexité des causes, on avait établi comme des sortes de débats réduits, et ce, avec une aggravation de travail pour les jurés, des frais exorbitants et enfin avec danger pour la sécurité publique.

Quant à la direction des débats devant le jury, il ne m'a point semblé prudent d'abolir le pouvoir discrétionnaire dont est investi le Président, puisque d'un côté il n'est pas présumable que celui-ci l'exerce au préjudice des parties, auxquelles du reste est ouverte la voie des remèdes légaux, et que, d'un autre côté, il est facile de prévoir que, dans plusieurs cas, si le pouvoir discrétionnaire était aboli, non seulement on manquerait le but que doit atteindre la loi pénale, mais on sacrifierait l'intérêt de l'accusé.

Par la même raison, il ne m'a pas semblé prudent non plus d'abolir, comme on le proposait d'abord, le résumé final du Président, parce qu'il unit et coordonne les différentes parties de la discussion, en portant l'attention des jurés vers les points essentiels et qu'il peut empêcher leurs votes imprudents ou confus, en soustrayant leur esprit à l'influence de plaidoiries trop passionnées. Toutefois, dans ce même but, la loi tend à soumettre ce résumé à une limite déterminée, déduite de la discussion elle-même. D'où il a été défendu au Président de soulever aucune raison contraire ou favorable à l'accusé, qui n'eût déjà été alléguée par les parties; la brièveté, de plus, étant recommandée dans tous les cas.

Le même scrupule dont j'ai parlé a porté aussi à supprimer dans le débat devant les jurés, l'exposition des faits qui était demandée au Ministère Public (art. 488); puisque du moment où les sentences et l'acte d'accusation sont lues et où le Président en doit élucider l'objet et formuler l'inculpation, une exposition devient superflue et peut parfois avoir une dangereuse influence, en préoccupant l'esprit des jurés ; cela avec un préjudice d'autant plus grand que la défense n'a, à ce moment, aucun moyen d'opposer des fins de non recevoir contre les irrégularités éventuelles du Ministère Public, ou contre sa partialité.

En somme, on s'est servi de tous les moyens pour donner une assise fondamentale et régulatrice au principe d'accusation. C'est pourquoi il a été établi que les questions à poser aux jurés ne peuvent avoir d'autre base que l'accusation précédant les débats ; sans jamais pouvoir y insérer des faits se rattachant à des circonstances qui, quoique aggravantes, n'auraient été émises que dans la discussion orale (art. 494). Car en vérité, quand une circonstance aggravante peut avoir une influence importante sur la peine, comme par exemple la préméditation dans l'homicide, il a paru trop grave, et même trop contraire aux principes fondamentaux de la procédure en accusation (laquelle après l'arrêt de renvoi doit être suivie selon le caractère qui lui est propre), que l'accusé, n'étant pas préparé à une inculpation ainsi produite et dès lors n'étant pas suffisamment défendu, ne vît à l'improviste sa peine aggravée d'une façon difficile à calculer. La prévoyance du Ministère Public dans la préparation de son réquisitoire et de l'acte d'accusation et celle de la chambre des mises en accusation, en formulant son arrêt, fourniront un remède ordinaire aux inconvénients qui pourront être redoutés dans ce système.

La formule des questions à poser aux jurés (art. 494)

a été établie de la manière qui a paru la plus propre
à obtenir des réponses conformes à la nature des institutions sur le jury. Ayant fermé l'accès aux demandes compliquées, dans lesquelles avec une phrase,
parfois même d'une façon légale, on était sensé avoir
retracé le fait, il a été spécifié, dans la formule, qu'une
question ne devait jamais se rapporter à un fait, à
moins qu'il ne constituât une violation de la loi. Je
me suis efforcé, par là, de faire en sorte que la réponse
des jurés pût être l'expression véritable de la conscience publique et fut en rapport avec la loi pénale.
Ainsi a été évité l'inconvénient de faire répondre les
jurés sur de simples dénominations légales, et celui
de leur faire statuer sur des faits qui, par eux-mêmes,
n'étaient pas prohibés par la loi.

Puisque la jurisprudence avait déjà été contraire
à ce que, pendant la délibération des jurés et à leur
demande, le Président de la cour d'assises pût entrer
dans leur salle, pour leur donner des explications,
j'ai résolu ce point douteux de la manière la plus
favorable à la découverte de la vérité et sans danger
de partialité, en disposant que, si les Jurés en font
eux-mêmes la demande, ils pourront recevoir les
éclaircissements nécessaires, en les obtenant de la
cour, en présence du Ministère Public et du défenseur, mais en chambre du conseil. Avec ce système,
tous les intérêts et tous les égards possibles sont sau-
vegardés (art. 499).

Quelques utiles innovations ont été apportées aussi
dans les procédures en contumace. Notamment on a
réglé, par des dispositions conformes au système de la
loi, la procédure en contumace contre les inculpés
d'un fait passible de la seule interdiction des charges

publiques (art. 544), pour obvier à l'inconvénient qu'un accusé, condamné par contumace à une telle peine, ne puisse l'éviter en se présentant une première fois pour obtenir audience, sauf à faire de nouveau défaut ensuite. Le remède consiste en ce qu'il est ordonné que la seconde sentence de contumace est exécutoire et qu'on ne peut plus y faire opposition.

Rien de nouveau n'a été, à proprement parler, introduit dans les règles sur l'exécution de la sentence. Il a été seulement prévu que, si pendant ce temps la peine se prescrit, il n'est pas nécessaire d'un jugement formel pour le déclarer (art. 601).

Il est juste de noter ensuite que la disposition qui permet aux ascendants de remettre aux descendants la moitié de la peine correctionnelle ou de police portée contre eux pour offenses personnelles et même pour actions publiques, produira en Toscane un effet aussi nouveau que favorablement accueilli. Ainsi a été combinée la nécessité de la tutelle sociale avec l'indulgence que peut avoir la parenté.

Elle n'est pas moins empreinte de bienveillance et de justice la disposition qui donne le droit à l'inculpé, acquitté faute de preuves, ou parce que le fait n'est pas punissable, ou parce qu'il n'a encouru aucune responsabilité, de réclamer que l'accusation soit rayée des registres criminels et n'y figure plus comme cela était auparavant (art. 604).

En ce qui concerne la cassation, en outre des restrictions que nous avons retracées plus haut, en outre aussi des modifications nombreuses qui ont été adoptées pour arriver à une économie de temps et de frais, toutes les fois que cela a paru possible, on a éliminé ou fait cesser par un acquiescement tacite (ainsi que cela a été déjà relevé) les nullités qui ne tendaient pas à une sauvegarde absolue des droits. Telles, par exemple, que celles prévues par les articles 295, 475, 2ᵉ partie, 476, 484, 7ᵉ alinéa, du code du 20 novembre 1859; correspondant aux articles 299, 489, 2ᵉ partie, 490 et 498, 7ᵉ alinéa, du code actuel. Mais ensuite, dans les règles relatives à la cassation, il a été fait une importante innovation pour rendre efficace et profitable l'annulation prononcée dans l'intérêt de la loi. A cet égard il a été édicté que l'arrêt de la cour de cassation sera ensuite notifié au condamné; lequel, si la sentence a été annulée parce qu'il lui a été infligé une peine supérieure à celle établie par la loi, aura le droit de demander à ce que, par un nouvel arrêt, il lui soit infligé la peine *minima* applicable au fait incriminé. Si la sentence a été annulée pour violation ou pour omission de formes essentielles, l'accusé a le droit de choisir entre l'exécution de la première sentence ou de tenter l'expérience d'une seconde. Ainsi cessera l'anomalie par laquelle une sentence venant à être annulée dans un intérêt purement juridique, cette décision pouvait encore entraîner un dommage pour l'accusé auquel il avait été cependant interdit de s'y immiscer.

Les règles sur la révision, quelque vif que fût le désir de les voir établir (à ce point que nous avons réclamé pour elles les soins obligeants de la science), n'ont cependant pas pu recevoir d'innovations essentielles. En effet, l'introduction dans le code de nouveaux cas de révision, en dehors de ceux déjà établis par lui, ou la création d'une formule qui aurait mis en cause les premiers juges, a paru excéder le mandat de coordination poursuivi, et contenir le germe de plusieurs difficultés pratiques et d'un conflit avec les prescriptions qui règlent les décisions des jurés.

Toutefois, on a cru pouvoir accueillir un remède pour empêcher le renouvellement des faits bien connus par leur douloureuse célébrité et qui ont suscité une émotion générale. On a donc admis que non seulement celui qui a été condamné pour homicide pourra reprendre son procès quand la victime qu'on supposait morte est en vie, mais encore que, dans ce cas, si le condamné est mort lui-même, on pourra nommer un curateur chargé de revendiquer son innocence. Il sera permis d'agir de la même manière dans le cas où deux condamnés l'ayant été pour un fait identique et par deux sentences inconciliables, l'un d'eux est mort. Par ce moyen on ouvrira une voie à la réhabilitation de sa mémoire et à la réparation d'une grande injustice (art. 692).

Cette innovation trouvera, sans nul doute, une approbation dans le cœur de Votre Majesté, ainsi que celles qui ont été introduites pour régler non seulement les mesures sur les grâces et les indulgences, mais encore celles sur l'amnistie dont le code précédent ne s'occupait pas, laissant ainsi place au doute pour savoir si elle avait été admise par la loi. Et bien que l'âme généreuse de Votre Majesté n'eût pas hésité à accueillir l'opinion la plus favorable, le code n'aurait pas moins été imparfait, s'il n'en avait été tenu compte en complétant le projet lui-même du droit des grâces, et en réglant la procédure opportune pour le rendre efficace.

De la même manière a été comblée une autre

lacune, non moins importante, en établissant les diverses mesures relatives aux poursuites contre une personne, pour laquelle la loi a introduit, par des raisons majeures, une tutelle ou une sauvegarde spéciale et qui ne peut être poursuivie sans une autorisation souveraine. L'absence de règles, et peut-être une idée trop haute de la garantie, avaient fait qu'aucun acte judiciaire, voire même aucune ordonnance de non lieu ne semblaient permis alors sans le décret autorisant ou refusant les poursuites. On faisait ainsi intervenir la dignité royale non seulement sans nécessité, mais on la mettait en contradiction avec le but à atteindre, puisque le juge, quoique autorisé, pouvait ne trouver aucune matière à poursuite.

En ce qui concerne l'intérêt public, nous signalerons enfin la facilité introduite dans les vérifications judiciaires pour le cas de faits punissables commis à l'étranger et dont l'auteur est inconnu, ou fugitif; et dans les cas où il s'agit de préparer les bases d'une demande d'extradition à faire ou à seconder : on favorise par là d'une manière notable la réciprocité dans l'assistance internationale (art. 853, 854).

Telles sont, Sire, les principales dispositions de ce code. Si je ne me trompe, c'est bien là le but qu'un sage législateur doit se proposer d'atteindre : défendre le droit, sauvegarder la sûreté sans violenter la conscience du juge; ouvrir une issue à la réparation des erreurs et ne point perpétuer les doutes. Et bien que ce code ne puisse se soustraire à la critique de ne pas avoir satisfait à plusieurs vœux de la science, il est juste cependant de remarquer que le mandat du Gouvernement n'allait point jusqu'à la rédaction complète de lois nouvelles : les buts pratiques devant être considérés comme les plus urgents en cette occasion. La célérité dans tous les cas où elle ne peut nuire à la justice ; la liberté dans tous ceux où la sécurité publique n'est point sacrifiée ; le développement ouvert et loyal du principe d'accusation ; la suppression des formalités inutiles ; et avec tout cela, la protection de la dignité des citoyens et l'économie des jugements. Telles ont été les intentions et tels les principes que j'ai eu en vue dans la révision du code. Aussi, encouragé par le vœu d'hommes éminents j'ose espérer que Votre Majesté le jugera digne d'être placé au rang de ces lois qui, avec Votre Auguste Nom, sont destinées à affermir l'unité du royaume.

DECRET.

VICTOR-EMMANUEL II PAR LA GRACE DE DIEU ET LA VOLONTÉ DE LA NATION ROI D'ITALIE.

Vu la loi du 2 avril 1865, n° 2215, par laquelle le Gouvernement Royal a été autorisé à étendre à tout le royaume le code de procédure pénale du 20 novembre 1859 avec les modifications indiquées dans l'art. 1, n° 8 de la même loi, et avec celles qui avaient été reconnues nécessaires suivant les règles de l'art. 2 ci-après ;

Le conseil des ministres entendu ;

Et sur la proposition de notre Garde des Sceaux, Ministre secrétaire d'État pour les affaires de grâce, de justice et des cultes ;

Avons décrété et décrétons ce qui suit :

ART. 1. — Le code de procédure pénale est approuvé et aura cours dans toutes les provinces du royaume à partir du 1er janvier 1866.

ART. 2. — Un exemplaire dudit code, imprimé à la typographie royale et signé par Nous et notre Garde des Sceaux, servira d'original et sera déposé et conservé aux archives générales du royaume.

ART. 3. — La publication dudit code se fera en en transmettant un exemplaire imprimé à chaque commune du royaume, pour être déposé en la salle du conseil municipal où, pendant vingt jours au moins avant le 31 décembre 1865, il sera tenu exposé pendant six heures par jour, afin que chacun en puisse prendre connaissance.

Ordonnons que le présent décret, muni du sceau de l'État, soit inséré dans le recueil officiel des lois et décrets du royaume d'Italie et mandons à qui appartiendra de l'observer et de le faire observer.

Donné à Florence, le 26 novembre 1865.

VICTOR-EMMANUEL.

CORTÈSE.

CODE

DE PROCÉDURE PÉNALE

DU

ROYAUME D'ITALIE

TITRE PRÉLIMINAIRE

Chapitre I.

Des actions qui naissent des faits coupables.

1. — Tout fait coupable donne lieu à une action pénale.

Il peut aussi donner lieu à une action civile pour la réparation du dommage souffert.

2. — L'action pénale est essentiellement publique.

Elle sera exercée par les officiers du ministère public près les cours d'appel et les cours d'assises, les tribunaux et les préteurs.

Elle est exercée d'office, dans tous les cas où l'instance de la partie qui a souffert le dommage ou l'offense n'est pas nécessaire pour la mettre en mouvement.

3. — L'action civile appartient à celui qui a souffert le dommage, ou à celui qui le représente. Elle peut s'exercer contre les auteurs, les principaux agents et les complices du fait incriminé, contre les personnes que la loi rend civilement responsables, et contre leurs héritiers respectifs.

4. — L'action civile peut être exercée devant le même juge et en même temps que l'action pénale ; sauf les cas expressément prévus par la loi.

Elle peut aussi s'exercer séparément devant le juge civil ; en ce cas, cependant, l'exercice est suspendu jusqu'à ce qu'on ait définitivement prononcé sur l'action pénale intentée avant l'action civile, ou pendant son exercice.

5. — Si l'inculpé meurt avant d'être jugé définitivement, l'action civile s'exercera contre ses héritiers et devant le juge civil.

6. — La partie qui a souffert le dommage ou l'offense ne pourra plus exercer l'action civile pour dommages soufferts, quand, par une sentence devenue irrévocable, il aura été déclaré qu'il n'y a pas lieu à poursuivre : soit parce que le fait qui forme l'objet de l'imputation est non avenu, soit parce que l'accusé a été acquitté, comme n'ayant pas commis le fait qui lui est reproché, ou comme n'y ayant pas pris part.

7. — Dans les cas où l'action pénale ne peut être exercée qu'à la requête de la partie offensée, celle-ci ne pourra plus provoquer un jugement pénal lorsque l'action civile aura été débattue devant les juges compétents.

Lorsqu'il s'agit de délits pour lesquels le ministère public a le droit d'exercer d'office l'action pénale, la partie lésée, qui aura intenté un procès devant le juge civil pour réparation des dommages, ne pourra plus se constituer partie civile dans l'action pénale.

8. — La renonciation à l'action civile ne pourra empêcher l'exercice de l'action publique.

Chapitre II.

De la compétence.

9. — Il appartient à la cour d'assises, avec l'intervention des jurés, de connaître :

1° Des faits contre la sûreté intérieure et extérieure de l'État, et de la provocation à les commettre, même par la voie de la presse, à moins que le Sénat n'ait été constitué en haute cour de justice, aux termes de l'article 36 du statut ;

2° De tous les crimes que les arrêts de la chambre des mises en accusation leur aura déférés ;

3° Des attentats à l'exercice des droits politiques prévus par les art. 190 (1), 191 (2), 192 (3), 193 (4) du code pénal et de la provocation à ces attentats ;

(1) *Code pénal.* 190. — Quand pour violence, voie de fait, menace ou tumulte, un ou plusieurs citoyens auront été privés de l'exercice de leurs droits politiques, les coupables seront punis d'un emprisonnement qui pourra être porté à deux ans, et d'une multe plus ou moins forte selon la gravité et les conséquences du fait coupable (*a*).

Quand l'interdiction dont il est parlé ci-dessus porte sur l'exercice des droits électoraux, cette peine emportera toujours la suspension de l'exercice des offices publics.

Les dispositions du présent article ont lieu, sauf l'application des peines plus fortes dans le cas de fait plus grave ; et sauf encore les dispositions spéciales des lois électorales.

(2) *Code pénal.* 191. — Quiconque, dans le cours des opérations électorales, sera surpris en action de soustraire, ou d'ajouter des bulletins, ou de

(*a*). Il semble peu ordinaire que la loi, ici, ne prescrive pas le *minimum* et le *maximum* de l'amende. Mais il est juste de considérer que la *multa* est une peine pécuniaire correctionnelle qui n'est jamais inférieure à 50 fr (art 34 du code pénal italien) et qu'il ne faut pas confondre avec l'*amende* (en italien *ammenda*) qui n'est qu'une peine de simple police et jamais supérieure à 50 fr (art 35 et 37 du code pénal italien). C'est pourquoi nous avons cru devoir conserver désormais dans la traduction les termes spéciaux de *multe* et d'*amende*   (Note du trad)

4° Des abus des ministres des cultes dans l'exercice de leurs fonctions, prévus par les art. 268 (1) et 269 (2) du code pénal ;

falsifier leur contenu, sera puni de la peine de la réclusion et, en outre, de l'interdiction des offices publics.

Si ce fait a été commis par un membre du bureau électoral, la peine de la réclusion ne pourra être inférieure à cinq ans.

(3 *de la page précéd...*). *Code pénal*. 192. — Quiconque aura, en temps d'élections, acheté ou vendu un vote à n'importe quel prix, encourra la peine de l'interdiction des offices publics et une multe plus ou moins forte, selon la gravité et les conséquences du fait.

(4 *de la page précéd...*). *Code pénal*. 193. — En dehors des cas prévus dans les trois articles précédents, les officiers publics, ou employés qui, en abusant de leurs fonctions respectives, auront cherché à entraîner les suffrages des électeurs en faveur ou au préjudice de candidatures déterminées, seront punis de l'exclusion de l'exercice des droits électoraux pour une durée qui ne sera pas moindre de cinq ans, ni supérieure à dix, si le fait a été commis pour les élections des députés au parlement national ;

et qui ne sera pas moindre de trois, ni supérieure à six ans, s'il a été commis dans les autres élections, et d'une multe de deux cent cinquante à deux mille francs dans le premier cas, et de cent à mille francs dans le second.

La même peine est applicable aux ministres de la religion de l'État ou des cultes tolérés, qui auront cherché à entraîner les suffrages des électeurs en faveur, et au préjudice de candidatures déterminées, soit par des instructions directes aux personnes dépendant d'eux par voie hiérarchique, soit par des discours tenus dans les lieux consacrés au culte, ou dans des réunions ayant un caractère religieux, soit avec promesses ou menaces spirituelles (*a*).

Pour les faits prévus dans cet article toutes les fois qu'ils ne seront pas connexes avec des délits de droit commun, il ne pourra être procédé a une instruction judiciaire qu'après que les opérations électorales seront achevées et clôturées par procès-verbal.

(1) *Code pénal*. 268. — Le ministre d'un culte, qui, dans l'exercice de son ministère,

(*a*) On comprend sans peine dans quel sens il faut entendre ici le mot *spirituelles*.

5° Du délit prévu par l'article 471 (1) du code pénal ;

6° Des délits de presse prévus par les articles 14, 15, 16, 17, 18, 19, 20, 21, 22, 23 et 24 de la loi du 26 mars 1848 (2), et par les articles correspondants

par discours proférés ou lus en réunion publique, ou par des écrits publiés autrement, aura expressément censuré, ou, par d'autres actes publics, aura outragé les institutions, les lois de l'État, un décret royal, ou quelqu'autre acte de l'autorité publique, sera puni d'un emprisonnement qui pourra être porté à six mois, et d'une multe qui pourra être portée jusqu'à mille francs.

(2 *de la page précéd...*). *Code pénal*. 269. — Si le discours, l'écrit, ou l'acte public dont il est parlé dans l'article précédent, est de nature à provoquer la désobéissance aux lois de l'État, ou aux actes de l'autorité publique, la peine sera d'un emprisonnement de six mois a deux ans et d'une multe de mille à deux mille francs.

Si la provocation est suivie d'émeute, ou de révolte, l'auteur de la provocation, quand il n'y a pas de complices, sera

puni d'un emprisonnement de deux a cinq ans, et d'une multe de deux mille à trois mille francs.

(1) *Code pénal*. 471. — Tout autre discours public, de même que tout autre écrit ou acte non compris dans les articles précédents, qui sont de nature à exciter au mépris et au mécontentement contre la personne sacrée du roi, ou les personnes de la famille royale, ou contre les institutions constitutionnelles, seront punis de l'emprisonnement ou du confinement (*a*) qui pourra être portée à deux années et d'une multe qui pourra être portée à trois mille francs, selon les circonstances de temps et de lieu et selon la gravité du fait.

(2) N° 695. Loi du 26 mars 1848. Art. 14 — Toute provocation à commettre un des crimes dont il est parlé dans les articles 183 [*] et 184 [**] du code pé-

---

(*a*) *Confino*, c'est une peine spéciale que ne prévoit pas le code pénal français.

[*] *Code pénal* 183. — Quiconque, avec violence, voies de fait, menaces ou tumultes, empêchera, interrompra, ou troublera les fonctions ou les cérémonies de la

religion de l'État, dans les églises ou au dehors, sera puni d'un emprisonnement qui pourra être porté jusqu'à six mois et d'une multe extensible jusqu'à cinq cents francs

[**] *Code pénal* 184 — Quiconque, pour offenser la religion, foulera aux pieds, détruira ou brisera des

des lois sur la presse publiés dans les provinces de Naples et de la Sicile.

nal sera punie d'un emprisonnement pendant deux ans, et d'une multe de 4000 francs.

Art. 15. — Sera puni de la même peine l'emploi d'un des moyens indiqués dans l'art. 1*** pour combattre formellement l'inviolabilité de la personne du roi, l'ordre de la succession au trône, l'autorité constitutionnelle du roi et des Chambres.

Art. 16. — Quiconque, par un des moyens indiqués dans l'art. 1 de la présente loi, commet un des crimes mentionnés dans les art. 164 **** et 165 ***** du code pénal sera puni, sui-

---

choses consacrées pour le culte divin, dans des lieux sacrés, ou bien encore en dehors des lieux sacrés, mais à l'occasion de cérémonies religieuses, sera puni d'un emprisonnement qui ne pourra être inférieur de six mois et d'une multe extensible jusqu'à mille francs.

*** N° 695. — Loi du 26 mars 1848 art. 1. La manifestation de la pensee par la voie de la presse et de quelque industrie mécanique que ce soit, apte à reproduire des signes figuratifs, est libre par là toute publication d'imprimés, inscriptions, lithographies, objets de plastique et autres semblables est permise à la condition d'observer les regles suivantes.

**** *Code pénal.* 164. — Ceux qui auront fait partie des susdites bandes, sans avoir coopéré cependant dans aucun des moyens exprimés dans les deux precedents articles, quand ils ont été arrêtés dans le lieu de la réunion séditieuse, seront punis de la rélégation, et des travaux forces à temps si la bande avait pour objet quelqu'un des crimes indiqués dans les articles 153 (*a*), 154 (*b*), 156 (*c*) et 157 (*d*).

***** *Code pénal.* 165. — Seront exempts de peine pour les seuls faits d'association aux susdites bandes, ceux qui, étant complices, auront donné asile aux mêmes, sur l'intimation de l'autorité civile ou militaire, ou avant, en feront surveiller le dénouement, ou remettront entre les mains de la force publique les chefs ou les commandants.

(*a*) *Code pénal.* 153. — L'attentat contre la personne sacrée du roi est puni comme le parricide.

(*b*) *Code pénal.* 154. — L'attentat contre les personnes royales qui accompagnent la famille régnante est puni de mort.

(*c*) *Code pénal.* 156. — L'attentat qui a pour objet de changer ou de detruire la forme du gouvernement, ou d'exciter les nationaux ou les habitants à s'armer contre les pouvoirs de l'État, est puni de travaux forcés à perpétuité.

(*d*) *Code pénal.* 157. — Est puni de la même peine l'attentat qui avait pour objet de susciter la guerre civile parmi les nationaux ou les habitants de l'Etat, en les excitant à s'armer les uns contre les autres, ou bien de porter la devastation, le massacre ou le pillage dans une ou plusieurs communes de l'État, ou contre une classe de personnes.

10. — Il appartient aux tribunaux correctionnels de connaître des délits non compris dans les articles 9 et 11.

11. — Il appartient aux préteurs de connaître :

vant les cas, des arrêts et de l'emprisonnement qui pourra être porté à un an et d'une multe qui pourra s'élever jusqu'à 2 000 francs.

Art. 17. — Quiconque portera atteinte aux bonnes mœurs par un des moyens mentionnés dans l'art. 1 de la présente loi, sera puni d'un emprisonnement qui ne pourra être supérieur à un an, ou de peines de police selon les circonstances.

Dans les cas pour lesquels il y aura lieu à l'application de peines correctionnelles, il sera ajouté une multe qui pourra être portée jusqu'à 1000 francs.

Art. 18. — Quiconque, par un des moyens indiques dans l'art. 1 de la présente loi, raillera ou outragera quelqu'une des religions ou des cultes reconnus par l'État, sera puni d'un emprisonnement qui pourra être porté à six mois et d'une multe extensible jusqu'a 500 francs.

Art. 19. — Quiconque, par un des moyens indiqués dans l'art. 1, se sera rendu coupable d'offenses envers la personne sacrée du roi ou de la famille royale, ou des princes du sang, sera puni d'un emprisonnement qui pourra être porté

jusqu'à deux ans et d'une multe qui ne pourra être inférieure à 1000 francs, ni supérieure a 3000 francs, eu égard à la personne contre laquelle est dirigée l'offense, aux circonstances de temps et de lieu, et à la qualité et à la gravité du délit.

Art. 20. — Quiconque fera remonter à la personne sacrée du roi le blâme ou la responsabilité des actes de son gouvernement, sera puni d'un emprisonnement d'un mois à un an et d'une multe de 100 à 1000 francs.

Art. 21. — Quiconque, par un des moyens mentionnés dans l'art. 1 de la présente loi, outragera le Sénat ou la Chambre des députés, sera puni des peines prévues par l'art. 19.

Art. 22. — Seront punis de la même peine, ceux qui auront fait publiquement acte d'adhésion, par un des moyens mentionnés dans l'art. 1, a quelqu'autre forme de gouvernement ; ou ceux qui auront manifesté le vœu ou la menace de la destruction de l'ordre monarchique constitutionnel.

Art. 23. — Seront punis des mêmes peines ceux qui divulgueront des secrets qui peuvent compromettre la sécurité

1° Des délits passibles de la prison, de la rélégation ou de l'exil local n'excédant point trois mois de durée ; ou passibles d'amende (avec ou non accompagnée desdites peines corporelles) n'excédant pas la somme de trois cents francs, sans distinction, si ces mêmes peines principales sont ou non accompagnées par la loi de peines accessoires, lesquelles seront appliquées par le préteur quelle qu'en soit la durée (1).

Sont exceptés : les délits prévus par l'art. 9 et tous les délits de presse ;

2° Des contraventions passibles des peines de police.

12. — Pour déterminer la compétence, on tiendra compte de la nature et non des circonstances du fait incriminé, même quand l'inculpé ne doit pas, à cause de celles-ci, en subir la peine, ou bien que ces circonstances sont de nature à faire passer la peine d'un degré supérieur. à un degré inférieur ; le tout, sauf les dispositions spéciales des art. 252 et 440.

13. — Dans le concours des peines de différent genre, applicables à un même délit, la compétence sera réglée d'après le genre de la peine supérieure.

14. — La compétence est aussi déterminée par le lieu ou le délit a été commis, ou par celui de la demeure de l'inculpé, ou bien par celui où l'on a procédé à son arrestation ; sauf pourtant les exceptions établies par le présent code, ou par les autres lois.

intérieure de l'État, ou qui aideront directement ses ennemis.

Art. 24. — Toute offense contre l'inviolabilité du droit de propriété, la sainteté du serment, le respect dû aux lois ; toute apologie de faits qualifiés crimes ou délits par la loi pénale ; toute provocation à la haine contre les différentes classes sociales, et contre les lois de la famille, sera punie des peines dont il est fait mention dans l'art. 17.

(1) Voir la note (1) de la page 7.

15. — Cependant le juge du lieu où le fait incriminé est commis sera préféré à tout autre juge, tant pour l'instruire que pour le juger.

Les actes et les informations émanant d'un autre juge, ou d'un autre officier de police judiciaire, les corps du délit et l'inculpé s'il a été arrêté seront remis au juge du lieu où le délit a été commis, quoiqu'ils n'aient pas été réclamés.

16. — Si le lieu du délit commis est inconnu, le juge du lieu où l'on aura procédé à l'arrestation sera préféré à celui où demeure l'inculpé, à moins que ce dernier magistrat n'ait déjà lancé un mandat d'amener ou de comparution.

17. — Si le délit a été commencé en un lieu et consommé en un autre, la connaissance appartiendra au juge du lieu où le délit a été consommé.

18. — Si le délit a été commis sur les confins des deux juridictions la prévention aura lieu.

La prévention restera fixée par l'exécution du mandat de prise de corps, ou par la notification du mandat de comparution.

19. — Si une personne est inculpée d'un ou de plusieurs crimes commis dans la juridiction d'une cour et d'un ou de plusieurs délits commis dans ce même district, ou dans celui d'une autre cour, et si ces délits sont connexes à des crimes, la connaissance de ces délits appartiendra à la cour dans le ressort de laquelle les crimes ont été commis.

La même règle sera applicable dans le cas où il s'agit d'une personne inculpée de deux ou plusieurs délits connexes entre eux et dont les uns sont de la compétence de la cour d'assises et les autres de celle du tribunal correctionnel ou du préteur.

La cour connaîtra, en outre, des contraventions connexes aux crimes ou aux délits susindiqués.

Dans ces cas, on procédera pour les délits et pour les contraventions, de la même manière que pour les crimes.

20. — Lorsque plusieurs personnes seront inculpées de faits connexes entre eux et dont les uns sont de la compétence de la cour d'assises et les autres du tribunal ou du préteur, elles seront toutes jugées par la cour d'assises, d'après les règles établies dans l'article précédent.

La chambre des mises en accusation pourra cependant, si, par la nature ou le nombre des faits, par le nombre des inculpés ou par d'autres circonstances elle le juge convenable, renvoyer les inculpés de faits de la compétence du tribunal ou du préteur devant ces derniers. Ce renvoi sera toujours ordonné, lorsqu'aucun des inculpés de faits de la compétence de la cour d'assises ne se trouvera présent au jugement.

21. — Il y a connexité entre les faits incriminés :

1° Quand ils ont été commis dans le même temps par plusieurs personnes réunies, ou par différentes personnes, mais par l'effet d'un pacte convenu entre elles auparavant, bien que dans des époques et des lieux différents ;

2° Quand les uns ont été commis pour se procurer les moyens d'exécuter les autres, ou pour les faciliter, ou en consommer l'exécution, ou s'en assurer l'impunité.

22. — Lorsque, dans le cas prévu par l'art. 19, la même personne sera également inculpée de contraventions et des différents délits qui y sont indiqués,

le jugement restera suspendu jusqu'à ce que la cour ait statué sur les faits qui sont, d'après cet art. 19, attribués à sa connaissance.

23. — Lorsque la cour condamnera à une des peines criminelles prévues dans les cinq premiers paragraphes de l'art. 13 (1) du code pénal, elle déclarera par la même sentence, que toutes les peines corporelles qu'un condamné peut avoir encourues pour les délits ou contraventions prévus dans l'article précédent, demeureront absorbées par la peine criminelle.

La confusion des peines correctionnelles et de police aura lieu toutes les fois que la faculté sera donnée au juge d'appliquer ou une peine corporelle, ou une peine pécuniaire.

24. — Si la chambre des mises en accusation déclare que le crime ou le délit n'est point de la compétence de la cour d'assises, elle renverra, par la même sentence, les causes pour délits ou contraventions indiquées aux art. 19 et 22, au tribunal ou au juge à qui il appartient d'en connaître, d'après les règles établies dans ce chapitre.

La même règle sera observée relativement aux délits et aux contraventions prévus par l'art. 22, lorsque la cour ayant prononcé sur l'accusation, déclarera qu'il n'y a pas lieu à poursuivre, ou qu'elle acquittera l'accusé, ou bien encore qu'elle le condamnera à la peine criminelle portée au n° 6 de l'art. 13 (2) du

---

(1) *Code pénal*. 13. — Les peines criminelles sont :

1° La mort ;

2° Les travaux forcés à perpétuité ;

3° Les travaux forcés à temps ;

4° La réclusion ;

5° La rélégation ;

6° L'interdiction des offices publics.

(2) *Code pénal*. 13. — Voir la traduction, ci-dessus :

code pénal, ou seulement à une peine correctionnelle ou de police.

25. — Quand il s'agit de délits ou de contraventions emportant à la fois une peine pécuniaire et une peine corporelle, et que celle-ci aura été absorbée en vertu de la sentence de la cour, le tribunal ou le juge devra procéder quand même et prononcer relativement à la peine pécuniaire.

26. — Si la même personne est inculpée de plusieurs crimes commis dans la juridiction de cours différentes, la connaissance en appartiendra à la cour dans le ressort de laquelle le crime le plus grave a été commis, ou à défaut, dans celui ou le plus grand nombre de crimes a été commis.

Si les crimes sont de la même importance et en nombre égal, ou si dans l'intérêt de la justice ou bien par d'autres circonstances il a été plus convenable de dévier des règles ci-dessus indiquées, les officiers du ministère public près les différentes cours remettront les actes et les documents avec leur avis à la cour de cassation, laquelle désignera la cour qui devra être saisie.

Quand il s'agit d'une personne inculpée de deux ou plusieurs crimes, les uns de la compétence ordinaire et les autres de compétence spéciale en raison de la matière ou de la personne, la cour et le tribunal spécial procéderont distinctement au jugement des crimes de leur compétence respective, en observant l'application des peines portées par les lois spéciales, ou à défaut par l'art. 117 (1) du code pénal. Lorsque

______

(1) *Code pénal.* 117. — Si après une sentence de condamnation à une peine temporaire on vient a découvrir un autre délit commis par le condamné antérieurement à la sentence,

l'ordre de priorité des différents jugements n'aura point été établi par la loi, il sera déterminé par la cour de cassation, à laquelle les officiers du ministère public transmettront les actes et les documents avec leur avis.

27. — Si la même personne est accusée de un ou de plusieurs délits de la compétence des tribunaux correctionnels, commis dans le ressort d'un tribunal, et de un ou plusieurs faits de la compétence des préteurs, connexes et accomplis dans le même ressort ou dans celui d'un autre tribunal, la connaissance appartiendra au tribunal dans le ressort duquel les faits les plus graves ont été commis.

En pareil cas, la procédure pour tous les faits incriminés sera celle qui est ordonnée pour les dé-

il sera soumis à un nouveau jugement; la même peine sera augmentée ou il en sera prononcé une autre, selon les cas respectivement indiqués dans l'art. 107 (*a*) et suivants, et les règles qui y sont déterminées.

Quand, avec la nouvelle sentence, il sera prononcé une peine d'un degré supérieur à la première, l'effet de la sentence précédente cessera ; si cette première condamnation a été subie en tout ou en partie elle sera, proportionnellement et suivant les prescriptions de l'article 66 (*b*), comptée sur la peine infligée par la seconde sentence.

(*a*) *Code pénal*. 107 — Dans le concours de plusieurs crimes punissables des travaux forcés à perpétuité et de peines temporaires, la peine des travaux forcés à perpétuité sera seule appliquée.

(*b*) *Code pénal*. 66 — Dans les cas pour lesquels la loi prescrit que la peine ordinaire sera elevée ou diminuée d'un ou plusieurs degrés, si cette augmentation ou cette diminution ne peuvent avoir lieu, en partie, dans la peine susdite, on elevera les degrés de celle-ci suivant les règles établies dans le chapitre 1 du titre suivant On passera alors à la peine immédiatement supérieure ou inferieure, en l'appliquant pour la même période de temps pour laquelle on aurait applique la peine qu'on a dû ainsi élever Cette élévation elle-même comptera déjà pour un degré et quand il restera d'autres degrés à appliquer, on les augmentera ou on les diminuera de la nouvelle peine en suivant les règles à cet effet établies dans les articles précédents

lits de la compétence des tribunaux correctionnels.

28. — Si la même personne est inculpée de plusieurs délits de la compétence des tribunaux correctionnels, commis dans le ressort de tribunaux dépendant de cours différentes, la compétence du tribunal qui devra en connaître sera déterminée d'après les règles établies dans la première partie et au second paragraphe de l'article 26.

Toutefois, si, dans les cas prévus au 1er paragraphe dudit article, les délits ont été commis dans le district de plusieurs tribunaux dépendants d'une même cour, ce sera à celle-ci de désigner le tribunal qui doit en être saisi.

Les dispositions du 3e paragraphe de l'art. 26 sont également applicables aux délits.

29. — Tout juge peut recevoir les plaintes ou les dénonciations et prendre des informations sur tout fait punissable ; cependant celles qui ont été reçues ou prises par des juges différents de ceux dont il est question dans l'article 15 et suivants du présent chapitre, seront transmises au juge compétent.

30. — En cas d'urgence, le juge peut faire, même en dehors de son arrondissement, tous les actes qui seront nécessaires; toutefois en avisant le juge du lieu où il doit se transporter, avant de procéder, ou immédiatement après avoir procédé.

31. — Quand dans le cours d'un jugement civil, à la suite de raisons graves, surgira la preuve de l'existence d'un fait coupable relevant de l'action publique, le juge sera tenu d'en informer le ministère public, qui provoquera, ou donnera cours à l'action pénale conformément à la loi.

Le procès civil sera suspendu si la décision pénale du

fait doit avoir une influence sur la décision civile, sauf ce qui sera établi par des dispositions spéciales.

32. — Dans les faits de suppression d'état, l'action pénale ne pourra avoir lieu qu'après la sentence définitive du juge civil sur la question d'état.

33. — Lorsque contre l'action pénale on proposera des exceptions de droit civil concernant la propriété et autres droits réels, qui, s'ils existaient, excluraient le fait coupable, le juge, s'il trouve quelque fondement dans ces exceptions, pourra surseoir au jugement et remettre la connaissance sur le mérite desdites exceptions au juge compétent, en fixant un délai à l'accusé pour provoquer la solution.

34. — Pour les crimes ou délits punis dans le royaume, aux termes des art. 5 (1), 6 (2), 7 (3),

(1) *Code pénal.* 5. — L'Italien qui aura commis a l'étranger un crime contre la sûreté de l'État, ou un crime de contrefaçon du sceau, des monnaies, cédules, obligations de l'État, ou papiers de crédit public équivalents à de la monnaie, sera jugé et puni dans les États royaux selon les dispositions du présent code.

(2) *Code pénal.* 6. — L'italien qui aura commis dans un territoire étranger un crime au préjudice d'un italien, ou d'un étranger, lorsqu'il rentrera d'une manière quelconque dans les États royaux, sera jugé et puni avec les peines établies dans le présent code, lesquelles toutefois pourront, selon les circonstances et les cas, être diminuées d'un degré.

Ces dispositions s'appliqueront aussi au cas ou l'italien aura commis dans un territoire étranger un délit au préjudice d'un italien, si la partie offensée n'a pas porté plainte.

Il en sera de même si le délit a été commis dans un territoire étranger au préjudice d'un étranger, lorsque dans le pays auquel l'étranger appartient il existe en faveur des italiens des mesures semblables.

(3) *Code pénal.* 7. — Sera jugé et puni conformément au présent code, l'étranger qui ayant, dans un territoire étranger, commis un crime contre la sécurité de l'État, ou le crime de contrefaçon du sceau, des monnaies, cédules, obliga-

8 (1) et 9 (2) du code pénal, le lieu du domicile, ou celui de l'arrestation ou de l'incarcération de l'ac-

tions de l'État, ou papiers de crédit public équivalent à de l'argent, sera arrêté dans les États royaux ou consigné par d'autres gouvernements.

(1) *Code pénal.* 8. — Si l'é-

tranger qui a commis dans un territoire étranger, soit contre un italien, soit contre un autre étranger, un des crimes prévus et punis par les articles 596 (*a*) à 600 (*b*) inclusivement, est arrêté dans les États royaux, ou

---

(*a*) *Code pénal.* 596. — Le détournement commis, dans quelque lieu que ce soit, avec quelqu'une des circonstances indiquées dans les numéros suivants constitue le vol à main armée.

1° S'il est accompagné d'homicide;

2° S'il est accompagné d'homicide manqué, ou seulement tenté, ou blessures, coups, ou mauvais traitements qui constituent par eux-mêmes un crime ;

3° S'il est accompagné de blessures, coups ou mauvais traitements, qui constituent par eux-mêmes un délit; ou de menace à main armée contre la vie ;

4° S'il a été commis avec violence et avec menace quelconque qui ne constituent par elles-mêmes un crime ou un délit, ou bien par deux ou plusieurs personnes bien que non armées, ou encore par une seule personne portant des armes apparentes ou cachées,

5° S'il a été commis avec l'abus du titre ou des apparences d un fonctionnaire public, ou d'un officier civil ou militaire, ou avec l'usage d'un faux ordre d'une autorité publique.

Code pénal. 597. — Le vol a main armée est puni.

1° De mort, s'il est accompagné d'homicide,

2° Des travaux forcés à perpétuité, s'il est accompagné de quelqu'une des circonstances indiquées

dans le N° 2 de l'article précédent ;

3° Du maximum des travaux forcés à temps, s'il est accompagné de quelqu'une des circonstances indiquées dans le n° 3,

4° Des travaux forcés à temps qui peuvent être portés jusqu'à quinze ans, s'il est accompagné de quelqu'une des circonstances indiquées dans le n° 4 ;

5° Des travaux forcés à temps non inférieurs à quinze ans, s'il est accompagné de quelqu'une des circonstances indiquées dans le n° 5

Code pénal 598 — Si, dans un vol à main armée, concourent deux ou plusieurs des circonstances indiquées dans les N° 3, 4 et 5 de l'article 596, ou bien de celles qui rendent le vol qualifié, conformément à l'article 605 (*c*), la peine sera augmentée à raison des circonstances et pourra en outre s'étendre aux travaux forcés à perpétuité

Code pénal 599. — Est considéré comme consommé le crime de vol à main armée, eu égard à la peine encourue, chaque fois qu'il a été accompagné d'homicide ou de quelqu'un des actes indiqués dans le numéro 1 de l'article 596, bien que le détournement n'ait pas eu lieu par des circonstances indépendantes de la volonté du coupable.

(*b*) *Code pénal.* 600 — Les actes de violence indiqués dans l'article 596

(*c*) *Code pénal.* 605. — Le vol est qualifié ·

1° Par la *valeur*,

2° Par la *personne*,

3° Par le *temps*,

4ᵈ Par le *lieu* ;

5° Par le *moyen* ;

6° Par la *qualité des choses*

cusé déterminera la compétence et le lieu de la prévention.

La cour de cassation pourra toutefois, sur la demande du ministère public ou des autres parties, remettre la connaissance de l'affaire à la cour ou au tribunal le plus voisin du lieu où le crime aura été commis.

35. — La cour ou le tribunal compétent pour connaître des faits coupables mentionnés dans l'article précédent, pourra se prévaloir des actes commis à l'étranger.

Ces actes pourront également servir à déterminer les dédommagements dus à la partie lésée au sujet

livré par les autres gouvernements, il sera jugé et puni conformément aux regles de l'article 6, lorsque le crime a été commis a une distance qui n'est pas supérieure a un demi myriametre des frontieres des États royaux, ou que commis à une distance plus grande, le coupable aura transporté dans les États royaux l'argent ou les effets volés.

(2 *de la page précédente.*) *Code pénal.* 9. — En dehors des cas indiqués dans l'article précédent, l'étranger qui, ayant commis dans un territoire étranger un crime au préjudice d'un italien, entrerait

dans le territoire des États royaux, sera arrêté, et apres qu'on aura obtenu l'autorisation du gouvernement du roi, sera livré au gouvernement duquel dépend le lieu ou le crime a été commis pour y être jugé. Si ce gouvernement refusait de le recevoir, le coupable sera jugé et puni dans les États royaux conformément à l'article 6.

Il en sera de même pour les délits commis par un étranger au préjudice d'un italien en pays étranger ; quand en pareil cas l'italien sera puni dans le pays auquel appartient l'étranger ; sauf toutefois toujours l'action civile.

---

seront réputés avoir accompagné le vol à main armée, même quand le coupable les aura commis immédiatement, avant ou après, avec l'intention soit d'en faciliter la consommation, soit de favoriser la fuite ou d'assurer l'impunité de lui-même

ou des autres auteurs ou complices du délit Il en sera de même si les violences ont été commises sur la personne dépouillée ou assaillie ; ou si elles ont été commises sur d'autres personnes présentes ou accourues au moment du crime

des faits coupables commis dans le territoire étranger et qui ne seraient pas punis dans le royaume.

36. — Tout juge qui recevra une plainte ou dénonciation pour un fait coupable commis à l'étranger et susceptible d'être poursuivi dans le royaume, devra donner avis au procureur royal, qui lui-même en informera le procureur général duquel il dépend.

Dispositions particulières.

De la compétence et des poursuites des faits coupables imputés aux juges et aux fonctionnaires du ministère public.

37. — Les contraventions commises par un préteur ou vice-préteur, par l'auditeur ou le vice-préteur chargé de remplir les fonctions du ministère public près le prétoire, dans le territoire où s'étend leur juridiction ou leur pouvoir, seront jugées sans appel par le tribunal correctionnel de qui ils dépendent.

Il en sera de même pour tout autre fait punissable qui serait de la compétence du préteur.

Quand il s'agit de juger un membre du tribunal correctionnel ou du ministère public, près le même tribunal, pour des faits punissables qui seraient de leur compétence ou qui pourraient leur être déférés en voie d'appel, la cour d'appel désignera un autre tribunal du même ressort.

Pour juger un membre de la cour d'appel ou du ministère public de la cour d'appel, pour des faits qui seraient de leur compétence, ou qui pourraient leur être déférés en voie d'appel, la cour de cassation désignera une autre cour.

LIVRE PREMIER

DE L'INSTRUCTION PRÉPARATOIRE

TITRE I.

DES OFFICIERS DU MINISTÈRE PUBLIC ET DE LEURS FONCTIONS.

Chapitre I.

Du Procureur Général près la cour d'appel.

38. — Le Procureur général, indépendamment des fonctions que lui attribue le présent code, veillera dans le ressort de la juridiction au maintien de l'ordre dans tous les tribunaux.

39. — Les officiers de la police judiciaire sont subordonnés à sa surveillance.

S'il reconnaît quelque faute ou quelque négligence de leur part, il est tenu de les avertir. Cet avertissement sera noté par lui sur un registre spécial.

40. — En cas de récidive du fonctionnaire, le Procureur général pourvoira, pour les juger, selon la manière déterminée par la loi sur l'organisation judiciaire. Pour les autres officiers de police judiciaire,

il fera son rapport au ministre de grâce et justice, afin qu'il donne les ordres opportuns.

Il y a récidive, lorsque le fonctionnaire sera de nouveau sous le coup de quelque faute, ou négligence, avant qu'une année soit écoulée depuis le jour de l'avertissement.

41. — Le Procureur général recevra les dénonciations et les plaintes qui lui seront adressées directement par la cour ou par un fonctionnaire public. Il peut recevoir aussi celles de toute personne.

Il en tiendra note sur un registre et les transmettra au Procureur du roi.

Chapitre II.

Du Procureur du Roi près les tribunaux.

42. — Le Procureur du Roi est tenu dans le ressort du tribunal auprès duquel il exerce ses fonctions :

1° De mettre en mouvement et de poursuivre les actions pénales dérivant des crimes et délits, et ce, dans les formes prescrites par le présent code ;

2° De veiller et de requérir pour que les lois et les règles de la procédure soient observées ; l'ordre en matière de compétence maintenu ; les affaires expédiées avec diligence ;

3° De faire exécuter les ordonnances des cours, des tribunaux et des juges d'instruction dans l'information des procès ;

4° D'informer le Procureur général de tous les crimes et délits commis dans le ressort du tribunal.

Il devra faire ses diligences ou ses réquisitions au moyen de conclusions motivées.

43. — Quand parviendront au Procureur du Roi des dénonciations, des plaintes, des procès-verbaux, des rapports ou indications d'un fait punissable relevant de son ministère, il fera sans retard, au juge d'instruction, les réquisitions opportunes pour la recherche du fait et la découverte des auteurs et des complices; à moins qu'il ne soit dans le cas de requérir par voie de *citation directe*, telle qu'elle est portée dans le troisième paragraphe de l'art. 471; auquel cas il pourra procéder directement aux informations préliminaires qu'il reconnaîtrait opportunes.

Si le fait incriminé a été commis dans un autre arrondissement, il transmettra les documents et les pièces à l'appui au Procureur du Roi de cet arrondissement, lui soumettant en même temps tous les renseignements qu'il croira utiles à l'élucidation du fait, en mettant à sa disposition les individus qui auraient été arrêtés.

44. — S'il est présenté au Procureur du Roi un individu inculpé d'un fait punissable qui relève de son ministère, il examinera sans retard les documents et les actes qui lui seront consignés, et fera les réquisitions (1) qu'il croira convenables.

Les corps de délit et les objets saisis seront déposés au greffe du tribunal, et l'inculpé sera mis en prison, à titre de sûreté.

45. — Quand un même individu est accusé de plusieurs faits punissables, ou bien que plusieurs individus sont complices d'un même fait ou de plusieurs faits punissables différents mais connexes entr'eux, le Procureur du Roi devra pourvoir à ce que l'instruc-

_____

(1) En italien et mot à mot: *instances.*   (*Note du trad*)

tion soit suivie contre tous les inculpés, même contre les absents, et pour tous les faits qui leur sont imputés, cela afin d'arriver à une seule sentence ; sauf lorsque à cause du nombre trop grand d'accusés, ou pour ne pas prolonger trop la détention provisoire de ceux qui ont été arrêtés, ou par suite d'autres considérations graves, il trouvera opportun de procéder séparément, et sauf les dispositions de l'art. 20.

46. — Dans les cas de flagrant délit emportant une peine d'emprisonnement supérieure à trois mois ou toute autre peine plus forte, le Procureur du Roi pourra se transporter immédiatement sur les lieux, pour procéder à toutes les opérations ou à tous les actes nécessaires à la découverte et à la mise en sûreté du corps et des traces du délit, et pour recevoir les déclarations des personnes qui se sont trouvées présentes au fait, ou de celles qui peuvent donner d'utiles éclaircissements le concernant, usant à cet effet de tous les droits que le présent code attribue au juge d'instruction.

Dans les cas susdits, l'accusé qui serait arrêté pour un délit de la compétence du tribunal correctionnel, excepté les délits politiques ou de presse, sera immédiatement conduit devant le Procureur du Roi, lequel, après l'avoir interrogé, le fera, s'il y a lieu, traduire immédiatement devant le tribunal s'il tient ses audiences ; dans le cas contraire, le Procureur du Roi fera détenir l'accusé pendant le temps nécessaire pour le faire citer pour l'audience du jour suivant ; à cet effet le tribunal sera spécialement convoqué.

Le Procureur du Roi fera, en même temps, citer, même verbalement par un agent de la force publique ou de la sûreté publique, les témoins qu'il croira nécessaires. Si ceux-ci ne comparaissent pas, ils encourront les peines portées dans le IIᵉ livre, chap. III, paragraphe 2ᵉ du présent code.

Si l'accusé le réclame, le tribunal lui accordera un délai de trois jours pour préparer sa défense. Tant dans ce cas, que dans celui où le tribunal renvoie l'affaire à une autre audience, il pourra ordonner que l'accusé soit mis provisoirement en liberté, avec ou sans caution.

47. — On appelle flagrant, le crime ou le délit qui se commet présentement, ou qui a été commis peu de temps avant.

Sont réputés faits flagrants ceux dans lesquels l'accusé est poursuivi par la partie lésée ou par la rumeur publique ; et ceux dans lesquels il a été surpris avec des effets, des armes, des instruments, des pièces ou autres objets capables de le faire présumer auteur ou complice, pourvu que ces circonstances se produisent dans un temps voisin du délit.

48. — Les attributions données au Procureur du Roi par la première partie de l'art. 46, auront lieu même hors le fait flagrant, lorsqu'il s'agira de crime ou délit commis dans l'intérieur d'une maison et que le chef de famille requierra le Procureur du Roi de le constater.

49. — Le Procureur du Roi, en se transportant sur les lieux du délit, en donnera avis au juge d'instruction, sauf les cas de citation directe et sauf la disposition de l'art. 46 ; mais il procédera comme il est prescrit ci-dessus, sans attendre le juge d'instruction.

Une fois rejoint sur les lieux par le juge d'instruction, ce sera à ce dernier de procéder aux actes de l'information conformément aux règles de ses attributions.

50. — Dans les cas prévus par les art. 46, 47 et 48, le Procureur du Roi pourra ordonner l'arrestation des personnes contre lesquelles se réunissent de graves indices, ou contre celles qui ont tenté de fuir ou donnent de graves soupçons de fuite, ou qui font partie des personnes qui sont indiquées dans la première partie de l'art. 206.

51. — La personne arrêtée sera immédiatement conduite devant le Procureur du Roi qui en a ordonné l'arrestation.

Le Procureur du Roi l'interrogera, prendra les informations les plus urgentes et au plus tard dans les vingt-quatre heures, il est tenu de remettre la personne arrêtée au juge d'instruction, sauf les cas de citation directe et les dispositions de l'article 46. Si enfin, dans l'intervalle, il a reconnu par l'interrogatoire fait ou par les informations prises, qu'il y a lieu de relaxer l'accusé, le procureur du Roi sera tenu de le faire immédiatement.

Le Procureur du Roi ne pourra faire prêter serment aux témoins, mais il pourra recevoir celui des experts.

52. — Pour la rédaction des actes auxquels se livre le Procureur du Roi, il devra être assisté de son secrétaire ou du greffier du tribunal; à défaut de ceux-ci ou en leur empêchement, d'un officier de la sûreté publique ; ou d'un notaire ; ou d'un clerc de notaire ; ou d'un secrétaire ou commis greffier assermenté ; ou d'un conseiller communal ; ou de deux témoins. Lorsque les témoins ne pourront se trouver sans retard, le Procureur du Roi pourra procéder sans eux, et en fera mention dans le procès-verbal.

53. — Si, arrivé sur les lieux. le Procureur du Roi trouve les actes auxquels il devait procéder déjà commencés par des officiers subalternes de la police judiciaire, il pourra les recommencer, les continuer, ou commettre ces officiers pour les continuer. Il pourra aussi commettre pour leur exécution, alors même qu'à son arrivée aucun acte de procédure n'aurait été commencé.

54. — Les procès-verbaux et les actes ci-dessus désignés ; les corps du délit, les documents et objets placés sous sequestre, doivent être tous transmis par le Procureur du Roi au juge d'instruction avec son réquisitoire ; sauf toujours les cas de *citation directe* et les dispositions de l'art. 46.

55. — Les actes qui sont de la compétence du Procureur du Roi d'après les dispositions précédentes peuvent être exercées par le Procureur Général de qui elles dépendent, quand celui-ci l'estime convenable en se conformant aux dispositions qui précèdent.

TITRE II.

DE LA POLICE JUDICIAIRE ET DES OFFICIERS
QUI L'EXERCENT.

56. — La police judiciaire a pour objet de rechercher les faits punissables de toute sorte, d'en recueillir les preuves et de fournir à l'autorité judiciaire toutes les indications qui peuvent conduire à la découverte des auteurs, des principaux agents et des complices.

57. — Elle est exercée sous la direction et sous la dépendance du Procureur Général près la Cour d'appel, et du Procureur du Roi près le tribunal correc-

tionnel dans lesquels ils exercent leurs fonctions :

1° Par les gardes-champêtres et les agents de la sûreté publique ;

2° Par les officiers ou sous-officiers des carabiniers royaux (1), par les délégués et par les préposés de la sûreté publique (2) ; par les maires ou par ceux qui en remplissent les fonctions.

En observant chacun les limites de leurs attributions respectives et sans préjudice de la subordination due à leurs supérieurs, le tout suivant les prescriptions des règlements spéciaux ;

3° Par les préteurs ;

4° Par les juges d'instruction.

Les officiers de la police judiciaire, mentionnés dans les Nos 2, 3 et 4 auront, dans l'exercice de leurs fonctions, le droit de requérir directement la force publique.

Chapitre I.

Des gardes-champêtres et des agents de la sûreté publique.

58. — Les gardes-champêtres, considérés comme officiers de police judiciaire, sont chargés, chacun dans le ressort qui leur est assigné, de rechercher et de constater (3) les délits et les contraventions qui auront porté dommage à la propriété rurale.

(1) En France : *les gendarmes.*
(2) En France : *les commissaires de police.*
(3) Les mots « *par procès-verbal* » sont évidemment sous-entendus,   (*Notes du trad.*)

Les agents de la sûreté publique devront rechercher et constater les contraventions aux actions publiques et constater celles (des contraventions) aux actions privées qui leur auront été dénoncées par la partie offensée, ou par celle qui aura subi le dommage.

59. — Les officiers susnommés dresseront un procès-verbal dans lequel ils énonceront la nature du fait et les circonstances, spécialement celles du temps et du lieu, les preuves et les indices à la charge des présumés coupables, les interrogatoires faits à ces derniers et leurs réponses.

Ils se saisiront du corps du délit, ou des objets qui ont servi à le commettre, et les placeront sous sequestre. Toutefois il leur est défendu, même dans le cas de perquisition, de s'introduire dans les maisons, fabriques, ateliers, ou les cours attenantes, clôtures, s'ils ne sont accompagnés d'un des officiers mentionnés dans le chapitre suivant.

Les procès-verbaux seront signés par les officiers qui les auront dressés et par les personnes qui interviendront dans l'acte.

60. — Les officiers susdits arrêteront et traduiront devant le préteur tout individu surpris en flagrant délit, ou qui sera dénoncé par la clameur publique, quand le fait emportera la peine de détention pour une durée supérieure à trois mois ou toute autre peine plus grave ; ou bien encore quand il s'agira de personnes mentionnées dans la première partie de l'art. 206 et que le fait incriminé sera puni de la prison. Le préteur transmettra immédiatement au Procureur du Roi le rapport prescrit par le 3e paragraphe de l'art. 68.

Ils pourront requérir l'assistance de la force publique du maire et de l'adjoint du lieu, à quoi ceux-ci ne pourront se refuser.

61. — Dans les deux jours au plus tard, à partir de celui où le fait incriminé a été certifié, les procès-verbaux et les objets saisis seront respectivement transmis au préteur ou au Procureur du Roi, selon qu'il s'agit de délits ou de contraventions de la compétence du premier, ou de délits de la compétence supérieure, ou de crimes.

Le préteur ordonnera, sans retard, que les procès-verbaux, les dénonciations et les plaintes soient communiqués par la voie du greffe à celui qui remplit auprès de lui les fonctions de ministère public.

Chapitre II.

Des délégués et des préposés de la sûreté publique. Des officiers et des sous-officiers des carabiniers royaux. Des maires et de ceux qui en font les fonctions.

62. — Les délégués et les préposés de la sûreté publique, les officiers et sous-officiers des carabiniers royaux, les maires, ou ceux qui en font les fonctions, sont tenus de prendre note de tous crime, délit et contravention commis sur les lieux de leurs fonctions, quand il s'agit de faits relevant de l'action publique. Ils recevront, en outre, les plaintes et dénonciations relatives à ces délits, et de plus les plaintes concernant les faits coupables relevant de l'action privée.

Ils devront transmettre sans retard au préteur les informations recueillies, avec les dénonciations et les plaintes reçues, et s'il s'agit de crime ou délit de la compétence du tribunal correctionnel ou de la cour d'assises, ils devront en donner avis au Procureur du Roi.

63. — Lorsque un crime ou un délit aura laissé des traces apparentes et qu'il y aura danger de les voir disparaître, les officiers susdits devront les assurer sans retard, même par des experts s'il est nécessaire. Ils pourvoiront à leur conservation et à celle du corps du délit jusqu'à l'arrivée du juge d'instruction, ou du Procureur du Roi, ou du préteur.

Si le retard n'offre pas de danger, ils se borneront à prendre les mesures nécessaires afin que les traces du fait ne disparaissent point et que l'état des lieux ne soit point modifié.

64. — Dans le cas de fait flagrant emportant une peine d'emprisonnement supérieure à trois mois, ou une peine plus grave, les mêmes officiers ordonneront l'arrestation des prévenus et à cet effet, ils réclameront l'assistance de la force publique.

L'arrestation des inculpés sera ordonnée alors même que le fait flagrant ne serait pas passible d'une peine d'emprisonnement n'excédant pas trois mois, si les accusés sont du nombre des personnes mentionnées dans la première partie de l'art. 206.

Ils recueilleront les preuves qui pourront être prises sur le moment et relatives aux faits les plus importants ; et, toutes les fois qu'il y aura du danger dans le retard, ils procéderont à une perquisition dans le domicile des inculpés, ou de toute autre personne suspectée de complicité.

65. — Tout dépositaire de la force publique sera tenu d'arrêter, même sans ordre, tout individu surpris en flagrant délit. Toute autre personne est autorisée de faire pareille arrestation.

66. — Les mêmes officiers devront également ordonner et faire exécuter l'arrestation des *oisifs, vagabonds, mendiants* et des autres *personnes suspectes* mentionnées dans le chap. III, titre VIII, livre II du code pénal, sur lesquels peut toujours peser l'inculpation d'avoir commis un délit (1).

67. — Dans toutes leurs opérations, lesdits officiers feront intervenir deux témoins, en se conformant, en outre, à ce qui est prescrit dans les règlements particuliers les concernant. S'ils ne peuvent se procurer immédiatement des témoins, ils procéderont sans leur assistance.

Les maires seront, en outre, assistés du secrétaire de la commune, ou de quelque autre personne capable de dresser un procès-verbal, quand l'intervention de l'un ou de l'autre pourront toujours se concilier avec la célérité qu'exigent les opérations.

Le procès-verbal sera signé desdits officiers au bas de chaque page et à la fin. En ce dernier lieu signeront aussi tous ceux qui sont intervenus à l'acte.

Ces officiers auront soin de décrire distinctivement les objets qu'ils ont saisis, de les mettre sous sequestre, de les sceller, en indiquant le nombre des scellés et leur empreinte.

Ils ne pourront faire prêter serment aux témoins, aux experts, ni à toute autre personne étant intervenue dans l'acte auquel ils auront procédé.

---

(1) Ces autres *personnes suspectes* sont :

1° Celles qui sont signalées pour crimes ou pour délits et spécialement pour vols a main armée, extorsions, vols et escroqueries ;

2° Les individus soumis à *la surveillance spéciale* de *la sûreté publique* (haute police) (art. 447 du code pénal).

(*Note du trad.*)

68.—La personne arrêtée sera immédiatement conduite devant l'officier qui en aura ordonné l'arrestation, lequel en même temps contre-signera le procès-verbal et les objets séquestrés.

Cet officier la fera traduire au plus tôt devant le préteur, ou devant le Procureur du Roi, ou bien encore devant le juge d'instruction si l'arrestation a été opérée dans les lieux de la résidence de ces derniers.

Si la personne arrêtée est traduite devant le préteur, celle-ci en informera au plus tôt le Procureur du Roi, en lui transmettant un rapport sommaire sur la cause qui a déterminé l'arrestation et sur les circonstances qui s'y rattachent.

Dans le cas prévu par l'art. 65, le transfert de la personne arrêtée sans ordre se fera dans les mêmes formes.

69. — Si, après l'accomplissement des formalités prescrites dans l'article précédent, il vient à la connaissance desdits officiers des preuves ou des indices concernant les circonstances du fait incriminé ou les auteurs, les agents principaux ou les complices, ils en donneront immédiatement avis à l'autorité judiciaire susindiquée, sans négliger cependant les actes nécessaires pour la conservation des preuves.

70.—Dans les communes où il y a plusieurs délégués ou agents de la sûreté publique si quelqu'un d'entr' eux se trouve absent ou empêché, les autres sont tenus de le remplacer ; ils ne pourront se refuser à remplir les fonctions de leur ministère, ni retarder les actes requis sous le prétexte qu'ils ne sont pas les plus rapprochés du délégué, ou de l'agent empêché ; ou bien encore que l'empêchement n'est pas légitime ni prouvé.

Chapitre III.

Des Préteurs.

71. — Les préteurs devront, pour les faits relevant de l'action publique qui surviennent dans leur juridiction, procéder conformément aux termes des art. 62, première partie, 63, 64, 66 et 67 (3ᵉ et 4ᵉ paragraphe).

Dans le cas ou le préteur et les officiers portés aux Nᵒˢ 1 et 2 de l'art. 57, agiront concurremment, ces derniers seront tenus de procéder ultérieurement et de remettre les actes (de procédure) faits, les individus arrêtés et les corps de délit à la disposition du préteur.

Le préteur procédera avec l'assistance du greffier ; fera prêter serment aux experts requis par lui ainsi qu'aux témoins qui interviennent dans les cas prévus par les art. 126, 128, 175, 242.

72. — Si les actes auxquels il a été procédé par les autres officiers se trouvent défectueux ou irréguliers, le préteur devra les renouveler, ou les rectifier en tout ou en partie s'il est possible ; sinon il recueillera tous les moyens de preuves et les actes pour y suppléer.

73. — Lorsqu'une personne arrêtée sera présentée au préteur il devra l'interroger immédiatement.

Après l'interrogatoire, si le préteur reconnaît que le fait incriminé n'est pas de sa compétence et, sauf les exigences momentanées de l'instruction, il fera traduire immédiatement la personne arrêtée devant le procureur du Roi ; et, si ce transfert ne peut être exécuté de suite, il le fera provisoirement garder dans la maison d'arrêt du canton.

Au contraire, s'il s'agit d'un fait de sa compétence, après l'interrogatoire de l'accusé le préteur se conformera aux dispositions des art. 205 et 206.

Dans les cas prévus par le 2e et 3e paragraphe de l'art. 46, ou si le fait incriminé est de sa compétence, le préteur exercera les attributions données au procureur du Roi et au tribunal correctionnel, suivant la forme des jugements devant la juridiction du préteur en matière pénale.

74. — Dans le cours des informations, et même après la transmission des actes indiqués dans l'article suivant, si le préteur a des motifs suffisants de craindre que la personne inculpée est susceptible de prendre la fuite, il pourra en ordonner l'arrestation : également lorsqu'il existera contre l'inculpé des graves indices de fait punissable et qu'il s'agira d'un fait emportant une peine d'emprisonnement supérieure à trois mois, ou une peine plus forte ; ou bien, alors que s'agissant d'une des personnes mentionnées dans la première partie de l'art. 206, le fait est punissable de la prison.

Dans ce cas, il dressera un procès-verbal et en informera immédiatement le procureur du Roi.

75. — Le préteur, même lorsque la connaissance d'un fait punissable n'est point de sa compétence, devra, dans les lieux où ne réside point de juge d'instruction, procéder sans retard aux actes d'instruction de nature à établir le fait et à faire connaître son auteur ; et il transmettra, dans un délai qui ne dépassera pas quinze jours à partir de la réception de la

plainte ou de la dénonciation, au procureur du Roi, les informations recueillies, les procès-verbaux et autres documents ou pièces recueillis par les autres officiers de police judiciaire.

En conséquence, il pourra user de la faculté accordée au juge d'instruction par les articles 176 et 179 inclusivement du présent code.

76. — Les dispositions de l'art. 69 sont communes aux préteurs : l'avis prescrit dans ce même article sera donné au Procureur du Roi.

77. — Les préteurs devront, sans retard, donner avis au Procureur du Roi de tout crime ou de tout délit dépendant de l'action publique, ou de toute arrestation survenus dans leur juridiction.

78. — Dans le cas d'empêchement du préteur ou de celui qui en fait les fonctions, le préteur le plus voisin le remplacera en avisant immédiatement le Procureur du Roi de qui dépend le préteur empêché.

Chapitre IV.

Du juge d'instruction.

79. — Les dispositions des art. 71, 72, 73 1re partie et 74, relatives aux attributions du préteur comme officier de police judiciaire, sont communes au juge d'instruction pour les faits punissables qui se commettent dans le lieu de sa résidence.

Dans le cas de concurrence entre le juge d'instruction avec tout autre officier de police judiciaire, il appartient au juge d'instruction de procéder à tous les actes de police judiciaire, avec la faculté de refaire les actes déjà faits s'il les croit défectueux ou irréguliers.

80. — Le juge d'instruction, ayant connaissance de la présence, dans le lieu de sa résidence, de quelque personne accusée d'un fait relevant de l'action publique, commise hors de son district, devra prendre des renseignements au sujet de ce même fait, procéder à l'instruction concernant les actes faits dans son arrondissement et en transmettre le résultat au juge compétent.

Chapitre V.

Des actes d'instruction.

DISPOSITIONS GÉNÉRALES.

81. — L'instruction des procès pour crimes ou pour délits de la compétence du tribunal correctionnel appartient au juge d'instruction.

Celui-ci pourra déléguer les préteurs de son district, soit qu'il ait lui-même commencé l'instruction, soit qu'elle ait été commencée par le préteur; dans ce dernier cas cependant il devra, dans le terme établi par l'art. 75, déléguer ou évoquer la continuation de l'instruction.

Toutefois dans le lieu de la résidence, il ne pourra déléguer personne, s'il n'est dans le cas de légitime empêchement.

Il pourra, pour les actes à faire hors de son arrondissement, requérir le juge d'instruction près le tribunal dans la juridiction duquel il doit être procédé.

Dans les cas ci-dessus, le magistrat chargé de l'instruction transmettra au juge délégué ou requis les notes et instructions nécessaires concernant les faits sur lesquels les témoins doivent déposer, ou qui devront être certifiés d'une autre manière.

Le juge requis ou délégué transmettra fermés et scellés les actes auxquels il aura procédé.

82. — Dans tous les actes d'instruction, le juge d'instruction sera assisté de son greffier; le procureur du Roi pourra intervenir partout où il le jugera convenable.

En cas d'absence ou d'empêchement du greffier ou de ses commis assermentés, le juge instructeur pourra se faire assister d'un notaire ou d'un clerc de notaire, ou d'un commis ou d'un écrivain du greffe, en leur faisant préalablement prêter serment d'exercer avec loyauté son travail et d'observer le secret sur les actes dans lesquels ils doivent intervenir.

83. — Dans les cas urgents ou graves, ou lorsque d'autres circonstances particulières l'exigent, le juge instructeur devra se transporter sur les lieux pour procéder aux actes qu'il croira nécessaires : en ces cas, il requerra la présence du procureur du Roi, sans pour cela retarder ses opérations.

Ces actes terminés, si le procureur du Roi n'y a pas assisté, il lui en sera donné communication.

84. — Le juge instructeur examinera, sans retard, les dénonciations, les plaintes, les procès-verbaux et autres documents qui lui ont été communiqués par le Procureur du Roi avec ses conclusions, et il procédera aux actes pour lesquels il est requis.

Il devra, en outre, recueillir par tous les moyens les preuves qui se présenteront dans le courant de l'instruction et faire tout ce qui sera nécessaire pour arriver à la manifestation de la vérité.

S'il y a une partie civile dans l'affaire, il devra

procéder à tous les actes d'instruction nécessaires que celle-ci aura requis, à l'effet d'établir le montant des dommages qu'elle aura soufferts.

Il devra aussi agir, en pareil cas, d'office, lorsque cela pourra avoir une influence sur l'application de la peine.

85. — Le juge d'instruction interroge les personnes qui doivent être entendues dans le cours de l'instruction.

Les demandes insidieuses lui sont interdites.

Il est permis à la personne interrogée de dicter elle-même sa réponse.

La réponse sera d'abord répétée à la personne interrogée et la demande comme la réponse seront ensuite écrites sans abréviation par le greffier.

86. — Cet acte sera lu par le greffier à haute et intelligible voix et signé par la personne interrogée après qu'elle aura déclaré persister dans ses réponses. Il sera également signé par le juge d'instruction, par l'officier du ministère public s'il y est intervenu et par le greffier. Le tout sera mentionné dans l'acte.

Si la personne entendue ne sait pas écrire, elle devra faire une marque particulière et si elle ne veut ni signer, ni faire une marque particulière, il en sera fait mention dans l'acte.

Chaque feuille, dans l'original de l'instruction, sera, en outre, signé par les officiers susindiqués.

87. — Si avant la signature de l'acte il survient quelque variation ou quelque addition, elle sera portée en note à la fin de l'acte et il en sera donné lecture avant de signer.

Si après la signature, mais avant qu'il ne soit procédé à d'autres actes (*d'instruction*) il se produit de nouvelles variations, on les mentionnera avec d'autres apostilles qui seront également signées comme il est dit ci-dessus, après que lecture en aura été donnée.

88. — On ne pourra faire ni interlignes ni abréviations. S'il arrive de faire une rature, ce sera de manière à ce qu'on puisse lire distinctement la parole raturée. On ne pourra également laisser (1) aucun vide qui ne soit écrit.

Avant la signature, on fera toujours mention du nombre des ratures et de celui des renvois : les uns et les autres seront approuvés.

89. — Tout acte qui n'a pas pu se rédiger, ou se terminer en un seul contexte, ou de même suite, se clôturera par la signature obligée, pour être requis une autre fois, sans qu'on puisse énoncer alors ce qui a été fait et dit aux diverses époques (2).

90. — Les actes d'instruction peuvent se faire tous les jours, même les jours fériés.

91. — Si aucun des officiers intervenant dans l'acte ne comprend la langue ou l'idiome de la personne appelée à déposer, ou si celle-ci ne connaît point la langue dans laquelle on rédige l'acte, on prendra un interprète auquel on fera prêter serment de retracer fidèlement les demandes de celui qui est interrogé et les réponses qui seront faites, et de garder le secret.

Lorsqu'il arrive de choisir un autre interprète pour l'interprète déjà pris, on lui fera prêter le même serment qu'à ce dernier.

Le tout sera mentionné dans l'acte.

(1) (Dans l'acte.) (*Note du trad.*)
(2) (De la rédaction.) (*Note du trad.*)

L'interprète devra avoir 18 ans accomplis et il ne pourra jamais être choisi parmi les officiers intervenus dans l'acte, ni parmi les juges ou témoins de la cause.

92. — Si celui qui doit être interrogé est sourd-muet et ne sait pas écrire, le magistrat chargé de l'instruction nommera pour interprète, avec les formalités ci-dessus indiquées, la personne la plus habituée à se faire comprendre de la personne interrogée.

Dans le cas où le sourd-muet sait écrire, le greffier mettra par écrit les demandes et observations du magistrat chargé de l'instruction ; elles seront ainsi présentées au sourd-muet qui répondra également par écrit.

Les demandes et les réponses seront jointes au procès-verbal.

La même formalité s'observera pour les personnes qui seront seulement ou sourdes, ou muettes.

93. — Les procès-verbaux mentionnés dans les deux articles précédents seront signés par les interprètes.

94. — La formalité prescrite par les art. 91, 92 et 93 s'observeront à peine de nullité de l'acte.

95. — Les greffiers encourront une amende de vingt-cinq francs par chaque contravention aux art. 86, 87, 88 et 89.

96. — Il est défendu aux officiers qui interviennent dans les actes d'instruction d'en révéler le contenu, sous peine d'être suspendus dans leurs fonctions, peine qui pourra durer une année, ou même d'être révoqués, suivant les cas.

97. — Dans tous les cas où le juge d'instruction ne sera pas d'avis de faire droit aux réquisitions du procureur du Roi, il rendra une ordonnance susceptible d'opposition devant la chambre d'accusation, dans

le délai et selon les formes établies par l'art. 261. Ces actes seront transmis au procureur général conformément à l'art. 255.

L'opposition ne sera cependant pas notifiée à l'accusé ni à la partie civile.

Sur le rapport qui en sera fait par le procureur général dans les cinq jours qui suivront la réception des actes, la chambre d'accusation se prononcera dans les cinq jours suivants, au plus tard.

L'opposition ne pourra ni empêcher ni retarder l'exécution de l'ordonnance frappée d'opposition, ni le cours de l'instruction.

SECTION I. — *Des dénonciations, des rapports et des déclarations.*

98. — Toute personne qui se sera trouvée présente à un fait relevant de l'action publique, ou qui en aura eu connaissance de toute autre manière, pourra le dénoncer au procureur du Roi ou à un officier de la police judiciaire du lieu du fait incriminé, de celui de la demeure de l'inculpé, ou encore du lieu où il pourra être trouvé.

99. — Le dénonciateur expliquera avec clarté le fait et ses circonstances, et donnera, autant que possible, les indications propres à certifier le fait, à en déterminer la nature et à en faire connaître les auteurs, les agents principaux et les complices.

100. — La dénonciation pourra se faire verbalement ou par écrit, et même encore par le moyen d'un mandataire spécial.

La dénonciation verbale sera immédiatement rédigée par écrit par l'officier qui la recevra. Le procès-verbal en sera signé après lecture, par l'officier et par le dénonciateur. Si celui-ci ne sait pas écrire, il tracera son signe particulier ; s'il ne veut, ou ne sait ni signer, ni tracer son signe, il en sera fait mention.

La dénonciation faite par écrit sera toujours signée du dénonciateur.

Dans le cas de dénonciation faite par un mandataire spécial, la procuration devra énoncer le fait et les circonstances mentionnées dans l'article précédent ; il en sera fait une expédition en brevet qui sera annexée à la dénonciation.

101. — Toute autorité et tout officier public, qui, dans l'exercice de ses fonctions, acquerra la connaissance d'un crime ou d'un délit relevant de l'action publique, sera tenu d'en faire le rapport et d'en transmettre les actes et les documents y relatifs au procureur du Roi près le tribunal dans la juridiction duquel le crime ou le délit aura été commis, ou (*dans la juridiction duquel*) l'inculpé aura sa demeure, ou (*dans la juridiction duquel il*) pourra être trouvé (1).

102. — Les médecins, chirurgiens, et autres officiers de santé feront connaître, dans les 24 heures, et immédiatement en cas de grave péril, les empoisonnements, blessures et autres attentats corporels quels qu'ils soient, dans lesquels ils auront prêté le secours de leur art, au juge chargé de l'instruction, ou à tout autre officier de police judiciaire du lieu où se trouve la victime, et à défaut à l'officier de la police judiciaire la plus rapprochée, sous

(1) Les mots placés entre parenthèses ont été ajoutés par le traducteur, pour la clarté de la phrase. Ils ne sont pas dans le texte.   (*Note du trad.*)

les peines établies dans l'art. 308 (1) du code pénal.

Dans cette déclaration on indiquera le lieu où se trouve la victime et, autant que possible, les noms, prénoms et toutes les autres circonstances énoncées dans l'art. 131 du présent code.

Lorsque cette déclaration ne pourra être certifiée de suite par serment, le déclarant devra prêter ce serment le plus tôt possible en présence du juge d'instruction ou du préteur.

103. — Lorsque plusieurs docteurs ou chirurgiens auront donné leurs soins à une même personne, ils seront tous tenus de faire également la déclaration prescrite par l'article précédent.

SECTION II. — *Des plaintes et des plaintes contraires.* (a)

104. — Toute personne, qui prétendra qu'un fait lui a porté offense ou dommage, pourra en porter plainte devant l'autorité à laquelle elle peut faire sa dénonciation.

105. — Pourront également porter plainte : le mari pour la femme, l'ascendant pour le descendant mineur

---

(1) *Code pénal.* 308. — Les médecins, les chirurgiens et tous autres officiers de santé, qui dans les cas d'empoisonnement, de blessures, ou autres attentats corporels, omettront ou retarderont les notifications ou rapports prescrits par le code de procédure pénale dans le livre 1, titre II chapitre V, section I (*Des dénon-* ciations, *rapports et déclarations*), et section III (*Du mode d'assurer le corps du délit*), seront punis d'une multe qui pourra être portée a cent francs, et dans les cas graves il pourra être infligé, en outre, la peine de la prison et la suspension de l'exercice de la profession.

(a) Mot-a-mot *Contre-plainte.* (*Note du trad.*)

soumis à sa puissance; le tuteur et le curateur pour tout ce qui a rapport à la tutelle ; sauf les dispositions des art. 482 (1) et 483 (2) du code pénal.

106. — L'inculpé contre qui sera lancé un mandat d'arrêt, ne pourra contredire la plainte, s'il ne se constitue lui-même prisonnier, excepté qu'il ait obtenu la liberté provisoire.

107. — S'il s'agit de faits au sujet desquels il a déjà été lancé un mandat de comparution, la plainte contraire ne sera pas admise si l'inculpé ne se présente pas pour être entendu dans ses réponses.

108. — Les dispositions mentionnées dans les art. 99 et 100 sont communes aux plaintes et aux plaintes contraires, sans préjudice de ce qui est établi par les art. 106 et 107.

109. — Toute personne à laquelle un fait aura porté offense ou dommage, pourra se constituer partie civile dans le jugement pénal, bien qu'elle n'en ait pas porté plainte.

Les personnes, qui n'ont pas la libre administration de leurs biens, ne pourront se constituer partie civile, si elles ne sont autorisées dans les formes prescrites par l'exercice des actions civiles.

110. — La personne offensée, ou qui a souffert le dommage, ne sera pas réputée partie civile si elle ne le déclare formellement ou dans la plainte ou avec tout autre acte reçu par le greffier du préteur, ou du

---

(1) *Code pénal.* 482. — Il ne peut être procédé pour adultere sans plainte du mari contre la femme.

(2) *Code pénal.* 483. — Il ne peut être procédé pour concubinage sans plainte de la femme contre le mari, lorsque celui-ci aura tenu la concubine dans la maison conjugale.

tribunal, ou de la cour où se fait l'instruction et d'où dépend le jugement.

La même personne pourra se constituer partie civile en tout état de cause, mais toujours avant que les débats publiés soient terminés. Elle ne sera plus admise à le faire en appel.

Les déclarations et les conclusions de la partie civile qui auraient précédé les débats publics devront toujours être notifiés au ministère public à l'inculpé, ou accusé.

Quand il s'agit de faits relevant de l'action privée pour lesquels a lieu la *citation directe* de l'inculpé, la déclaration devra se faire en même temps que la plainte, ou au moins avant que soit lancée l'ordonnance de citation ; elle sera notifiée.

111. — Celui qui se constitue partie civile, s'il n'est pas domicilié dans le lieu où se fait l'instruction, ou d'où dépend le jugement sera tenu d'élire domicile par acte passé au greffe.

Autrement la partie civile ne pourra opposer le défaut de notification contre les actes qui doivent lui être notifiés aux termes de la loi.

112. — Dans le délai de cinq jours, à partir de la déclaration relatée en l'art. 110, la partie civile fournira toutes sortes de preuves de nature à élucider le fait et à rendre certains les dommages. Elle pourra le faire au moyen de simples mémoires présentés au greffe.

113. — La partie civile peut révoquer sa déclaration en tout état de cause, jusqu'à la sentence.

La révocation sera notifiée au ministère public et à l'inculpé ; la partie civile ne sera responsable d'aucun des frais faits après cette notification.

114. — Si dans l'acte de révocation la partie civile a fait des réserves expresses pour les dommages, elle pourra introduire sa demande devant la juridiction civile : à défaut de réserves, elle perdra tout droit à cet égard et ne pourra plus répéter les frais qu'elle a faits.

115. — Si l'intervention de la partie civile a causé des dommages ou des frais à l'accusé, la révocation dont il est parlé à l'article précédent n'enlèvera pas à celui-ci le droit de les répéter.

116. — Dans les faits coupables où l'action pénale ne peut s'exercer sans instance de la partie (*lésée*), celle-ci peut se désister de sa plainte.

L'officier qui a reçu la plainte doit avertir la partie offensée du droit qu'elle a de se désister.

117. — Le désistement se fera dans les mêmes formes que la plainte et devant les mêmes officiers qui sont autorisés à recevoir celle-ci.

Le désistement de la plainte peut avoir lieu en tout état de cause, même au commencement des débats, ou dans le premier jugement, ainsi que dans le jugement d'appel; sauf les dispositions de l'art. 487 (1) du code pénal.

Le désistement arrête l'action pénale (*a*) à la condition que celui qui se désiste paye les frais. L'ordon-

---

(1) *Code pénal.* 487. — Dans le cas où un conjoint a été reconnu coupable d'adultere ou de concubinage, l'autre conjoint peut empêcher la condamnation par son désistement de la plainte; il peut pareillement faire cesser les effets de la condamnation, pourvu qu'il consente à continuer de vivre avec le conjoint qui a été condamné.

La rémission, qu'un conjoint fait à l'autre conjoint avant la condamnation, s'applique de droit au complice.

(*a*) Il est bien entendu que les articles 117 et 118 dépendent

nance ou sentence qui suivra le désistement déclarera qu'il n'y a lieu de statuer et pourra condamner aux frais celui qui s'est désisté.

118. — Celui qui se désiste d'une plainte ne peut plus la renouveler et perd le droit d'exercer l'action civile quand, dans l'acte de désistement, il n'a pas fait à ce sujet une réserve expresse.

119. — Si les faits punissables spécifiés dans l'article 116 ont été commis par plusieurs individus, le désistement fait en faveur de l'un deux profitera également aux autres.

120. — En tout état de cause, lorsque les juges reconnaissent que le fait sur lequel ils ont à statuer est du nombre de ceux pour lesquels on ne peut procéder que sur la demande de la partie privée, et que cette demande n'ait point été faite, ou que la partie *(privée)* s'en est désistée, ils déclareront qu'il n'y a pas lieu de statuer.

SECTION III. — *De la manière de rendre certain le corps du délit.*

121. — Dans les faits punissables qui ont laissé des traces permanentes, le juge chargé de l'instruction devra les rendre certaines par l'inspection des lieux, il dressera procès-verbal de tout ce qui peut se rattacher à l'existence et à la nature du fait et s'assurera des objets qui peuvent servir tant à charge qu'à décharge pour l'inculpé.

122. — En visitant les lieux, le juge pourra inter-

de l'article 116. — De telle sorte qu'il ne s'agit, dans l'art. 118, que de l'action pénale arrêtée par le désistement prévu par l'art. 116.

(*Note du trad.*)

roger toutes les personnes qui seront à même de donner des éclaircissements sur le fait, sur ses auteurs, ses principaux agents et ses complices.

123. — Il ne pourra également défendre à qui que ce soit de sortir de la maison, ou de s'éloigner du lieu (1) avant que le procès-verbal ne soit terminé.

Quiconque contreviendra à cet ordre pourra être arrêté et, à défaut de légitime excuse, il sera condamné par le juge qui procède, après avoir entendu le ministère public, à la peine des arrêts, ou à une amende qui ne pourra être moindre de dix francs.

Si le contrevenant n'est pas arrêté, il pourra être néanmoins condamné à la peine susindiquée, tant contradictoirement que par défaut, s'il ne comparaît pas après citation.

Dans l'un ou l'autre cas, cette décision ne sera susceptible ni d'appel ni d'opposition.

124. — Si dans la visite il est trouvé des armes, des instruments ou d'autres objets qui auront servi ou qui auront été destinés à commettre le fait, ou qui pourront en avoir été le résultat, ils seront placés sous sequestre ainsi que les papiers ou les autres documents qui pourront être utiles à la manifestation de la vérité : ce sequestre aura lieu suivant les prescriptions des articles 145 à 149 inclusivement.

125. — S'il s'agit d'homicide ou autre cas de mort dont la cause est inconnue, on devra procéder avant l'inhumation et, avec l'intervention d'experts, à la visite et, s'il le faut, à l'autopsie du cadavre ; on ordonnera même de le déterrer avec toutes les précautions voulues, s'il était déjà enseveli.

____

(1) *Où s'est commis le fait.* (*Note du trad.*)

126. — Avant de faire procéder à l'autopsie du cadavre, on en fera la description exacte et on en certifiera l'identité par le moyen d'un procès-verbal, après l'interrogatoire des personnes qui ont connu le défunt.

Les témoins à l'acte de reconnaissance prêteront serment conformément aux articles 297 et 299.

127. — Si le cadavre n'est reconnu de personne, on en décrira toutes les marques ou signes particuliers; on décrira également et on s'assurera de ses vêtements et des autres objets trouvés sur lui; et, si l'état du cadavre le permet, on le fera transporter dans un lieu public et fréquenté, où il restera exposé au moins 24 heures, à l'effet d'en obtenir la reconnaissance.

128. — Lorsqu'il n'aura pas été possible de procéder à la reconnaissance du cadavre et de ses blessures, ce qui arrive quand il est en état de putréfaction, on y suppléera par les déclarations des témoins qui, l'ayant vu précédemment, auraient remarqué les blessures qu'il avait reçues.

Ces témoins, entendus après serment, feront connaître dans quelle partie du corps se trouvaient les blessures, indiqueront les armes avec lesquelles ils pensent que les blessures ont été faites, et diront si, d'après eux, la mort a été occasionnée par ces blessures.

129. — Dans le cas où le cadavre n'a point été trouvé, le juge certifiera l'existence antérieure de la personne, le temps depuis lequel on n'en a plus aucune nouvelle, et de quelle manière le cadavre a pu être soustrait ou détruit. Il recueillera, en outre, tous les moyens de preuve capables de suppléer à la vérification du corps du délit.

130. — Les experts donneront leur avis sur la cause de la mort, expliqueront par quels moyens et en quel temps plus ou moins rapproché elle peut être survenue ; (*ils diront*) si cette mort est la conséquence des lésions constatées, si elle est survenue avant celle-ci, ou par le concours de causes préexistantes, ou postérieures, ou étrangères au fait incriminé.

Lorsque l'expertise ne s'étendra pas à toutes les circonstances qui sont importantes pour la décision, le juge pourra adresser aux experts des demandes spéciales sur ces circonstances.

131. — Quand il s'agira de personnes blessées ou contusionnées, le juge, assisté des experts, décrira les blessures, les contusions, les déchirures, et en indiquera le lieu, la longueur, la largeur et la profondeur. Il fera successivement expliquer les experts sur le fait de savoir si les blessures sont, ou non, mortelles, ou dangereuses ; si elles ont été faites avec des armes à feu, ou des armes acérées, tranchantes, ou de toute autre manière. Les experts spécifieront en outre l'époque à laquelle ces blessures ont pu être faites et combien il faudra pour les guérir.

S'il s'agit de maladies inconnues ou suspectes, le juge se fera expliquer quelle en est la nature, ou la cause présumée et à quelle époque elle pourra être guérissable.

132. — Si les experts ne peuvent donner leur avis immédiatement, ils devront le faire à l'époque où la nature des coups, des blessures, ou de la maladie pourra être recherchée.

133. — Si le danger énoncé dans une première

appréciation cesse ou augmente, l'expert en donnera avis au juge et il sera procédé à un nouveau rapport. La même chose aura lieu si le fait incriminé est accompagné ou suivi des circonstances aggravantes indiquées dans les art. 538 (1), 539 (2) et 544 (3) n⁰ˢ 1 et 2 du code pénal.

134. — Si la personne battue, blessée ou ayant subi d'autres violences vient à mourir, les chirurgiens ou les médecins appelés à la soigner devront en donner immédiatement avis au juge. Celui-ci procédera avec l'assistance des mêmes, ou avec d'autres experts aux termes des articles 125 et 126, en ayant soin de se

---

(1) *Code pénal.* 538. — Sont punis de la relégation pouvant être étendue jusqu'à cinq ans :

1º Ceux qui ont porté atteinte à la vie, ou empêché a la partie lesée de vaquer a ses affaires pendant trente ou plus de jours ; comme aussi si cette atteinte a été portée aux forces physiques ou mentales ;

2º S'ils ont affaibli d'une façon permanente un sens ou un organe ;

3º S'ils ont défiguré d'une façon permanente le visage.

(2) *Code pénal.* 539. — Sont punis de la rélégation non inférieure de cinq ans, pouvant être étendue jusqu'à dix :

1º Ceux qui ont occasionné un affaiblissement des facultés mentales, ou une maladie physique, certainement ou probablement incurables ;

2º Ceux qui ont occasionné

la perte d'un sens, d'une main, d'un pied, de l'usage de la parole, ou de la capacité de procréer ;

3º Ceux qui ont commis envers une femme enceinte, alors qu'ils connaissaient son état, un acte d'où s'en est suivi l'avortement.

(3) *Code pénal.* 544. — La peine de l'emprisonnement ne sera pas moindre d'un an et pourra être étendue jusqu'à cinq ans, dans chacun des cas suivants :

1º Si les coups ou blessures volontaires peuvent occasionner un danger pour la vie ;

2º Si les coups ou blessures volontaires, quoique sans être de nature à occasionner un danger pour la vie, ont toutefois occasionné une maladie ou incapacité de travail excédant trente jours.

faire indiquer par eux et distinctement les blessures, coups et violences, auxquelles ils croient qu'on peut attribuer la mort, ainsi que des autres circonstances mentionnées dans lesdits articles.

135. — Quand il s'agira d'un infanticide, les experts déclareront entr'autre si l'enfant est né vivant et s'il était en état de vivre hors du sein maternel.

136. — En cas de soupçon d'empoisonnement, on fera intervenir à la vérification du fait deux chimistes. L'analyse du poison ne pourra être faite que par les chimistes seuls, dans un local spécialement affecté à cela.

137. — S'il s'agit de vol ou de tout autre fait commis avec effraction, violence ou escalade, le juge devra décrire les traces et les signes, et se faire expliquer par les experts en quelle manière, avec quels instruments ou moyens et dans quelle époque ils estiment que le fait a été vraisemblablement commis.

138. — Dans les vols de grand chemin, extorsions violentes, rapines, vols, ou dans tout autre fait semblable, on devra, en outre, vérifier l'existence antétérieure et la disparition des choses volées ou soustraites. A défaut, on devra s'informer si celui qui porte plainte est digne de foi, si eu égard à son état, il a pu vraisemblablement avoir en sa possession les choses volées ou soustraites, et s'il a fait quelque plainte ou recherche de suite après le délit, ou après qu'il l'aura reconnu.

139. — Dans les cas d'incendie volontaire, les experts énonceront la manière, le lieu et l'époque où il a été commis ; la qualité des matières incendiaires employées et les circonstances par lesquelles on pouvait prévoir un danger majeur, ou moindre pour la

vie des personnes ou pour la propriété ; ou en quel lieu le feu, en se développant avec violence, aurait pu facilement s'étendre. Quand le feu aura été éteint, on prélèvera le montant des dommages causés.

140. — Dans tous les crimes ou délits qui ont causé un dommage, ou fait courir un danger aux biens, dans des conditions différentes de celles sus-mentionnées, le juge devra s'assurer de la force, ou de l'astuce employée ; des moyens ou instruments dont on s'est servi ; de l'existence du dommage reçu, ou à recevoir ; ou encore de la gravité du danger pour la propriété, ou pour la vie, la santé et la sûreté corporelle des personnes.

141. — Si le fait n'a pas laissé de traces perma-nentes, ou si celles-ci ont disparu, le juge recueil-lera toutes les preuves relatives à la nature et aux circonstances du fait. Il vérifiera, en outre, dans le second cas, les motifs de la disparition des traces, ou les moyens employés pour cela, et prendra tous les renseignements capables d'éclaircir le fait.

SECTION IV. — *Des visites domiciliaires et des perquisitions.*

142. — Le juge chargé de l'instruction, sur la réquisition du ministère public, ou encore d'office, pourra procéder à des perquisitions soit dans l'habi-tation ou domicile de l'inculpé, soit en tout autre lieu ou domicile, quand il existe de graves indices qu'on pourra trouver des objets utiles à la découverte de la vérité.

On ne pourra procéder à des perquisitions, du

premier octobre au trente-un mars, avant sept heures du matin et après cinq heures du soir ; et du premier avril au trente septembre, avant cinq heures du matin et après huit heures du soir.

Cette prohibition n'a pas lieu quand il y a péril imminent en cas de retard ; ce qui devra résulter des actes de la procédure.

Les dispositions des articles 123 et 124 sont communes aux visites domiciliaires et aux perquisitions.

143. — Si l'inculpé, dans l'habitation ou domicile duquel se fait la perquisition, est présent ou est en état d'arrestation, il pourra y assister, ou désigner une personne pour le représenter.

Si la perquisition doit se faire dans d'autres maisons que celle de l'inculpé, le juge demandera. pour l'assister, le maître de la maison ou le gardien s'il s'y trouve ; à défaut, il demandera deux parents ou voisins ; et en leur absence il pourra également procéder à la perquisition.

144. — Dans le cas où, pour mieux garantir les opérations de la visite, on a procédé à l'apposition des scellés, le juge, avant de les lever, devra en reconnaître l'identité et l'intégrité, et quand il fera le dépouillement des papiers et des autres objets placés sous scellés, il mettra sous sequestre ceux qu'il jugera utiles à l'instruction.

Les papiers séquestrés seront successivement numérotés et signés en marge de chaque feuillet par le juge, par l'officier du ministère public et par le greffier, et placés au besoin sous enveloppe.

Si aux papiers saisis, il ne se peut ajouter d'autre écriture, le juge y adjoindra un papier blanc qu'il marquera de son sceau à l'endroit de la réunion, en en décrivant l'empreinte ; ledit papier sera signé comme dessus.

145. — Les objets séquestrés seront présentés à l'inculpé ou à ceux qui seront présents, pour qu'il les reconnaisse et y appose la signature ou son signe quand il sera illétré; à défaut, on y adjoindra une bande de papier qui sera scellée selon le mode exprès de l'article précédent, en invitant l'inculpé à la soussigner ou à la marquer d'un signe : si l'inculpé ne sait ou ne veut pas apposer sa signature ou son signe, il en sera fait mention dans le procès-verbal.

146. — Le juge pourra faire mettre les objets séquestrés dans un vase, ou dans un sac, ou dans une caisse, ou les faire renfermer dans une chambre, en présence des personnes intervenues dans l'acte.

La toile ou le papier qui auront servi à l'envelopper, l'ouverture du sac ou du vase, le couvert de la caisse, ou la porte de la chambre, comme aussi la serrure ordinaire, seront assurés avec des bandes de papier ou de toile, et ensuite scellés.

Les intervenants à l'acte apposeront leurs signatures sur les bandes de papier.

147. — Tous les objets susdits, après avoir été décrits par le greffier dans un inventaire qui sera joint au dossier, seront transportés au greffe s'ils sont transportables; à défaut, on prendra les dispositions voulues pour en assurer la conservation.

Le greffier, si les objets sont déposés dans le greffe, et dans les autres cas le dépositaire ou gardien seront responsables de leur conservation.

148. — Si quelques-uns desdits objets peuvent s'altérer ou se corrompre, on procédera à l'expertise et aux autres actes opportuns. Ils seront ensuite resti-

tués, ou vendus en conformité du titre VII du livre
II du présent code, on retirera toutefois ceux qui
peuvent se conserver ou qui sont nécessaires pour
l'instruction.

Du tout, il sera dressé procès-verbal.

149. — Lorsque les papiers et autres objets existe-
ront hors du ressort du tribunal, le magistrat instructeur se prévaudra de la faculté accordée par l'article 81

150. — S'il y avait lieu de procéder au séquestre de
lettres, ou plis, dans les bureaux de poste, on observera les dispositions particulières de la loi et des
règlements en vigueur sur l'administration des postes.

151. — Dans le cas où un agent de la force publique,
un dépositaire, ou un détenteur quelconque présen-
terait à un officier de police judiciaire des effets, instruments ou autres objets qui ont rapport avec
un fait incriminé, on en dressera un procès-verbal
dans lequel seront décrits avec exactitude le nombre,
la qualité et la forme desdits objets, lesquels seront
ensuite déposés au greffe du tribunal où se fait
l'instruction et l'on prendra au besoin les mesures
conservatoires mentionnées dans les articles 144, 145,
146, 147 et 148.

Section V. — *Des expertises.*

152. — Dans tous les cas, où, pour l'examen d'une
personne ou d'un objet, il sera nécessaire d'avoir des
connaissances ou une habileté spéciales, on procédera
avec l'intervention d'experts. qui, suivant la règle,
ne pourront pas être moins de deux.

S'il y avait péril dans le retard, ou qu'il s'agisse

d'un cas de peu d'importance, l'intervention d'un seul expert sera suffisante.

153. — Ceux qui, dans un procès pénal, ne peuvent être entendus comme témoins, ne pourront pas intervenir dans ce même procès comme experts.

154. — Les experts seront cités dans la forme prescrite pour les témoins : et avant de commencer leurs opérations prêteront serment dans la forme prescrite par les articles 298 et 299.

A défaut de prestation de serment, l'expertise est nulle.

155. — Le juge fera aux experts les demandes qu'il croira utiles, et leur donnera, suivant les circonstances, les instructions convenables soit par écrit, soit verbalement; et il en sera fait mention.

Les experts feront ensuite toutes les opérations et toutes les expériences que leur profession et leur art leur suggérera, en indiquant les faits et les circonstances sur lesquelles ils auront fondé leurs appréciations.

S'il est intervenu deux experts, et que ceux-ci soient en désaccord, le juge en appellera sur les lieux un ou davantage, en nombre impair. Les opérations seront renouvelées en présence de ces derniers : si les opérations ne se peuvent répéter, il leur sera communiqué le résultat obtenu par les premiers experts, et après de mutuels éclaircissements, ils émettront tous leur opinion motivée.

156. — Les personnes et les objets sur lesquels tombe l'inspection seront visités par les experts en présence du juge, sauf les cas dans lesquels, pour raison de moralité ou de décence, ceux-ci croient

opportun d'opérer à part. En pareil cas, on pourvoira à ce que la certitude des opérations à faire par les experts soit garantie, et il leur sera accordé un délai pour présenter leur rapport.

De tout cela il sera fait mention dans le procès-verbal.

157. — Chaque rapport (*d'expertise*) se fera verbalement ou pár écrit : s'il est verbal, il sera immédiatement couché par écrit selon le mode indiqué par l'article 85.

Dans les cas susénoncés on observera les dispositions des articles 86 et suivants du chapitre V, titre II du présent livre.

Les papiers ou écritures qui auront fait l'objet de l'expertise seront, en outre, annotés et signés au bas par les experts et visés *ne varietur* par le juge.

158. — Le juge pourra, dans le cours de l'information, requérir des experts des éclaircissements ultérieurs sur leur rapport, et sur tout ce qu'il croira utile à rendre plus claire leur opinion.

159. — Les experts qui refuseront, sans de justes motifs, de prêter leur concours et de donner leur opinion, encourront les peines portées par l'art. 307 (1) du code pénal. Le juge dressera procès-verbal du refus, et le communiquera au procureur du roi pour les poursuites qu'il jugera convenables.

SECTION VI. — *De l'interrogatoire des témoins.*
§. 1. — *Règles générales.*

160. — Le juge chargé de l'instruction entendra les

(1) *Code pénal.* 307. — Quiconque exerçant publiquement un art ou une profession, et qui, légitimement appelé, refuse sans juste motif de se présenter et de donner son avis ou de prêter le secours de son art, sera puni d'une

personnes qui auront été indiquées par le dénonciateur, par l'accusateur, par le ministère public, ou autrement, comme ayant connaissance du fait pour lequel on informe.

Si quelque témoin, expressément indiqué au juge, n'a pas été entendu, on en énoncera le motif.

161. — Le juge devra rechercher les preuves tant à charge qu'à décharge.

Le nombre des témoins tant à charge qu'à décharge n'est pas limité ; mais on entendra seulement ceux qui peuvent être nécessaires pour affirmer le fait, ses auteurs, les agents principaux et les complices, et les circonstances qui s'y rattachent.

162. — Personne ne peut se refuser de déposer devant le juge d'instruction, à l'exception de ceux qui, aux termes du présent code, ne peuvent être appelés ni obligés à déposer dans le débat public ; ceux-ci, s'ils sont cités, seront avertis de la faculté qu'ils ont de s'abstenir de déposer, et il en sera fait mention dans l'acte.

§ 2. — *De la manière dont on doit citer les témoins.*

163. — Les témoins seront cités par cédule devant le juge chargé de l'instruction.

La citation indiquera :

Le juge devant lequel le témoin doit se présenter ;

Le nom, prénom, la résidence ou le domicile, ou la demeure du témoin ;

multe qui pourra être portée jusqu'à cent francs ; il pourra, en outre, être suspendu de l'exercice de son art, ou de sa profession.

Le jour, l'heure et le lieu de la comparution ;

La peine qu'il encourt pour défaut de comparution.

La citation sera signée par le juge qui l'a délivrée et par le greffier.

164. — La citation sera donnée à la requête du ministère public, par un huissier, lequel devra en faire autant de copies qu'il y a de témoins à citer.

Dans chacune de ces copies il sera mentionné un seul témoin.

La citation sera consignée au témoin en personne, quand elle ne peut l'être à la personne, elle sera consignée à la résidence; si la résidence n'est pas connue, elle sera consignée au domicile; et à défaut à la demeure. Si l'huissier ne trouve ni la résidence, ni le domicile, ni la demeure, ni le témoin, aucun de ses conjoints ou domestiques, il consignera la citation à un de ses voisins, et en son absence, ou en cas de refus, au maire de la commune, ou à celui qui en remplit les fonctions, lequel apposera son visa à l'original. L'huissier indiquera dans la copie de la citation, la personne à qui elle a été consignée et le jour auquel la citation a été donnée, et il apposera sa signature au bas du certificat qui en sera dressé.

165. — Lorsque la citation aura été donnée, l'huissier en dressera acte au bas de la cédule originale ou sur une feuille séparée, de la manière suivante :

1° Il désignera les témoins, et indiquera de quelle manière ils ont été cités;

2° Quant aux témoins qui n'ont pas été cités personnellement, l'huissier indiquera s'ils se trouvaient dans leur commune ou dans une autre: dans ce dernier cas, il se fera délivrer par le maire, ou par celui qui en remplit les fonctions, une attestation qui indiquera la demeure des témoins, ou déclarera que cette demeure est inconnue :

3° En cas de mort de quelqu'un des témoins, il devra s'en faire délivrer une attestation par le maire ;

4° Il signera sa déclaration et y joindra les attestations susdites ;

Il formera un seul acte de toutes les citations exécutées dans le même jour.

166. — La cédule originale de citation, la déclaration et les documents mentionnés dans l'article précédent seront joints au procès.

167. — Les témoins qui se trouvent dans le lieu où se fait l'instruction, pourront être appelés à déposer par un simple avis du juge et sans les formalités de la citation.

168. — Les témoins présentés par le dénonciateur, par le ministère public, et par la partie civile, seront entendus bien que non cités, de même que les autres témoins qui ont comparu volontairement.

Tant dans ce cas, comme dans celui prévu dans l'article précédent, il sera fait mention dans le procès-verbal d'interrogatoire du motif pour lequel il n'y a pas eu citation.

169. — Chaque fois qu'il résultera du certificat d'un officier de santé, ou autrement, que quelque témoin se trouve, pour cause de maladie, dans l'impossibilité de comparaître, le juge se transportera à sa demeure pour recevoir sa déposition, à moins qu'il ne préfère déléguer, ou requérir en conformité de l'article 81.

170. — Si l'on doit entendre un témoin impliqué dans le procès, ou condamné pour un crime ou pour

un délit (1), il lui sera offert, s'il en est le cas, un sauf-conduit dans la cédule même de sa citation.

Le sauf-conduit sera accordé par la cour, ou par le tribunal qui a connu, ou à qui il appartient de connaître dudit fait ; sauf la disposition de l'article 296.

Si contre le témoin il a été lancé un mandat d'arrêt pour dettes, il lui sera accordé un sauf-conduit par le juge qui fera l'instruction.

Chaque sauf-conduit fixera le temps nécessaire au témoin pour le voyage et le séjour durant lequel il ne pourra pas être arrêté ; et s'il est jugé convenable, il fixera aussi le chemin que le témoin devra prendre.

Dans tous les cas, le ministère public sera entendu.

§ 3. — *De la manière dont on doit entendre les témoins.*

171. — Les témoins seront entendus séparément l'un après l'autre ; et avant leur déposition ils présenteront, quand ils ont été cités, la copie de la citation qui leur aura été remise.

172. — En dehors des cas prévus dans les articles 126, 128, 175 et 242, les témoins seront entendus sans serment.

Dans tous les cas, avant de recevoir leurs dépositions, le juge d'instruction leur rappellera l'obligation qu'ils ont, et comme hommes et comme citoyens, de dire toute la vérité, rien que la vérité, sur les faits dont ils sont appelés à déposer ; et il leur rappellera aussi les peines établies contre les faux

---

(1) Il n'est question ici que d'une condamnation *par défaut*, la fin de l'article l'indique. (*Note du trad.*)

témoins ou les témoins coupables de réticences par les articles 365 (1), 366 (2), 369 (3), 373 (4) du code pénal.

Ensuite il les interrogera sur leurs nom, prénom,

(1) *Code pénal*. 365. — Le coupable de faux témoignage est puni comme il suit :

1º Si, en matière criminelle, il a déposé a charge contre l'inculpé, il sera passible de la peine des travaux forcés à temps ;

2º Si, en matière criminelle, il a déposé en faveur de l'inculpé, il sera passible de la peine de la réclusion non inférieure a cinq ans, laquelle pourra être étendue à celle des travaux forcés pendant dix ans ;

3º S'il a déposé en matière correctionnelle, soit contre, soit en faveur de l'inculpé, il sera puni de la réclusion ;

4º S'il a déposé en matière de police, il sera puni d'un emprisonnement non inférieur à six mois ;

5º S'il a déposé en matière civile, il sera puni de la réclusion.

(2) *Code pénal*. 366. — Dans les cas prévus par le numéro 1 de l'article précédent, si l'accuse a été condamné à une peine supérieure à celle des travaux forcés à temps, le témoin qui a faussement déposé à charge contre le condamné subira la même peine infligée a ce dernier.

Toutefois, lorsque la condamnation n'aura pas eu d'exécution, la peine à appliquer au susdit témoin sera diminuée d'un ou de deux degrés.

(3) *Code pénal*. 369. — Les témoins coupables de dissimulation de la vérité seront punis :

1º De la réclusion extensible jusqu'a cinq ans, si la réticence a eu lieu en matière criminelle ;

2º D'un emprisonnement non inférieur à trois ans, si c'est en matière correctionnelle ;

3º D'un emprisonnement extensible à six mois, si c'est en matière de police ;

4º D'un emprisonnement non inférieur à trois ans, si c'est en matière civile.

(4) *Code pénal*. 373. — Les peines établies dans les articles précédents contre les coupables de faux témoignage, ou de fausse expertise, ou de réticences, seront diminuées d'un degré si le témoin, ou l'expert a été entendu sans serment.

Dans ce cas, il ne pourra être procédé contre eux qu'après que la cause dans laquelle le témoin ou l'expert qui se sont rendus coupables de faux, aura ét néc.

surnom, sur le nom de leur père, sur leur âge, leur patrie, leur domicile, leur état, leur profession, sur la valeur de leurs biens, et encore s'ils sont parents, alliés et à quel degré, ou domestiques, créanciers ou débiteurs de l'inculpé ou de la partie offensée ou qui a subi le dommage.

173. — Les témoins déposeront de vive voix, sans qu'il leur soit permis de lire aucune réponse écrite.

Ils pourront toutefois faire usage de notes et mémoires, suivant l'article 304.

Les dépositions seront reproduites autant que possible, avec les mêmes expressions employées par les témoins et cela particulièrement quand ils rapportent des discours tenus par l'inculpé ou par d'autres personnes.

174. — Si la déposition est relative à un fait qui ait laissé des traces permanentes, le témoin pourra être conduit sur le lieu, ou donner toutes les explications qui seront nécessaires.

175. — Si la déposition concerne un objet placé sous séquestre, on le fera reconnaître par le témoin, qui devra apposer sa signature ou son signe sur l'objet, à moins que la chose ne soit possible.

Les témoins dans cet acte de reconnaissance, prêteront serment en conformité des articles 297 et 299.

§ 4. — *Des témoins récalcitrants, faux ou coupables de réticences.*

176. — Tout témoin qui, légalement cité, ne se présentera pas au jour indiqué, et ne justifiera d'aucun légitime empêchement, pourra y être contraint par le juge d'instruction : lequel, à telle fin, sans autre formalité ni délai, et sans appel prononcera,

une amende qui n'excédera pas vingt francs, et pourra ordonner la comparution du témoin avec l'assistance de la force publique.

177. — Le témoin condamné comme dessus à l'amende, qui justifiera devant le juge d'instruction avoir été légitimement empêché de comparaître, sera absous de l'amende par le même magistrat.

178. — Si le juge qui s'est transporté à la demeure du témoin, dans le cas prévu par l'art. 169, reconnaît que ce témoin n'était pas dans l'impossibilité de comparaître par suite de la citation qui lui a été donnée, il pourra délivrer contre lui mandat d'arrêt, pour le forcer à déposer dans le lieu ordinaire de l'information.

Il pourra en outre, suivant les cas, le condamner à une amende comme il est dit dans l'article 176.

Ces peines seront prononcées dans les formes prescrites par les mêmes articles; sauf les autres peines établies par les articles 306 (1) et 360 (2) du code pénal.

(1) *Code pénal*. 303. — Les témoins cités pour déposer devant l'autorité, ou les jurés appelés à prêter leur concours aux cours d'assises, qui pour se dispenser de comparaître ou de remplir cette charge, auront allégué une excuse reconnue fausse, seront punis d'un emprisonnement qui pourra être étendu jusqu'à deux mois, sauf pour la non comparution des témoins, les dispositions des articles 278, 279, 280, 281, du code de procédure pénale, et, quant aux jurés, les dispositions des articles 81,* 82,** 83,*** de la loi d'organisation judiciaire.

(*) C'est par erreur que dans l'article 306 du code pénal on a visé les articles 81, 82 et 83 de la loi sur l'organisation judiciaire Il ne s'agit ci, en effet, que des articles 44, 45 et 46 de la loi du 8 juin 1874, modifiant les articles 119, 120 et 121 de la loi organique du 6 décembre 1865.

Nous donnons ci-après les articles qu'a voulu viser l'art. 306 du code pénal susindiqué.

(*Note du traducteur.*)

Loi sur l'organisation judiciaire, modifiée par la loi du 8 juin 1874, n° 1937, serie 2°. — Art. 44. — Ceux qui malgré la notification qui leur

179. — Si le témoin cité et qui a comparu refuse de déposer sur les faits pour lesquels il doit être interrogé, le juge lui donnera connaissance de la peine établie dans l'article 370 (1) du code pénal. Si cet

---

(2 *de la page précéd..*). *Code pénal.* 360. — Le médecin, le chirurgien, ou autre officier de santé qui, par simple faveur, délivre un faux certificat de maladie ou d'indisposition quelconque, de nature à dispenser quelqu'un d'un service public légitimement dû ou requis, sera passible d'une multe de cent à mille francs.

Si les personnes susmentionnées se sont laissé induire à faire cela par dons ou promesses, elles seront passibles, en outre, d'un emprisonnement qui ne sera pas inférieur à six mois : dans ce cas, les corrupteurs seront passibles de la même peine.

(1) *Code pénal.* 370. — Les témoins qui refusent de déposer en justice dans les formes

---

aura été faite de la fixation de l'audience, ne se trouvent pas présents, ou, venant à être désignés par le sort pour compléter le nombre des jurés prescrits, refuseront d'en remplir les charges, seront condamnés à une multe de cent à mille francs, par arrêt de la cour d'assises prononcé avant l'ouverture des débats.

Les jurés qui, sans la permission de la cour d'assises, se seront absentés avant que les débats ne fussent terminés, ou qui, leur quinzaine terminée, auront par leur faute rendu impossible la délibération des jurés, ou la régularité de leurs déclarations, seront condamnés par la même cour, en outre de la multe susdite, au remboursement des dépenses inutiles occasionnées au tresor public et à des dommages intérêts envers les parties

Quand une condamnation aura été prononcée contre un juré défaillant qui ne justifiera pas d'une absence légitime, cette condamnation ne pourra plus être remise dans les jours qui suivront la quinzaine (*de service*).

(** *de la page précéd*) Art. 45. — Ceux qui, ayant été condamnés pour leur absence à l'audience, justifieront dans les quinze jours qui suivront la notification à eux faite de l'arrêt de condamnation, de l'impossibilité ou ils étaient de se présenter, seront relevés par la cour des effets de cette condamnation

Dans les intervalles des sessions de la cour d'assises, cette instance pourra être introduite devant la cour d'appel, chambre des appels correctionnels, ou elle sera jugée sur la seule lecture du recours et des documents y relatifs Dans les deux cas le ministère public sera entendu.

(*** *de la page précéd ..*) Art 46. — Ceux qui auront été condamnés trois fois successivement, aux termes de l'art. 44, seront exclus pendant un temps qui ira de trois à cinq ans, des droits d'élection, d'éligibilité politique ou administrative, et de toute autre nomination à une charge publique quelconque. L'arrêt qui prononcera la dernière condamnation fixera la durée de cette exclusion.

7

avertissement reste inefficace, le juge dressera procès-verbal, et pourra procéder contre lui conformément à la loi.

S'il résulte de l'instruction que la déposition d'un témoin doit être fausse ; ou qu'un témoin, dans sa déposition, cache la vérité sur un fait, alors qu'il résulte de l'instruction qu'il en aurait connaissance, le juge lui donnera avis de nouveau des peines établies par les articles (2) 365, 366, 369 et 373 du code pénal ; et si l'avertissement reste inefficace, après lasolution du procès dans lequel le témoin s'est rendu coupable de fausseté ou de réticence, il procédera contre lui conformément à la loi.

SECTION VII. — *Des mandats de comparution et d'arrêt.*

180. — Le mandat de *comparution* est l'acte par lequel l'on ordonne à l'inculpé de se présenter devant le juge chargé de l'instruction, pour être interrogé sur l'inculpation dont il est l'objet.

181. — Le mandat *d'arrêt (b)* est l'acte qui ordonne

---

prescrites par la loi seront punis :

1º D'un emprisonnement qui pourra être porté jusqu'à trois ans, si le refus a lieu en matiere criminelle ;

2º D'un emprisonnement qui pourra être porté jusqu'à un an, si c'est en matiere correctionnelle ;

3º D'un emprisonnement qui pourra être porté jusqu'à un mois, si c'est en matière de police ;

4º D'un emprisonnement qui pourra être porté jusqu'à un an, si c'est en matière civile.

Sauf dans chaque cas, les dispositions de l'article 306 *(a)* du présent code.

(2) *Code pénal.* 365, 366, 369 et 373. — Voir la traduction page 94.

(a) *Code pénal.* 306 — Voir la traduction page 96.
(b) Mot a mot : *Capture (Cattura)* (*Note du trad.*)

de procéder à l'arrestation de l'inculpé, et de le faire transporter dans les prisons, pour être interrogé par le juge comme il est dit ci-dessus, ou parce que le cours de l'instruction rend nécessaire sa détention.

182. — *(Modification apportée par la loi du 30 juin 1876.)* S'il s'agit de délit ou de crime punissable de la peine seule de l'interdiction des offices publics, le juge décernera mandat de comparution.

Il pourra, en outre, décerner mandat d'arrêt :

1° Contre les personnes désignées dans le n' 1 de l'article 206 du code de procédure pénale, et dans l'article 105 (1) de la loi sur la sûreté publique, quand elles sont inculpées d'un fait punissable, d'une peine supérieure à trois mois ;

2° Contre les inculpés de rébellion ou de résistance, d'outrage ou de violence envers les dépositaires de l'autorité publique, ou les agents de la force publique ;

3° Contre les inculpés de délit de fabrication, d'introduction dans le royaume, de vente, de port ou de détention d'armes, déjà condamnés pour rébellion ou résistance, ou pour violence contre les dépositaires ou agents de la force publique ;

4° Contre les inculpés de larcins, tromperies ou fraudes punissables d'un emprisonnement supérieur a trois mois;

5° Contre les étrangers inculpés d'un délit commis dans le royaume et punissable d'un emprisonnement supérieur à trois mois.

---

(1) *Loi sur la sûreté publique.* — 105. Seront soumis a l'autorité de la sûreté publique les individus signalés, comme soupçonnés d'être voleurs de grands chemins, voleurs, filous, coupeurs de bourses ou recéleurs.

Lorsqu'il s'agira d'autres crimes, le juge peut délivrer mandat de comparution ou bien d'arrêt, et il a la faculté de convertir le mandat de comparution en mandat d'arrêt, après avoir interrogé l'inculpé, lorsqu'il en résulte des circonstances qui démontrent la nécessité de sa détention. Si l'inculpé est du nombre des personnes énoncées dans la première partie de l'art. 206 du code de procédure pénale et 105 (1) de la loi sur la sûreté publique, le juge délivrera mandat d'arrêt.

Il délivrera pareillement mandat d'arrêt contre l'inculpé du crime, qui n'aura ni domicile ni résidence fixe dans l'État, ou qui s'est éloigné de sa résidence en prenant la fuite (2).

183. — *(Modification apportée par la loi du 30 juin 1876.)* Si l'inculpé, contre lequel il a été délivré mandat de comparution pour délit punissable d'une

(1) *Loi sur la sûreté publique.* — 105. Voir la traduction, page 99.

(2) *Code de procédure pénale.* — 182. (*Ancien texte.*) S'il s'agit de délits punissables d'une peine moindre que la prison en voie principale, ou d'une peine d'emprisonnement non supérieure à trois mois, ou bien de crimes punissables par la seule peine de l'interdiction des offices publics, le juge décernera mandat de comparution. S'il s'agit toutefois des personnes indiquées dans l'article 206, et que le délit emporte la peine de l'emprisonnement, le juge pourra en outre décerner mandat d'arrêt.

Dans les autres faits, le juge peut délivrer mandat de comparution ou d'arrêt; et il a la faculté de convertir le mandat de comparution en celui d'arrêt après avoir interrogé l'inculpé, toutes les fois qu'il se produira des circonstances qui démontrent la nécessité de sa détention. Si l'inculpé est parmi les personnes énoncées dans la première partie de l'article 206, le juge délivrera mandat d'arrêt.

Il décernera pareillement mandat d'arrêt contre l'inculpé de crime, qui n'a ni domicile, ni résidence fixe dans l'État, ou qui s'est éloigné de sa résidence par la fuite.

peine non inférieure à celle de l'emprisonnement en voie principale, ne comparaît pas et ne justifie pas d'un légitime empêchement, le mandat de comparution pourra être converti en mandat d'arrêt (1).

184. — Le juge qui décerne seulement mandat de comparution contre un inculpé de crime peut en même temps, ou au cours ultérieur de l'instruction, ordonner, quand les circonstances l'exigent, que l'inculpé se tienne éloigné d'un lieu déterminé, sous peine de voir convertir le mandat de comparution en mandat d'arrêt.

185. — *(Modification apportée par la loi du 30 juin 1876.)* Dans le cours de l'instruction et jusqu'à ce qu'il en ait été référé à la chambre du conseil, le juge d'instruction devra, sur l'instance de l'inculpé, et même d'office, après avoir entendu le ministère public, révoquer le mandat d'arrêt déjà exécuté quand des actes de l'instruction il ne résulte plus le même délit pour lequel le mandat a été décerné, ou qu'il en résulte un autre que celui pour lequel il a été décerné, ou bien que ces actes d'instruction viennent infirmer les preuves et les indices de culpabilité qui donneront lieu au mandat; sauf à délivrer un nouveau mandat d'arrêt s'il y a lieu.

Le ministère public et l'inculpé peuvent combattre, par la voie de l'opposition devant la chambre d'accusation, l'ordonnance du juge d'instruction contraire

---

(1) *Code de procédure pénale.* — 183. (*Ancien texte.*) — Si l'inculpé, contre lequel il a été délivré mandat de comparution pour délit punissable d'une peine non inférieure à celle de l'emprisonnement en voie principale, ne comparaît pas et ne justifie pas d'un légitime empêchement, le mandat de comparution sera converti en mandat d'arrêt.

à leurs conclusions ou réquisitions respectives (1).

186. — La seule plainte ou la seule dénonciation n'autorise pas le juge à décerner un mandat d'arrêt, à moins qu'il y ait lieu de craindre la fuite de l'inculpé, ou qu'il s'agisse de dénonciation officielle accompagnée de procès-verbaux, ou d'autres documents qui démontrent suffisamment les indices de culpabilité; sans préjudice, en outre, des dispositions des articles 64 et 66.

Dans ces cas, le juge dressera un procès-verbal dans lequel il énoncera les motifs du mandat.

187. — *(Modification apportée par la loi du 30 juin 1876.)* Dans le cours de l'instruction, le juge peut décerner mandat de comparution, toutes les fois qu'il aura recueilli des indices de culpabilité contre l'inculpé. Il ne peut décerner mandat d'arrêt, ni convertir le mandat de comparution en mandat de capture, sans les conclusions préalables du ministère public, et sans que des informations recueillies, il en résulte des preuves ou indices suffisants de culpabilité contre l'inculpé, sauf les cas prévus pas l'art. 188.

Quand il aura délivré mandat d'arrêt et que ce mandat ne sera point encore exécuté, le juge pourra le révoquer, sur les conclusions conformes du ministère public, avec l'obligation pour l'inculpé de se

---

(1) *Code de procédure pénale.* — 185. *(Ancien texte.)* — Dans le cours de l'information le juge d'instruction pourra, sur les conclusions conformes du ministère public, révoquer le mandat d'arrêt par lui délivré et non encore exécuté: avec l'obligation à l'inculpé de se présenter à tous les actes du procès et pour l'exécution de la sentence, toutes les fois qu'il en sera requis, sauf a délivrer un autre mandat d'arrêt s'il y a lieu.

L'ordonnance de révocation ne pourra être frappée d'opposition.

présenter à tous les actes de la procédure et pour l'exécution de la sentence, toutes les fois qu'il en sera requis, sauf de délivrer un autre mandat d'arrêt selon le cas. Il pourra aussi, révoquant le mandat d'arrêt, assujettir l'inculpé à une des mesures établies par l'art. 213 (1).

188. — Le mandat de comparution devra énoncer les nom, prénom de l'inculpé; le surnom s'il en a, et le nom de son père; l'âge, la profession, la résidence, ou le domicile, ou la demeure, s'ils sont connus; et, à défaut, il devra mentionner le signalement propre à le faire connaître.

Le mandat de comparution indiquera, en outre, le lieu, le jour et l'heure auxquels l'inculpé devra comparaître pour être entendu.

Le délai pour comparaître ne sera pas moindre de trois jours, outre un jour par chaque trois myriamètres de distance.

Le mandat sera daté et signé par le juge et le greffier et portera le sceau du tribunal où se fait l'instruction.

189. — Le mandat de comparution sera notifié à l'inculpé en personne; quand il ne peut être notifié à la personne, il le sera à sa résidence; si celle-ci n'est pas connue, il sera notifié à son domicile; ou, à défaut de domicile fixe, à sa demeure.

---

(1) *Code de procédure pénale.* — 187. (*Ancien texte.*) — Dans le cours de l'instruction le juge peut décerner mandat de comparution toutes les fois qu'il aura recueilli des indices de culpabilité contre l'inculpé. Il ne peut décerner mandat d'arrêt, ni convertir le mandat de comparution en mandat d'arrêt sans que le ministère public n'ait précédemment donné ses conclusions, et que des informations prises, il résulte des preuves ou des indices suffisants de culpabilité contre l'inculpé; sauf le cas prévu dans l'article 183.

Si l'huissier trouve l'inculpé, il lui consignera copie du mandat : s'il ne le trouve pas, il le consignera à la résidence, au domicile ou à la demeure comme il est dit ci-dessus, à un de ses conjoints ou domestiques ; il indiquera sur la copie la personne à laquelle il l'aura consignée, et le jour de la notification ; et signera le procès-verbal qui en sera dressé.

Si l'huissier ne trouve aucune des personnes ci-dessus indiquées, il consignera la copie du mandat au préteur ou au maire du lieu, ou à celui qui en remplit les fonctions, lequel aura soin, s'il est possible, de la faire parvenir à l'inculpé.

190. — La notification ayant été exécutée, l'huissier en dressera procès-verbal en conformité de l'art. 165 ; et s'il n'a pas trouvé l'inculpé, il présentera le procès-verbal au préteur, ou au maire du lieu, ou à qui en remplit les fonctions, lequel devra y apposer son *visa*.

191. — Si le mandat de comparution a été délivré contre un inculpé qui n'avait ni résidence, ni domicile, ni demeure certaine dans l'État, ou qui en est absent, ou n'y a jamais habité, la notification se fera au moyen de l'affichage d'une copie à la porte du tribunal ou se fait l'instruction.

192. — Le mandat d'arrêt sera délivré selon les formes indiquées dans la première et dans la dernière partie de l'art. 188. Il contiendra, en outre, l'énonciation sommaire du fait, sa qualification pénale et l'article de loi qui s'y rattache.

Le mandat d'arrêt sera exécuté par la force publique : si l'inculpé est arrêté, il lui sera remis par la force publique qui a procédé à son arrestation, copie du mandat ; si l'arrestation n'a pas réussi, celui qui est chargé de l'exécution du mandat dressera procès-verbal de recherches infructueuses, auquel il fera apposer le *visa* du préteur, ou du maire.

193. — Les mandats de comparution avec les mentions de notification, et les procès-verbaux d'arrestation ou de recherches infructueuses, seront ensuite transmis à l'autorité qui a délivré les mandats.

194. — Les mandats de comparution et d'arrêt sont exécutoires dans tout l'État.

Les mandats d'arrêt ne pourront cependant, sauf les cas prévus par la loi, être exécutés la nuit, conformément au premier alinéa de l'article 142, dans aucune habitation particulière sans une autorisation spéciale par écrit du magistrat instructeur qui a décerné le mandat, et sans l'assistance du préteur, ou du délégué, ou de l'agent de la sûreté publique, ou du syndic, ou de qui en remplit les fonctions. En cas contraire, on fera seulement entourer par la force publique l'habitation où l'on présume que l'inculpé peut se trouver, ou l'on prendra les précautions de nature à empêcher la fuite.

195. — La personne arrêtée sera traduite devant l'autorité qui a délivré le mandat : si celui-ci reconnaît que la personne arrêtée n'est pas celle contre qui a été décerné le mandat, elle la fera remettre en liberté, et en dressera procès-verbal.

Si l'arrestation a lieu en dehors de l'arrondissement (1) où réside l'autorité qui décerne le mandat d'arrêt, la personne arrêtée, s'il est nécessaire, sera traduite devant le préteur du lieu où l'arrestation a été opérée : celui-ci vérifiera l'identité de la per-

____

(1) District. (*Note du trad.*)

sonne, et apposera son *visa* au mandat d'arrêt ; et s'il était prouvé que la personne arrètée n'est pas celle indiquée dans le mandat, le juge (1) ordonnera qu'elle soit remise en liberté et en dressera procès-verbal.

Si la personne arrêtée hors de l'arrondissement où réside l'autorité qui délivre le mandat d'arrêt prétendait que ce mandat est irrégulier pour défaut de formalités essentielles, elle sera traduite, comme ci-dessus, devant le prèteur, lequel la fera garder et en informera immédiatement l'autorité susdite pour qu'elle avise selon qu'il appartiendra.

Lorsque la personne arrêtée alléguera un *alibi* avec indications précises de temps, de lieu et de personnes, et qu'il n'aura été trouvé sur elle ni effets, ni papiers ou instrument de nature à la faire présumer l'auteur, l'agent principal ou le complice du fait, le prèteur recueillera les informations, et si l'allégation d'*alibi* parait fondée, il dressera procès-verbal qu'il transmettra sans retard à l'autorité susindiquée pour qu'il soit pris les précautions ultérieures. Il continuera cependant à faire garder la personne arrêtée.

196. — Si l'inculpé contre lequel il a été décerné mandat d'arrêt est malade, le juge d'instruction se transportera au lieu où il se trouve, avec l'assistance d'un médecin ou d'un chirurgien, pour reconnaître si l'état de l'inculpé permet ou non de le faire conduire dans les prisons. En cas d'affirmation, le juge d'instruction fera exécuter son transfert avec les

(1) Ici le mot *juge* se comprend peu ; il se trouve cependant dans l'ancien et dans le nouveau texte du code. C'est le mot *prèteur* qui semble devoir lui être substitué.

(*Note du trad.*)

précautions convenables pour ne pas porter atteinte à la santé de l'inculpé. Dans le cas contraire, après l'avoir interrogé, il le fera placer sous la surveillance, et, aussitôt que son état le permettra, il le fera transférer dans les prisons.

Le juge d'instruction pourra toutefois commettre ou requérir à cette effet le préteur du lieu où se trouve l'inculpé infirme.

SECTION VIII. — *De la confirmation et de la révocation des mandats d'arrêt.*

197. — *(Modification apporté par la loi du 30 juin 1876.)* — Les personnes arrêtées en état flagrant d'un délit pour lequel il ne peut être délivré de mandat d'arrêt, doivent être mis en liberté par ordonnance du juge de paix ou du juge d'instruction auxquels ils ont été présentés en conformité des dispositions sur la police judiciaire, après qu'ils auront été interrogés. Si l'ordonnance est prononcée par un préteur et que le délit ne soit pas de sa compétence, il donnera aussitôt avis de la mise en liberté et transmettra copie de l'interrogatoire et de l'ordonnance au procureur du Roi près le tribunal auquel appartient l'instruction du procès.

Hors du cas susindiqué, le juge d'instruction dans les vingt-quatre heures à partir du moment qu'il aura eu avis qu'un inculpé a été arrêté en exécution d'un mandat d'arrêt, ou en flagrant délit, procédera à l'interrogatoire prescrit par l'article 231 et communiquera les actes, les procès-verbaux et les rapports qui lui sont parvenus, au ministère public. Si, à l'arrivée de l'avis de l'arrestation, le juge d'instruction ne se trouve pas dans le lieu où siège le tribunal auquel il appartient, le président du tribunal déléguera un autre juge pour en remplir les fonctions.

Le ministère public, dans les deux jours qui suivront, donnera ses conclusions sur la légitimité de l'arrestation opérée et fera les formalités nécessaires pour que la détention s'en suive, ou bien pour qu'il soit procédé, pour défaut de preuves ou indices suffisants, à la mise en liberté provisoire.

Si le procureur du Roi est d'avis que l'instruction est déjà complète, il donnera dans les deux jours ses réquisitions définitives, conformément à l'art. 246.

Si les rapports et procès-verbaux relatifs à l'arrestation sont adressés directement au procureur du Roi, celui-ci donnera ses conclusions dans les deux jours qui suivront leur arrivée.

Le juge d'instruction, ayant reçu les actes et les conclusions du ministère public, soumettra dans les vingt-quatre heures l'affaire à la chambre du conseil.

Le rapport à la chambre du conseil n'aura pas lieu alors que le procureur du Roi, dans le délai susétabli, aura requis la citation directe de l'inculpé devant le tribunal, conformément au 3ᵉ paragraphe de l'art. 371.

Le présent article n'est également pas applicable au cas où le procureur du Roi aura ordonné que la personne arrêtée soit traduite devant le tribunal, conformément à l'art. 46 (1).

---

(1) *Code de procédure pénale.* — 197.(*Ancien texte*) — Le juge d'instruction dans les 24 heures, à partir du moment ou il aura eu connaissance qu'un inculpé a été arrêté en exécution d'un mandat d'arrêt, ou en flagrant délit, communiquera les actes, les procès-verbaux ou les rapports qui lui sont parvenus au ministère public. Si le jour ou le procès-verbal d'ar-

198. — La chambre du conseil sera composée de deux juges, du tribunal correctionnel, désignés, au commencement de chaque année, par le premier président de la cour d'appel, et du juge d'instruction. Si le tribunal est divisé en plusieurs sections, le premier président devra désigner les deux juges de la chambre du conseil parmi ceux qui font partie de la chambre à laquelle appartiennent le juge d'instruction.

Si le président ou le vice-président du tribunal est parmi les membres de la chambre du conseil, il en aura la présidence ; en cas contraire le juge le plus ancien présidera.

En cas d'absence ou de légitime empêchement des

restation arrive le juge d'instruction ne se trouve pas dans le lieu où siège le tribunal auquel il appartient, cette communication s'exécutera dans les vingt-quatre heures de son retour au siège du tribunal.

Le ministère public, dans les deux jours qui suivront, donnera ses conclusions sur la légitimité de l'arrestation opérée et remplira les formalités nécessaires pour que la détention soit continuée, ou bien, s'il y a lieu, pour défaut de preuves ou d'indices suffisants, requerra la mise en liberté provisoire.

Si le procureur du Roi est d'avis que l'instruction est déjà complète, il donnera dans les deux jours ses réquisitions définitives, suivant l'art. 246.

Si les rapports et procès-verbaux relatifs à l'arrestation sont adressés directement au procureur du Roi, celui-ci donnera ses conclusions dans les deux jours qui suivront l'arrivée de ces documents.

Le juge d'instruction, après avoir reçu les actes et les conclusions du ministère public, dans les 24 heures, soumettra l'affaire à la chambre du conseil.

Le rapport à la chambre du conseil n'aura pas lieu alors que le procureur du Roi dans le délai susindiqué, aura requis la citation directe de l'inculpé devant le tribunal, conformément au troisième paragraphe de l'art. 371.

Le présent article n'est également pas applicable au cas où le procureur du Roi a ordonné que la personne arrêtée soit traduite devant le tribunal, conformément à l'art. 46.

juges désignés par le premier président, le président
du tribunal y procédera suivant les règles établies
par la loi sur l'organisation judiciaire.

199. — *(Modification apportée par la loi du
30 juin 1876.)* Si la chambre du conseil, oui le rapport
du juge d'instruction et les conclusions du ministère
public, reconnaît que l'instruction est complète, que
de nouvelles recherches ne sont pas utiles et si le
ministère public a déjà donné ses réquisitions définitives, elle prononcera l'ordonnance prescrite dans
la section XI du présent chapitre. Si ces réquisitions
définitives ne sont pas encore données, elle renverra
les actes de la procédure au Procureur du Roi pour
qu'il les donne dans les deux jours suivants.

Si l'instruction n'est pas encore complète, mais si
contre l'accusé il existe des preuves ou des indices
suffisants de culpabilité pour légitimer sa détention,
la chambre du conseil ordonnera qu'il demeure en
état d'arrestation.

Si, par contre, la chambre du conseil reconnaît
qu'il y ait lieu à de nouvelles recherches et que les
preuves ou les indices jusqu'alors recueillis ne suffisent pas pour légitimer la détention de l'inculpé,
elle ordonnera qu'il soit provisoirement mis en liberté,
avec ou sans caution, en l'obligeant à se présenter à
tous les actes de la procédure quand il en sera requis.
Elle aura la faculté de l'ordonner quand l'inculpé est
du nombre des personnes mentionnées dans le n° 1 de
l'art. 206, et quand le fait est punissable d'une peine
non inférieure à trois mois de prison. Elle pourra
encore ordonner que, durant l'instruction, l'inculpé
se tienne éloigné dans un lieu déterminé, ou bien
qu'il habite dans une commune désignée dépendant

de la juridiction du tribunal, sous peine d'arrestation et du paiement de la caution présentée.

Si l'inculpé n'a pas encore été interrogé sur le mérite de l'inculpation, la chambre du conseil, quand elle le juge convenable, ordonnera qu'il soit entendu avant d'en délibérer; ou bien, trouvant l'instruction déjà complète, si elle estime que l'interrogatoire de l'inculpé est nécessaire aux termes de l'art. 258, elle ordonnera que l'on y procède. Le juge d'instruction fera alors un nouveau rapport dans le délai de cinq jours, si l'inculpé se trouve déjà dans les prisons du lieu où siège le tribunal, et s'il ne s'y trouve pas encore, dans le délai maximum qui sera établi par la chambre du conseil.

Un jour avant l'échéance dudit délai, les actes seront de nouveau communiqués au ministère public, lequel donnera dans les 24 heures ses conclusions.

La chambre du conseil pourra pareillement ordonner un nouveau rapport (1), conformément au paragraphe précédent, et dans le délai qui sera par elle fixé, lorsque, pour émettre une décision fondée, elle reconnaît insuffisants les actes et les procès-verbaux déjà parvenus, et estime avant tout qu'il est nécessaire d'attendre ou de rechercher d'autres documents; ou bien d'ordonner qu'il soit pris des informations; ou bien qu'il soit procédé à d'autres actes d'instruction pour élucider le fait qui donne lieu à l'arrestation; ou pour s'assurer quelle a été précédemment la conduite de la personne arrêtée.

Le mandat d'arrêt cesse d'avoir effet si la chambre du conseil, dans le délai de dix jours à partir de

____

(1) Du juge d'instruction. (*Note du trad*)

celui de l'interrogatoire, n'a ordonné aucune des précautions susindiquées (1).

200. — Si la chambre du conseil a ordonné que

(1) *Code de procédure pénale.* — 199. (*Ancien texte.*) — Si la chambre au conseil, ouï le rapport du juge d'instruction et ouï les conclusions du ministere public, reconnaît que l'instruction est complete et qu'il n'y a pas besoin de faire d'ultérieures recherches, et si le ministere public a déjà donné son réquisitoire définitif, elle rendra l'ordonnance prescrite dans la section XI du présent chapitre. Si le réquisitoire définitif n'est pas encore donné, elle renveira les actes de la procédure au procureur du Roi pour qu'il le donne dans les deux jours suivants.

Si l'instruction n'est pas encore complète, mais s'il existe contre l'inculpé des preuves ou des indices suffisants de culpabilité pour légitimer sa détention, la chambre du conseil ordonnera qu'il demeure en état d'arrestation.

Si par contre, la chambre du conseil reconnaît qu'il y a besoin d'ultérieures recherches et que les preuves ou les indices jusqu'alors recueillis ne suffisent pas a légitimer la détention de l'inculpé, elle ordonnera qu'il soit mis en liberté avec ou sans caution, en lui faisant obligation de se présenter à tous les actes de la procédure lorsqu'il en sera requis. Elle pourra encore ordonner que, durant l'instruction, l'inculpé se tienne éloigné dans un lieu déterminé, ou bien qu'il habite dans une commune désignée, de la juridiction du tribunal, sous peine d'arrestation et du paiement de la caution présentée.

Toutefois, la chambre du conseil ne pourra ordonner la mise en liberté provisoire de l'inculpé, quand elle reconnaîtra qu'il est du nombre des personnes mentionnées dans la première partie de l'art. 206 et que le fait dont il est accusé est punissable d'une peine non moindre que la prison.

Si l'inculpé n'a pas encore été interrogé sur le mérite de l'inculpation, la chambre du conseil, quand elle l'estime convenable, ordonnera qu'il soit entendu avant d'en délibérer; ou bien, trouvant l'instruction déjà complète, si elle estime que l'interrogatoire de l'inculpé est nécessaire aux termes de l'article 258, elle ordonnera qu'il y soit procédé. Le juge d'instruction fera alors un nouveau rapport dans le délai de cinq jours, si l'inculpé se trouve dans les prisons du lieu ou siège le tribunal, et s'il ne s'y trouve pas encore, dans le délai

l'inculpé doit demeurer en état d'arrestation, le juge d'instruction devra, au moins chaque deux mois et après avoir pris les conclusions du procureur du Roi, faire connaître les résultats de l'instruction qu'il aura poursuivie. La chambre du conseil pourra, selon les circonstances, ordonner que l'arrestation soit maintenue, ou bien que l'inculpé soit provisoirement mis en liberté suivant les règles prescrites par l'article précédent, sauf la disposition du quatrième paragraphe du même article. Si elle reconnaît que l'instruction est complète, elle procédera selon ce qui est prescrit dans la première partie de l'art. 199 précité.

Si la chambre du conseil a ordonné la mise en liberté provisoire de l'inculpé pour défaut de preuves ou d'indices suffisants, conformément à l'article 199, le juge d'instruction ne pourra plus décerner contre lui un autre mandat d'arrêt pour le même crime, sauf le cas prévu par l'article 224. Elle pourra cependant, dans le cours ultérieur de l'instruction, lorsqu'il le croira opportun, et après avoir pris les conclusions du procureur du Roi, en référer de nou-

maximum qui sera établi par la chambre du conseil. Un jour avant l'expiration dudit délai les actes de la procédure seront de nouveau communiqués au ministere public, lequel donnera, dans les 24 heures, ses conclusions.

La chambre du conseil pourra pareillement ordonner le nouveau rapport du juge d'instruction conformément au paragraphe précédent et dans le délai qui sera par elle établi, lorsque pour émettre un avis motivé elle ne trouve pas suffisants les actes et les proces-verbaux déja parvenus et estime, avant tout, nécessaire d'attendre ou de demander d'autres documents ou bien d'ordonner qu'il soit recueilli des informations, ou qu'il soit procédé a d'autres actes d'instruction pour élucider le fait qui donne lieu à l'arrestation, ou pour s'assurer quelle a été la précédente conduite de l'inculpé.

veau à la chambre du conseil, laquelle, suivant les résultats à obtenir, décernera un nouveau mandat d'arrêt, ou bien ordonnera que l'inculpé continue à demeurer en état de liberté provisoire.

Si dans le cours de l'instruction le procureur du Roi requiert un nouveau mandat d'arrêt, ou fait instance pour le rapport à la chambre du conseil, le juge d'instruction devra, dans les vingt-quatre heures de ces réquisitions, en référer à la chambre du conseil, laquelle pourvoira selon le paragraphe précédent.

201. — Le procureur du Roi aura le droit d'assister au rapport du juge d'instruction à la chambre du conseil et de donner à celle-ci des éclaircissements par réquisitions écrites ; lui et le greffier n'assisteront pas au vote.

La partie civile et l'inculpé ne seront pas entendus par la chambre du conseil; ils pourront toutefois présenter des mémoires écrits, sans que pour cela la production de ces mémoires ou leur absence puisse en aucune manière suspendre le jugement les concernant.

L'ordonnance de la chambre du conseil sera toujours motivée.

202. — Lorsque la chambre du conseil aura, contre les conclusions du ministère public, ordonné la mise en liberté provisoire de l'inculpé, ou bien aura, selon le second paragraphe de l'art. 200, contre les mêmes conclusions, ordonné que l'inculpé continue à demeurer en état de liberté provisoire, le procureur du Roi pourra former opposition devant la chambre des mises en accusation.

Le procureur du Roi pourra également faire opposition lorsque, ayant conclu à la mise en liberté

provisoire de l'inculpé moyennant une caution déterminée, la chambre du conseil a dispensé l'inculpé
de la caution, ou lui a imposé une caution inférieure.

Durant le délai de l'opposition, l'inculpé ne pourra
être mis en liberté, sauf que le procureur du Roi y
consente.

L'opposition se fera dans le délai et suivant les
formes ordonnés par l'article 261; sans toutefois la
notification prescrite par lui. Les actes seront, dans
les trois jours, transmis au procureur général, et,
sur le rapport de celui-ci, la chambre d'accusation
prononcera, au plus tard, dans les cinq jours de la
réception de la procédure.

203. — Contre l'ordonnance prononcée conformément aux prescriptions du présent chapitre, l'opposition de l'inculpé n'est pas admise : pas plus que
pour l'ordonnance concernant l'augmentation de la
caution qui lui est imposée, sauf, pour le cas où il
aura fait sa demande de mise en liberté provisoire,
les dispositions de la section IX.

L'ordonnance par laquelle on prononce la confirmation du mandat d'arrêt, ou la révocation du même
mandat pour insuffisance de preuves, sera toujours
distincte de celle qui avait uniquement trait à la
qualification du fait incriminé et à la catégorie de
l'inculpé ; il sera pourvu à la demande de la liberté
provisoire aux termes de la section IX précitée.

204. — Lorsque, suivant les articles précédents,
il sera ordonné la mise en liberté temporaire de l'inculpé, celui-ci, avant d'être mis en liberté, devra se
soumettre devant le juge d'instruction aux obligations
qui lui sont imposées ; et lorsqu'il ne lui a pas été désigné un lieu spécial pour fixer sa résidence aux

termes de l'article 199, il devra élire domicile dans le lieu où se fait l'instruction, pour les citations et les notifications qui se présenteront. L'acte de soumission sera reçu par le greffier du tribunal avec le *visa* du ministère public.

Si à la liberté provisoire a été adjointe l'obligation de donner caution, l'inculpé ne sera pas relaxé jusqu'à ce qu'il ait présentée celle-ci suivant les règles prescrites dans la section IX.

S'il s'élève quelque doute sur la solvabilité de la caution, la chambre du conseil rendra une ordonnance motivée, le ministère public entendu. Contre cette ordonnance pourront faire opposition le ministère public et l'inculpé dans les règles et les délais établis par l'art 215, et la chambre d'accusation prononcera sur l'opposition conformément à l'art. 216.

Seront néanmoins applicables à l'inculpé, provisoirement mis en liberté avec ou sans caution, les dispositions des articles 224 et suivants de la section IX.

SECTION IX. — *De la liberté provisoire.*

205. — *(Modification apportée par la loi du 30 juin 1876.)* Dans les poursuites pour crimes punissables de la peine temporaire il pourra, sur la demande de l'inculpé qui se trouve détenu ou qui volontairement se présente en personne à la justice, être accordé la liberté provisoire, moyennant suffisante caution de se présenter à tous les actes de la procédure pour l'exécution de la sentence, toutes les fois qu'il en sera requis.

L'admission à la liberté provisoire pour l'inculpe

qui s'est présenté spontanément, aura lieu après sa présentation et après son interrogatoire, et pour l'inculpé qui est détenu, l'admission pourra être suspendue jusqu'au complément des actes d'interrogatoire, de reconnaissance et de confrontation auxquels il pourrait encore y avoir lieu de procéder. La liberté provisoire peut être limitée, soumise à des conditions, conformément à l'article 213, ou révoquée par ordonnance de la chambre du conseil ou de la chambre d'accusation, soit sur l'instance du ministère public, soit d'office, suivant ce qu'il résultera de la procédure.

Quand, aux termes de l'article 440, la chambre d'accusation aura ordonné le renvoi d'une procédure pour crime, au jugement du tribunal correctionnel, elle devra, par le même arrêt, accorder la liberté provisoire sans caution, sauf la disposition de l'article suivant.

La liberté provisoire pourra aussi être accordée aux étrangers inculpés d'un délit, sujets à mandats d'arrêt, conformément au n° 5 du premier paragraphe de l'article 182 (1).

---

(1) *Code de procédure pénale.* — 205. (*Ancien texte*) — Si le fait incriminé pour lequel il a été décerné mandat d'arrêt, ne constitue pas un crime punissable par une des peines indiquées dans les cinq premiers alinéas de l'article 13 du code pénal (*), on devra, sur la demande de l'inculpé, lui accorder la liberté provisoire moyennant suffisante caution de se présenter à tous les actes de la procédure et pour l'exécution de la sentence, toutes les fois qu'il en sera requis.

Il devra pareillement être accordé la liberté provisoire, moyennant caution, s'il s'agit de crimes pour lesquels, aux termes de l'article 440, il a été ordonné par la chambre d'accusation le renvoi de la cause au tribunal correctionnel.

S'il s'agit de crime punissable par la seule peine de l'interdic-

(*) *Code pénal* 13. — Voir la traduction de cet article, page 40.

206. — *(Modification apportée par la loi du 30 juin 1876.)* Ne peuvent en aucun cas être mis en liberté provisoire :

1° Les oisifs, les vagabonds, les mendiants et les autres personnes suspectes, mentionnées dans le chapitre III, titre VIII, livre II du code pénal ; ceux qui ont déjà été condamnés à une peine criminelle et les inculpés de délit contre lesquels il peut être délivré mandat d'arrêt, conformément aux dispositions des numéros 1, 2 et 3 du chapitre premier de l'article 182 ; et les inculpés de délits de vol, de tromperie ou de fraude et les récidivistes des mêmes délits ;

2° Les personnes arrêtées en flagrant délit de crime, ou immédiatement après l'avoir commis, ou tandis qu'ils étaient poursuivis par la partie outragée ou par la clameur publique ;

3° Les inculpés des crimes de rébellion ou de résistance, ou de violences contre les dépositaires de l'autorité publique ou les agents de la force publique,

tion des offices publics, ou par une peine d'emprisonnement non supérieure à trois mois, ou par une autre peine inférieure, l'inculpé sera mis en liberté provisoire sans caution, en lui faisant simplement obligation de se présenter toutes les fois qu'il en sera requis.

Dans les crimes punissables par la réclusion ou par la rélégation, si l'inculpé, contre qui il n'a pas été lancé ou exécuté de mandat d'arrêt, et qui ne se trouve pas autrement détenu, se présente a l'audience, on devra lui accorder la liberté provisoire, moyennant suffisante caution. Lorsque, avant sa présentation spontanée il a été arrêté, il pourra lui être accordé, sur sa demande, la liberté provisoire, moyennant suffisante caution.

Dans les crimes, l'admission de la demande pour la liberté provisoire faite par l'inculpé déjà détenu, peut être suspendue jusqu'à la fin des actes d'interrogation, de reconnaissance et de confrontation auxquels il y a lieu encore de procéder.

ou des crimes indiqués dans l'article 45 (1) du même code pénal, sauf que pour ces derniers la chambre d'accusation ait renvoyé la cause au tribunal correctionnel, aux termes de l'article 440, ou qu'il s'agisse de mineurs de 18 ans inculpés de larcin et non récidivistes (2).

---

(1) *Code pénal.* 45. — Seront toujours assujettis à la surveillance spéciale de la sûreté publique * :

Les condamnés pour délits contre la sûreté intérieure ou extérieure de l'État ;

Les condamnés aux travaux forcés, ou a la réclusion pour vol sur le grand chemin, extorsion, rapine, ou vol ;

Les condamnés à une peine criminelle ou correctionnelle pour les faits prévus dans les articles 426 (*a*), 428 (*b*). 429 (*c*), 430 (*d*). (*De l'association des malfaiteurs.*)

(2) *Code de procédure pénale.* —206. (*Ancien texte*). — Ne peuvent, en aucun cas, être mis en liberté provisoire les oisifs, les vagabonds, les mendiants et les autres personnes suspectes mentionnées dans le chapitre III, titre VIII, livre II

(*a*) *Code pénal.* 426. — Toute association de malfaiteurs d'un nombre qui n'est pas inférieur à cinq et qui a pour objet de porter atteinte aux personnes, ou aux propriétés, constitue par cela seul, un délit contre la tranquillité publique.

(*b*) *Code pénal.* 428 — Par le seul fait de l'association, les auteurs, directeurs, ou chefs de ces bandes seront punis des travaux forcés à temps ou de la réclusion, selon la qualité des malfaiteurs et l'objet de leurs desseins, ou de leurs accords.

(*c*) *Code pénal* 429 — Toute autre personne faisant partie de l'association, ou qui aura sciemment et volontairement fourni auxdites bandes ou à une partie d'entr'elles des

armes, des munitions, des instruments pouvant servir à leurs crimes, le logement, le refuge, ou le lieu de réunion, sera puni de la réclusion ou de l'emprisonnement, suivant les circonstances énoncées dans l'article précédent.

(*d*) *Code pénal.* 430. — Quel que soit le fait commis par une des réunions de malfaiteurs prévues par l'art 426, ou par un seul d'entr'eux quand il aura agi apres s'être préalablement concerté avec la bande entière, le coupable sera puni d'une peine supérieure d'un degré à celle établie pour le même fait, outre la peine par lui encourue par la circonstance de l'association dont il est parlé dans les articles 428 et 429, et selon les regles établies dans le livre I, titre II, chapitre V section 1 (*des auteurs de plusieurs délits*)

(*) En France : *Surveillance de la haute police.* (*Note du trad*)

207. — *(Modification apportée par la loi du 30 juin 1876.)* L'inculpé temporairement emprisonné pour insuffisance de preuves, aux termes de la section VIII du présent chapitre, est aussi admis à réclamer la liberté provisoire, et sur sa demande il y est pourvu selon les règles établies dans les deux articles précédents. S'il a déjà donné caution et si la liberté provisoire lui est accordée par la même ordonnance qui prescrit le dépôt de la caution donnée, il pourra encore être ordonné une augmentation de caution (1).

208. — *(Modification apportée par la loi du 30 juin 1876.)* Il peut y avoir lieu à la liberté provisoire en n'importe quel état de la cause, sauf les dispositions du second paragraphe de l'article 205.

Il ne peut y avoir lieu à la liberté provisoire à partir de la date de la sentence par laquelle est prononcée l'accusation pour crime (2).

du code pénal et les condamnés à des peines criminelles.

Ne peuvent pareillement être, en aucun cas, mis en liberté provisoire les inculpés des crimes indiqués dans l'art 45 du code pénal (*), sauf que la chambre d'accusation ait renvoyé la cause au tribunal correctionnel aux termes de l'article 440, ou qu'il s'agisse de mineurs de dix-huit ans, inculpés de vol et non récidivistes.

(1) *Code de procédure pénale.* — 207. *(Ancien texte).* — L'inculpé temporairement mis en liberté pour insuffisance de preuves, au termes du paragraphe VIII du présent chapitre, est aussi admis à réclamer la liberté provisoire, et sur sa demande il est pourvu selon les règles établies dans les deux articles précédents. S'il a déjà donné caution et si la liberté provisoire lui est accordée, par la même ordonnance qui prescrit le dépôt de la caution donnée, il pourra encore être prescrit un supplément de caution, sauf la disposition du 3e paragraphe de l'article 205.

(2) *Code de procédure pénale.* — 208. *(Ancien texte).* — S'il s'agit de crimes punissables par l'interdiction des offices pu-

(*) Voir la trad. à la page précédente

209. — *(Modification apportée par la loi du 30 juin 1876)*. Durant l'instruction, il appartient à la chambre du conseil du tribunal de laquelle dépend le juge d'instruction, de statuer sur la demande de l'inculpé ; ce droit appartient au tribunal, si l'inculpé a été renvoyé en jugement par ordonnance ou par citation directe ; et à la chambre d'accusation, quand les actes ont été transmis au procureur général aux termes de l'article 255, ou quand la cause a été évoquée, conformément à l'article 448.

Sur la demande d'un étranger inculpé de délit, faite durant le jugement d'appel, il y est pourvu par la chambre des appels correctionnels de la cour devant laquelle est pendant le jugement (1).

210. — *(Modification apportée par la loi du 30 juin 1876.)* La demande de liberté provisoire pourra être faite par l'inculpé, par déclaration faite au greffier du tribunal devant lequel est pendant le procès, ou au greffier de la justice de paix, si dans l'endroit où est détenu l'inculpé il ne réside pas de tribunal.

---

blics, seule ou connexe avec une peine correctionnelle, ou de crimes renvoyés par la chambre d'accusation au juge du tribunal correctionnel aux termes de l'article 440 et s'il s'agit de délits, il y a lieu d'accorder la liberté provisoire en tout état de cause.

Dans les crimes qui emportent les peines de la réclusion ou du bannissement, il ne peut plus y avoir lieu a la liberté provisoire à partir de la date de la sentence par laquelle est prononcée l'accusation.

(1) *Code de procédure pénale.* — 209. *(Ancien texte).* — Durant l'instruction, il appartient à la chambre du conseil du tribunal de laquelle dépend l'instance, ou à la chambre d'accusation de statuer sur la demande de l'inculpé. L'instruction étant terminée par une ordonnance, ou une sentence de renvoi, il appartient de statuer respectivement au tribunal ou à la cour chambre des appels correctionnels.

L'inculpé pourra nommer un défenseur pour le représenter et prendre par écrit les conclusions dans tous les actes relatifs à la liberté provisoire.

La demande pourra être présentée au nom de l'inculpé, par un avocat, ou un avoué exerçant près le tribunal ou la cour, lequel doit la signer.

La demande d'un des inculpés d'un délit autorise le juge à statuer même d'office dans l'intérêt des autres inculpés du même délit (1).

211. — La requête sera communiquée au ministère public, lequel donnera ses conclusions tant sur l'admissibilité de la demande que sur le montant de la caution.

212. — La caution a pour objet d'assurer que l'inculpé se présente à tous les actes de la procédure et pour l'exécution de la sentence aussitôt que cela lui sera ordonné, ou qu'il s'en verra requis. La chambre du conseil, la chambre d'accusation, le tribunal ou la cour statueront par ordonnance motivée sur la demande; et détermineront le *quantum* de la caution selon les circonstances, eu égard à la condition de l'inculpé, à la nature et à la qualification du crime.

213. — *(Modification apportée par la loi du 16 juin 1876.)* En accordant la liberté provisoire, la chambre de conseil, la chambre d'accusation, le tribunal ou la cour pourront, si les circonstances l'exigent, ordonner que l'inculpé se tienne éloigné d'un lieu déterminé, ou qu'il habite dans une com-

(1) *Code de procédure pénale.* — 210. (*Ancien texte*). — La demande de la liberté provisoire sera présentée par une requête signée par un avocat, ou un avoué exerçant près le tribunal ou la cour.

mune désignée dans la juridiction du tribunal : soit où se fait, soit où s'est faite l'information ; ou si celle-ci est évoquée par la chambre d'accusation, dans le ressort de la cour d'appel, sous peine de son arrestation et du paiement de la caution présentée.

L'inculpé pourra changer le lieu qui lui est fixé pour habiter, en obtenant la permission de l'autorité qui prononce l'ordonnance d'admission à la liberté provisoire.

Celle-ci dans les cas plus graves pourra, sous les mêmes peines, en cas d'inexécution, enjoindre à l'inculpé de s'obliger par acte au greffe de ne pas sortir de la commune dans laquelle siège le tribunal qui procède à l'information et de se présenter chaque jour au palais de justice à l'autorité déléguée (1).

214. — *(Modification apportée par la loi du 30 juin 1876.)* Les inculpés pauvres peuvent être dispensés de l'obligation de la caution, quand il existe à leur égard des informations favorables sur leur moralité.

Dans ce cas, l'inculpé doit déclarer par acte au greffe, dans quelle commune il entend fixer sa résidence, et il ne pourra s'en éloigner sans la permission de l'autorité qui prononce l'ordonnance d'admission

---

(1) *Code de procédure pénale.* — 213. *(Ancien texte).* — En accordant la liberté provisoire, la chambre du conseil, la chambre d'accusation, le tribunal, ou la cour pourront, si les circonstances l'exigent, ordonner que l'inculpé se tienne éloigné dans un lieu déterminé, ou qu'il habite dans une commune désignée, dans la juridiction du tribunal : soit où se fait, soit où s'est faite l'instruction ; ou, si celle-ci est évoquée par la chambre d'accusation, dans le district de la cour d'appel, sous peine de son arrestation et du paiement de la caution présentée.

à la liberté provisoire sous peine d'arrestation (1).

215. — Si l'ordonnance de la chambre du conseil ou du tribunal rejette la demande de l'inculpé, ou bien détermine la caution en une somme qu'il trouve excessive, celui-ci pourra respectivement faire opposition ou en appeler, moyennant la déclaration à faire au greffe du tribunal, dans le délai de vingt-quatre heures de la notification qui, d'ordre du procureur du Roi, en sera faite à l'avocat ou à l'avoué qui a signé la requête, et à l'inculpé s'il est détenu.

Si l'ordonnance par laquelle est accordée la liberté provisoire, prescrit que la caution doit être augmentée aux termes de l'article 207, l'inculpé peut faire opposition contre la seule disposition relative à cette augmentation.

Le ministère public pourra faire opposition, ou appeler dans les vingt-quatre heures de la date de l'ordonnance, de laquelle le greffier est tenu de lui donner immédiatement connaissance. Si celle-ci, contre ses conclusions, a admis la demande de l'inculpé ou l'a dispensé de l'obligation de la caution, ou bien lui a imposé la caution en une somme inférieure de celle requise par le ministère public.

Les actes et une copie de l'ordonnance seront transmis sans retard par le greffier du tribunal, au greffe de la cour, à laquelle l'opposant ou l'appelant pourra présenter de simples mémoires à l'appui de l'opposition ou de l'appel.

216. — L'opposition à l'ordonnance de la chambre

---

(1) *Code de procédure pénale.* — 214. (*Ancien texte*). — Les pauvres peuvent être dispensés de l'obligation de la caution, quand il existe à leur égard des informations favorables sur leur moralité.

du conseil est portée à la chambre d'accusation de la cour ; l'appel de l'ordonnance du tribunal est porté à la cour, chambre des appels correctionnels.

La chambre d'accusation prononcera sans retard sur le rapport du procureur général. La chambre des appels correctionnels prononcera aussi sans retard sur le rapport du conseiller délégué, le ministère public entendu.

217. — L'inculpé à qui a été accordée la liberté provisoire ne peut être relaxé jusqu'à ce qu'il ait présenté la caution dans la somme qui a été déterminée. La caution peut être présentée par un tiers pour l'inculpé, ou par lui-même.

La caution se donnera : ou moyennant dépôt dans la caisse des dépôts et consignations, en argent ou valeurs de débit public au porteur, ou encore en obligations nominatives munies des mentions régulières, les unes et les autres calculées au cours de la Bourse ; ou moyennant hypothèque établie sur les biens, ces valeurs devront excéder d'un tiers en fonds disponibles le montant de la caution ; ou moyennant hypothèque de rentes sur l'État suivant la mode déterminée par la loi relative à la dette publique.

218. — Les documents relatifs à la caution doivent être déposés au greffe. S'il surgit des doutes sur la solvabilité de la caution, la chambre du conseil, la chambre d'accusation, le tribunal ou la cour, qui en ont déterminé le montant rendront une ordonnance motivée, après avoir entendu le ministère public.

L'ordonnance de la chambre du conseil ou du tribunal sur la solvabilité de la caution est sujette à opposition ou à appel, dans les formes et les délais établis par les articles 215 et 216.

219. — Le fidéjusseur fera devant le juge d'instruction ou devant le rapporteur, ou le juge délégué, selon que la caution a été admise par la chambre du conseil, par le tribunal ou par la cour, sa déclaration par laquelle il s'oblige de présenter l'inculpé, comme il est dit dans l'article 205, et, à défaut, de payer la caution.

L'inculpé admis à caution pour lui-même, s'engagera, dans les mêmes formes à se présenter dans les délais de l'article 205 précité, et, à défaut à payer la caution. L'inculpé assumera, en outre, les obligations imposées par l'article 213.

L'acte sera reçu par le greffier du tribunal ou de la cour, avec le *visa* du ministère public.

220. — Les deniers, les obligations et les autres effets du débit public, déposés comme il est dit ci-dessus, seront soumis à privilège pour l'accomplissement des obligations contractées par le fidéjusseur.

221. — Si la caution est donnée sur des biens stables, le ministère public et la partie civile pourront prendre inscription hypothécaire avant la sentence définitive.

L'inscription prise par l'un ou par l'autre profitera à tous les deux.

222. — L'inculpé et le fidéjusseur devront, dans le même acte de caution, ou par acte séparé qui devra être reçu au greffe, élire domicile dans le lieu où se fait l'instruction, quand ils n'y demeurent pas, pour les citations et notifications qui se présenteront.

N'est pas cependant tenu à faire une semblable élection de domicile l'inculpé à qui il a été imposé l'obligation de fixer son habitation dans un endroit désigné, suivant l'article 213.

Les citations et les notifications qui se feront à l'inculpé doivent aussi être faites au fidéjusseur.

223. — Après l'exécution des actes de caution et d'élection de domicile, si l'inculpé se trouve en état d'arrestation, il sera immédiatement mis en liberté par ordonnance du juge d'instruction, du rapporteur ou du juge délégué, et le mandat d'arrêt qui aurait été délivré sera immédiatement révoqué.

224. — Si l'inculpé ne se présente pas en conformité de la citation, ou de l'injonction qui lui en sera faite, il sera arrêté en vertu d'un mandat délivré par le juge d'instruction, par le rapporteur ou par le juge délégué, lequel rendra en même temps une ordonnance pour le paiement de la caution ; et si l'inculpé a été dispensé de la caution, il le condamnera au paiement d'une multe qui pourra s'élever à cinq cents francs avec emprisonnement subsidiaire, aux termes du code pénal. Cette ordonnance sera notifiée à l'inculpé et au fidéjusseur.

225. — Si l'inculpé se présente, ou est arrêté dans le délai de cinq jours de la notification qui lui est faite de l'ordonnance mentionnée dans l'art. 224, et prouve en même temps avoir été légitimement empêché de comparaître et d'obéir à l'injonction, la chambre du conseil, le tribunal ou la cour par qui a été admise la caution, procédera, s'il le faut et sans formalités d'actes, aux plus amples informations qui seront jugées nécessaires, et après avoir entendu le ministère public en ses conclusions, révoquera par ordonnance motivée, celle par laquelle a été prescrit le paiement de la caution, ou infligera la multe. Il sera déclaré ensuite, si l'état de la cause le permet, que l'inculpé continuera à jouir de la liberté provi-

soire, révoquant le mandat d'arrêt, ou ordonnant le relaxe de l'inculpé s'il avait déjà été arrêté.

Si dans ledit délai de cinq jours l'inculpé ne se présente pas ou n'est pas arrêté, l'ordonnance de paiement de la caution ou de condamnation à l'amende deviendra de plein droit définitive. Si l'inculpé se présente dans les cinq jours, mais ne fournit pas les preuves susindiquées, ou que des informations sommaires recueillies il ne résulte pas que ses justifications soient fondées, la chambre du conseil, le tribunal ou la cour, ouïes les conclusions du ministère public, et par ordonnance motivée, confirmera la précédente ; réduisant cependant, si elle lui paraît excessive, la multe infligée conformément à l'article 224 à l'inculpé qui n'a pas donné caution.

Les ordonnances mentionnées dans le présent article ne peuvent être attaquées par voie d'opposition ou d'appel.

226. — S'il résulte de procès-verbaux d'officiers de police judiciaire, de rapports, ou d'informations sommaires, que l'inculpé avait enfreint les ordres qui lui étaient imposés aux termes de l'article 213, on observera aussi les dispositions des articles 224 et 225. Il ne sera toutefois par le juge d'instruction, par le rapporteur ou par le juge délégué, décerné de mandat d'arrêt, que si l'ordonnance de paiement de la caution ou de condamnation à la multe, est devenue définitive faute par l'inculpé de s'être présenté dans les cinq jours conformément à l'art. 225. Si l'inculpé s'est présenté dans les cinq jours, mais n'a pas produit de légitimes moyens de défense, la chambre du conseil, le tribunal ou la cour décernera mandat d'arrêt, dans l'acte par lequel l'ordonnance de paie-

ment de la caution, ou de condamnation à la multe est confirmée.

227. — L'inculpé contre qui est décerné mandat d'arrêt aux termes des articles 224 et 226, ne sera plus, dans la même cause, admis à la liberté provisoire, sauf qu'il obtienne la révocation du mandat conformément à l'article 225.

228. — Si l'inculpé a obéi aux ordres qui lui sont imposés conformément à l'article 213 et comparaît à tous les actes de la procédure, et dans le cas de condamnation à une des peines corporelles établies dans les quatre premiers numéros de l'article 26 (1) du code pénal, se présente pour l'exécution de la sentence, dans les cinq jours de l'intimation qui lui en sera faite, ou dans les quinze jours de l'injonction qui doit lui être faite aux termes de l'art. 778 du présent code ; et si, s'agissant de crime, il s'est constitué prisonnier dans le délai prescrit par l'article 439, la caution, si elle a été donnée par un fidéjusseur, lui sera restituée. Si elle a été donnée par l'inculpé, elle lui sera également restituée, à moins que la sentence de condamnation ne soit déjà rendue contre lui, auquel cas la caution pourra être retenue pour le paiement des amendes, des dépens et des dommages qui découlent du crime.

229. — Si l'inculpé a enfreint les ordres qui lui étaient imposés, ou ne s'est pas présenté ou constitué prisonnier conformément à l'article précédent,

---

(1) *Code pénal*. 26. — Les peines correctionnelles sont :

1° L'EMPRISONNEMENT ;

2° LA GARDE (*maison de correction*) ;

3° LE CONFINEMENT ;

4° L'EXIL LOCAL ;

5° LA SUSPENSION DE L'EXERCICE DES OFFICES PUBLICS ;

6° LA MULTE.

la caution est dévolue à l'État à titre d'amende, sans distinguer si par l'ordonnance ou par la sentence définitive, il a été déclaré n'y avoir lieu à suivre contre ledit inculpé, ou s'il a été acquitté, ou condamné.

Néanmoins, si par l'insolvabilité de l'inculpé on ne peut, en cas de condamnation, obtenir le paiement des dépens et des dommages-intérêts, on payera sur la somme déposée comme caution et dans l'ordre suivant :

1° Les frais relatifs aux soins de la partie lésée, y compris ceux des aliments fournis durant la maladie;

2° Les frais pour la défense;

3° Les frais perçus par anticipation par la trésorerie et les droits dus aux fonctionnaires de l'ordre judiciaire et aux officiers qui leur sont adjoints;

4° Les dommages-intérêts et les frais dus à la partie civile ;

5° Les multes et les amendes encourues.

230. — La partie lésée et la partie civile ne pourront obtenir de la trésorerie le remboursement des frais et des dommages-intérêts à payer sur la caution aux termes du précédent paragraphe de l'article 229, à moins d'en faire la demande dans l'année du jour auquel la condamnation est devenue définitive, et de démontrer l'insolvabilité du condamné.

Dans tous les cas, la distribution prescrite par le paragraphe susindiqué aura lieu sans préjudice du droit de toutes les parties intéressées et de l'État d'obtenir de l'inculpé, alors qu'il deviendrait solvable, le paiement des sommes desquelles il resterait encore débiteur.

Section X. — *Des interrogatoires de l'inculpé, des reconnaissances et des confrontations.*

§ 1. — *Des interrogatoires.*

231. — Tout inculpé arrêté en vertu d'un mandat d'arrêt, ou qui se présentera devant le juge d'instruction, soit volontairement, soit en exécution d'un mandat de comparution, sera interrogé immédiatement, ou dans les vingt-quatre heures au plus tard ; tout au moins sur son nom, prénom, surnom, sur le nom de son père, sur son âge, sa patrie, sa profession, sur sa fortune, sur le point de savoir s'il est célibataire, marié ou veuf, s'il a des enfants, s'il est militaire, s'il sait lire et écrire, s'il a été autrefois détenu ou poursuivi. Il sera pareillement interrogé sur les motifs de l'arrestation ou de la comparution.

Cet interrogatoire sera précédé de la description de la personne, avec indication du signalement, ou des signes particuliers qui peuvent la faire reconnaître.

Si l'interrogatoire ne peut avoir lieu dans le délai ci-dessus prescrit, il sera fait mention du motif du retard.

232. — Il est défendu de déférer le serment à l'inculpé encore qu'il s'agisse du fait d'autrui.

233. — Les interrogatoires devront être clairs. précis et tendre à affirmer impartialement les faits.

L'inculpé sera expressément sollicité à déclarer quelles sont les preuves qu'il a pour sa décharge et il sera fait mention spéciale dans le procès-verbal tant des demandes qui lui auront été adressées que des réponses qu'il y aura faites.

234. — L'inculpé devra répondre de vive voix, et

ne pourra lire aucune réponse écrite, il lui sera permis cependant de recourir à des notes ou mémoires, eu égard à la qualité de l'inculpé et à la nature de l'affaire.

235. — Il sera présenté à l'inculpé tous les objets constituant le corps du délit, afin qu'il déclare s'il les reconnaît; il sera interpellé sur la provenance et sur la distinction de ceux de ces objets qu'il peut reconnaître; il sera invité à déclarer comment ils existaient en sa possession; et en général sera toujours interrogé sur chaque circonstance de nature à rendre claire la vérité.

236. — Quand l'inculpé refusera de répondre, ou donnera des signes de démence que l'on peut croire simulés, ou feindra d'être sourd ou muet, pour s'exempter de répondre, le juge l'avertira que, nonobstant son silence ou ses infirmités simulées, il sera passé outre à l'instruction du procès. De tout quoi il sera fait mention.

S'il naît des doutes sur l'état mental de l'inculpé, le juge aura recours à l'opinion d'experts, et ceux-ci feront un rapport sur la nature et sur le degré de la maladie d'où résulte l'affection, et détermineront autant que possible la date et l'influence qu'elle a pu exercer sur les actions de l'inculpé.

237. — Si l'inculpé excipe de l'incompétence du juge d'instruction, il devra, quand il n'est pas détenu, élire domicile dans le lieu où réside le tribunal, par acte à recevoir au greffe de ce même tribunal. Toutes les notifications relatives à une telle exception seront faites à ce domicile.

Le juge d'instruction, après avoir entendu le ministère public, prononcera par ordonnance motivée;

sauf l'appel, tant de l'inculpé que du ministère public,
devant la chambre d'accusation; étant observés les
délais et les formes de cet appel suivant les art. 215 et
216.

Dans les cas de récusation on observera ce qui est
établi dans le chapitre I du titre V du livre III.

238. — L'inculpé auquel il aura été nommé un interprète, suivant les dispositions des art. 91 et 92,
pourra le récuser en produisant les motifs de sa récusation. Le juge d'instruction prononcera sans
appel sur une telle récusation, après avoir entendu
le ministère public.

239. — Si l'inculpé se déclare coupable du fait
incriminé, le juge d'instruction lui en fera expliquer
toutes les circonstances; il l'interrogera sur tout ce
qui peut rendre plus clairs et confirmer ses aveux;
il lui demandera s'il y a des agents principaux ou des
complices, et se fera indiquer les témoins qui auraient connaissance du fait.

Si l'inculpé rétracte ses aveux, on lui demandera
les motifs de sa rétractation.

240. — Quand il y aura doute sur le point de savoir
si l'inculpé a un âge supérieur ou inférieur à celui
exigé par le code pénal pour l'application de la peine
ordinaire, le juge devra le vérifier par l'acte de naissance qui sera délivré en conformité des règlements,
ou, à défaut d'acte de naissance, par tout autre moyen
de preuve qui pourra être de nature à l'établir.

Il en sera de même quand l'âge de la personne offensée peut avoir de l'influence sur l'application de
la peine.

§ 2. — *Des reconnaissances et des confrontations.*

241. — Quand la partie qui a souffert l'offense, ou un témoin, ne connaissant pas l'inculpé et ne pouvant pas préciser ses nom et prénoms, se borneront à l'indiquer d'une manière douteuse et imparfaite sans qu'il soit possible de constater autrement l'identité, on procédera à la reconnaissance de l'inculpé, en le faisant mettre, s'il le faut, parmi un certain nombre de personnes qui auront avec lui quelque ressemblance.

Dans ce cas, on ne fera pas remarquer à l'inculpé la personne appelée à le reconnaître ; et celle-ci ne sera introduite que lorsque l'inculpé aura choisi sa place.

242. — Le témoin dans l'acte de reconnaissance prêtera serment en conformité des articles 297 et 299.

243. — Si l'inculpé doit être reconnu par plusieurs personnes, on observera les formalités ci-dessus prescrites, et l'on procédera à autant d'actes distincts qu'il y aura de personnes.

Chacune d'elles signera l'acte qui la concerne et passera ensuite dans un lieu d'où elle ne puisse ni voir celui qui est appelé à faire la même reconnaissance ni lui parler : de tout quoi il sera fait mention dans le procès-verbal.

244. — Si la même personne doit être appelée à la reconnaissance de divers inculpés, on devra, à chaque acte de reconnaissance, substituer d'autres individus à ceux dont il est parlé dans l'article 241 ; et il en sera pareillement fait mention dans l'acte.

245. — Le juge d'instruction ne pourra intervenir à la confrontation des inculpés avec des témoins, ni à celle des agents principaux, ou des complices entre eux ; ni à celle des témoins entre eux, sauf dans le

cas de fait emportant la peine de la prison ou une peine plus forte. Il n'usera de cette faculté que quand il ne pourra, par un autre moyen, se procurer des indices suffisants qui aient trait au fait incriminé et a ses auteurs.

Il sera toujours fait mention de la contenance tenue pendant l'acte de confrontation par les personnes entre lesquelles elle aura eu lieu.

SECTION XI. — *De l'ordonnance de la chambre du conseil, ou de celle du juge d'instruction quand l'instruction est complète.*

246. — L'instruction étant complète, le juge instructeur en communiquera sans retard les actes au procureur du Roi, lequel devra dans les trois jours donner ses réquisitions.

Les actes d'information étant retournés au juge d'instruction, si la qualification du fait incriminé, ou de quelqu'un des faits incriminés pour lesquels a été faite l'instruction, est celle de crime, il en fera dans les trois jours son rapport à la chambre du conseil, sauf le cas prévu par le second paragraphe de l'art. 257.

Le juge d'instruction fera aussi le rapport à la chambre du conseil dans le délai susindiqué, toutes les fois que la qualification du fait, ou des faits incriminés pour lesquels a été faite l'instruction est certainement celle de délit, mais que l'inculpé se trouve détenu, ou bien que la chambre du conseil a déjà prononcé sa mise en liberté, ou pourvu sur sa demande de mise en liberté provisoire, conformément aux sections VIII et IX du présent chapitre.

247. — La chambre du conseil, composée suivant la règle prescrite par l'article 198, se réunira une ou plusieurs fois la semaine, selon le besoin. Les dispositions de l'article 201 seront observées.

248. — Si la chambre du conseil trouve l'instruction incomplète, elle la renverra au juge d'instruction avec l'indication des actes d'instruction qu'elle jugera nécessaires. S'il y a des actes nuls, elle ordonnera qu'ils soient recommencés.

Quand les nouvelles informations auront été recueillies, ou que les actes nuls auront été recommencés, le juge d'instruction, en observant de nouveau la disposition de l'article 246, fera un nouveau rapport à la chambre du conseil.

249. — S'il résulte des actes de la procédure que le fait n'appartient pas à la compétence ordinaire, la chambre du conseil ordonnera le renvoi au juge compétent.

250. — Si la chambre du conseil reconnaît que le fait ne constitue pas un crime, ou qu'il ne résulte pas des indices suffisants de culpabilité contre l'inculpé, ou que l'action pénale est prescrite ou autrement éteinte, elle l'énoncera expressément dans l'ordonnance par laquelle elle déclarera n'y avoir pas lieu à procéder ; et si l'inculpé est arrêté ou soumis aux liens de la liberté provisoire, elle ordonnera sa libération.

251. — Si le fait constitue une contravention, ou un délit de la compétence du préteur, l'inculpé sera renvoyé devant le préteur compétent, et sera mis en liberté s'il est arrêté.

S'il s'agit aussi de délit punissable par l'emprisonnement et si l'inculpé détenu est au nombre des personnes indiquées dans la première partie dc l'article 206, il demeurera provisoirement en prison.

252. — La chambre du conseil pourra encore renvoyer l'inculpé devant le préteur quand elle reconnaît que, à raison de l'âge, de l'état mental, ou de toutes autres circonstances atténuantes, y comprises celles mentionnées dans l'art. 684 (1) du code pénal, il peut y avoir lieu, concernant tous les inculpés, à la modification de la peine correctionnelle en peine de police, ou que, à raison desdites circonstances atténuantes ou de la minimité du fait incriminé, la peine de la prison, de la rélégation ou de l'exil local (2) eu égard pareillement à tous les inculpés, ne doit pas excéder trois mois de durée, ou s'il s'agit de multe, celle-ci ne doit pas être supérieure à trois cents francs.

Un pareil renvoi toutefois n'aura pas lieu, sinon quand il a été délibéré à l'unanimité des votes.

L'inculpé renvoyé devant le préteur, aux termes du présent article, sera aussi mis en liberté, s'il est détenu, sauf la disposition du second paragraphe de l'article 251.

En aucun cas, il ne peut être ordonné le renvoi devant le préteur pour délits prévus par l'article 9 et pour délits de presse.

(1) *Code pénal* 684. — Sans préjudice de la faculté laissée aux cours et tribunaux par les deux articles précédents, et des autres diminutions des peines prescrites ou permises par le présent code ; lorsque dans les délits mentionnés dans ledit code et punissables de peines criminelles, concourront des circonstances atténuantes, les cours ou tribunaux devront diminuer les peines d'un degré.

(2) Nous n'avons pas de peines équivalentes dans le code pénal français ; elles sont édictées, dans le code pénal italien, par les art. 26, 29 et 30 déjà traduits.

(Note du trad.)

253. — *(Modification apportée par la loi du 30 juin 1876.)* Si le fait incriminé est reconnu de la compétence du tribunal correctionnel, la chambre du conseil ordonnera le renvoi de l'inculpé devant ce tribunal, sauf la disposition de l'article précédent.

L'inculpé renvoyé devant le tribunal correctionnel, aux termes du précédent article, sera cependant mis en liberté s'il est détenu, excepté qu'il soit au nombre des personnes indiquées dans le paragraphe premier de l'article 182 (1).

254. — Dans les cas du renvoi prévu par les articles précédents, le procureur du Roi devra transmettre, dans les deux jours au plus tard, les actes et documents de la procédure au greffe du tribunal ou du préteur qui doit prononcer, et s'il s'agit du renvoi, au tribunal correctionnel, il lancera dans le même

---

(1) *Code de procédure pénale.* — 253. *(Ancien texte).* — Si le fait incriminé est reconnu de la compétence du tribunal correctionnel, la chambre du conseil ordonnera le renvoi de l'inculpé devant ce tribunal, sauf la disposition de l'article précédent:

Dans ce cas, si le fait incriminé emporte une peine d'emprisonnement excédant trois mois et si l'inculpé est détenu, il demeurera provisoirement en prison. La chambre du conseil pourra toutefois, selon les circonstances, ordonner que l'inculpé soit mis en liberté, avec l'obligation de se présenter devant le tribunal quand il en sera requis.

Si le délit emporte la peine de l'emprisonnement pour un temps n'excédant pas trois mois, ou si ce délit est punissable par une peine moindre que la prison, l'inculpé sera mis en liberté, avec l'obligation de se présenter devant le tribunal quand il en sera requis.

Il ne pourra toutefois jamais y avoir lieu au relaxe dont il est question dans les deux précédents paragraphes, si l'inculpé renvoyé devant le tribunal correctionnel est au nombre des personnes indiquées dans la première partie de l'article 206 et que le fait qui lui est reproché emporte la peine de la prison.

délai la citation, en observant les règles établies dans les articles 372 et suivants.

255. — Si la chambre du conseil reconnaît que l'inculpation constitue un crime, ou bien un délit dont la connaissance appartient à la cour d'assises, et qu'il y a des indices suffisants de culpabilité à la charge de l'inculpé, elle ordonnera la transmission des actes et des documents au procureur général, afin qu'il soit procédé comme il est dit dans le chapitre I, titre III, livre II.

Les corps de délit demeureront près le greffe du tribunal de l'instruction, sauf le cas prévu par le 2° alinéa de l'article 432.

256. — Dans le cas prévu par l'article précédent, le mandat d'arrêt lancé contre l'inculpé sera exécutoire tant que la chambre d'accusation n'aura pas statué. S'il s'agit de crime pour lequel la liberté provisoire n'est pas admise et que le juge d'instruction ait décerné contre l'inculpé un simple mandat de comparution, la chambre du conseil, par la même ordonnance de transmission des actes, décernera contre lui mandat d'arrêt.

La chambre du conseil lancera pareillement, par la même ordonnance, mandat d'arrêt contre l'inculpé de crime punissable par une des peines établies dans les cinq premiers paragraphes de l'article 13 (1) du code pénal, si ayant été temporairement mis en liberté pour insuffisance de preuves conformément à la section VIII, il n'avait pas obtenu la liberté provisoire, ainsi qu'il est mentionné dans la section IX.

257. — Si le fait incriminé pour lequel se fait l'in-

(1) *Code pénal.* 13. — Voir la traduction, page 40.

struction ne peut être qualifié crime et s'il ne s'agit pas du cas prévu par le dernier alinéa de l'art. 246, les actes de la procédure ayant été retournés au procureur du Roi, le juge d'instruction, s'il ne voit pas la nécessité d'entreprendre de nouvelles informations, prononcera lui-même dans les trois jours l'ordonnance de renvoi, de transmission, ou de non lieu aux termes des articles 249, 250, 251, 253 et 255. Le juge d'instruction pourra encore, dans le cas prévu par l'article 252, renvoyer l'inculpé devant le préteur sur les conclusions conformes du procureur du Roi.

La même ordonnance définitive sera également prononcée par le juge d'instruction seul, bien qu'il s'agisse de crime, quand pour défaut d'indices sur les auteurs, agents principaux ou complices du fait, il n'a été lancé aucun mandat de comparution ou d'arrêt, ou qu'il n'a été autrement procédé à l'arrestation d'aucun inculpé du fait pour lequel se fait l'instruction et que le procureur du Roi a conclu à ce qu'il n'y a pas lieu à suivre.

258. — La chambre du conseil, ou le juge d'instruction ne pourra, à peine de nullité, ordonner le renvoi de l'inculpé au tribunal correctionnel, ou la transmission des actes de la procédure au procureur général, si l'inculpé n'a pas été interrogé, ou si tout au moins il n'a pas été décerné un mandat de comparution ou d'arrêt resté sans effet.

259. — L'ordonnance de la chambre du conseil ou du juge d'instruction, prononcée en conformité des articles précédents, contiendra le nom, le prénom, l'âge, le lieu de naissance, le domicile et la profession de l'inculpé, l'exposition sommaire et la qualification légale du fait, l'énonciation des motifs, l'article de loi

appliqué, l'indication du jour, mois et an, et du lieu auquel elle a été prononcée ; et sera signée au bas par les juges, ou par le juge par qui elle a été prononcée.

260. — Dans les cas mentionnés dans les articles 249. 250, 251 et 253, le procureur du Roi pourra faire opposition à l'ordonnance de la chambre du conseil ou du juge d'instruction. Il pourra aussi faire opposition dans le cas prévu par l'article 252, alors que l'ordonnance est prononcée par la chambre du conseil.

La partie civile peut unir son opposition à celle du ministère public. Si celui-ci ne fait pas opposition, la partie civile pourra former opposition à l'ordonnance de la chambre du conseil ou du juge d'instruction dans le cas prévu par l'article 250.

261. — L'opposition se fera par déclaration motivée au greffe du tribunal, dans les vingt-quatre heures. Ce délai courra pour le procureur du Roi, du jour de l'ordonnance dont le greffier est tenu de lui donner immédiatement connaissance. Pour la partie civile, le délai courra selon les cas, du jour de la notification de l'ordonnance, ou de l'opposition du ministère public faite par son ordre au domicile élu par elle.

L'opposition sera immédiatement notifiée à l'inculpé et à la partie civile par ministère d'huissier, et au procureur du Roi par l'intermédiaire du greffier. La notification à l'inculpé sera faite dans la forme prescrite par les articles 376, 377, 378 et 380.

L'inculpé ne pourra être mis en liberté avant que ne soit expiré le délai donné au procureur du Roi pour l'opposition, sauf que celui-ci y consente, ou que l'inculpé ait donné caution en conformité de ce qui est établi relativement à la liberté provisoire.

262. — L'opposition sera portée devant la chambre d'accusation. Le greffier transmettra immédiatement les actes de la procédure au procureur général près la cour, conformément à ce qui est établi par l'article 255.

263. — Dans tous les cas ci-dessus, le procureur général a droit de faire opposition. Il devra notifier celle-ci dans les vingt jours qui suivront l'ordonnance de la chambre du conseil ou du juge d'instruction, sans toutefois que puisse être retardée la mise en liberté provisoire de l'inculpé dans les cas prévus par les articles 250, 251, 252 et 253.

264. — La chambre d'accusation statuera, par arrêt motivé, sur de simples mémoires et conclusions qui seront déposés au greffe de la cour.

265. — Si l'opposition de la partie civile est rejetée, celle-ci sera condamnée aux dépens et à des dommages-intérêts s'il y a lieu.

266. — L'inculpé à l'égard duquel on aura déclaré n'y avoir lieu à suivre pour manque d'indices suffisants de culpabilité, ne pourra plus être recherché pour le même fait, sauf qu'il survienne de nouvelles preuves à sa charge, comme il est dit dans l'article 445.

S'il est fait opposition à l'ordonnance, il appartiendra à la chambre d'accusation d'apprécier les nouvelles preuves ; à défaut d'opposition, le juge d'instruction devra procéder, et il sera statué par lui ou par la chambre du conseil selon les distinctions ci-dessus prescrites.

267. — S'il est déclaré n'y avoir lieu de procéder contre un mineur de quatorze ans, inculpé de crime ou de délit, parce qu'il aurait agi sans discernement,

le juge d'instruction ou la chambre du conseil devra renvoyer les actes de la procédure au procureur général, lequel en saisira la chambre d'accusation suivant l'article 88 (1) du code pénal.

----

(1) *Code pénal.* 88. — Le mineur âgé de quatorze ans qui aura agi sans discernement, ne sera puni d'aucune peine.

Toutefois, s'il s'agit de crime ou de délit, les cours ou tribunaux ordonneront que l'inculpé soit rendu a ses parents, en leur faisant promettre, par engagement, de le bien faire élever et de veiller sur sa conduite, sous peine de dommages-intérêts ; et si les circonstances l'exigent, d'une multe qui pourra être portée jusqu'à cent cinquante francs.

Néanmoins, il est facultatif aux cours et aux tribunaux d'ordonner que l'inculpé soit renfermé dans un établissement public de travail, pour un temps plus ou moins long, selon son âge et la nature du délit, sans que cette peine puisse excéder le temps restant à courir jusqu'a ce que l'inculpé ait complété sa dix-huitième année.

LIVRE SECOND

DU JUGEMENT.

DISPOSITIONS GÉNÉRALES.

Chapitre I.

Des audiences.

268. — Les audiences devant les cours, les tribunaux et les prétoires sont publiques, à peine de nullité ; sauf les cas expressément exceptés par le présent code.

Néanmoins, si la publicité peut être dangereuse pour la morale ou pour le bon ordre, à raison de la nature des faits, la cour, le tribunal ou le préteur pourront, sur la requête du ministère public ou encore d'office, ordonner que les débats aient lieu à huis clos.

L'ordonnance sera prononcée en audience publique, et inscrite avec ses motifs, dans le procès-verbal.

269. — Le nombre des juges pour la validité de l'audience et des délibérations des cours et des tribunaux est déterminée par la loi sur l'organisation judiciaire.

Dans la même loi est déterminé le nombre des jurés qui doivent intervenir pour la validité des audiences et des délibérations dans les cours d'assises.

270. — L'intervention aux audiences du ministère public et du greffier est prescrite à peine de nullité.

271. — La comparution de l'inculpé ou de l'accusé est prescrite, avec les distinctions suivantes :

1º Dans les procès pour contravention, l'inculpé peut comparaître à l'audience en personne ou se faire représenter par une personne munie d'une procuration spéciale. Dans le jugement d'appel, si elle comparaît en personne, elle doit élire domicile dans le lieu où réside le tribunal, par un acte reçu au greffe de ce tribunal; et toutes les notifications relatives à la cause se feront à ce domicile. En l'absence d'élection de domicile, l'inculpé ne pourra opposer le défaut de notification contre les actes qui auraient dus lui être notifiés aux termes de la loi. Si dans le jugement d'appel il ne comparaît pas en personne, l'inculpé doit se faire représenter par un avoué exerçant devant le tribunal, muni d'un mandat spécial.

2º Dans les poursuites pour délits, l'inculpé doit comparaître à l'audience en personne. Si toutefois les délits n'emportent que la peine pécuniaire, il pourra se faire représenter par un avoué exerçant près le tribunal ou la cour, devant lequel est pendant le jugement, et muni d'un mandat spécial. Si le jugement doit être rendu par le préteur, l'inculpé pourra se faire représenter par une personne munie d'une procuration spéciale; à moins que la cédule de citation n'ait ordonné sa comparution personnelle;

3º Dans les causes pour crime, l'accusé doit toujours comparaître à l'audience en personne.

272. — Si l'inculpé de contravention ou de délit est absent ou légitimement empêché de se présenter ou de produire ses moyens de défense, le préteur, le tribunal ou la cour d'appel qui doivent rendre le jugement pourront, sur sa demande ou celle de ses parents ou amis, lui accorder une remise. Sont

maintenues, pour les jugements devant les cours d'assises, les dispositions des articles 472 et 530.

273. — Dans tout jugement, l'inculpé ou l'accusé détenu comparaîtra à l'audience libre et sans liens et seulement accompagné de la force publique pour empêcher sa fuite ; sauf les dispositions des articles 629 et 630.

274. — Dans les procès pour contraventions, l'assistance d'un défenseur n'est pas nécessaire à l'inculpé.

Néanmoins, en appel, si l'inculpé n'était pas assisté par un défenseur, et si sa condition ou la nature de la cause l'exigeaient, le président pourra lui en nommer un d'office parmi les avocats résidents dans le lieu du jugement, ou parmi les avoués exerçant devant le tribunal.

275. — Dans les procès pour crimes ou pour délits, l'accusé ou l'inculpé, comparaissant à l'audience, doit être assisté par un défenseur, à peine de nullité. S'il ne l'avait pas choisi, le président ou le préteur le lui désignera.

Devant les cours, le défenseur doit être un avocat ou un avoué exerçant devant les mêmes tribunaux.

Devant le prétoire, il suffira que la personne choisie ou nommée pour défenseur soit majeure, se trouve sur le lieu au moment du jugement et soit admise à l'exercice des offices publics.

276. — Quand il n'y a pas incompatibilité de défense entre plusieurs inculpés ou accusés, ils peuvent être assistés par un même défenseur.

S'il existe incompatibilité, chaque inculpé ou accusé doit être assisté par un défenseur particulier. S'il surgit du doute sur l'incompatibilité, ce doute sera résolu par le président, ou par le préteur, le ministère public entendu.

277. — La partie civile, dans le procès de la compétence du préteur, peut comparaître à l'audience personnellement ou se faire représenter par une personne munie d'une procuration spéciale.

Dans les procès de la compétence des tribunaux correctionnels ou des cours, elle doit se faire représenter par un avoué exerçant respectivement devant le tribunal ou la cour qui doit juger.

278. — Les avocats peuvent remplir l'office de défenseurs lorsqu'ils sont admis à l'exercice devant les tribunaux et les cours. Si l'affaire est pendante devant un tribunal ou un préteur, peuvent également remplir l'office de défenseurs les avocats admis à l'exercice seulement devant les tribunaux.

279. — Si l'inculpé, ou l'accusé ne comparaît pas à l'audience, on procédera au jugement par défaut (1), dans les formes respectivement établies dans les trois titres suivants.

Pareillement si la partie civile ne comparaît pas, le jugement rendu contre elle est par défaut; en se limitant toutefois aux cas mentionnés par les articles 352 et 391.

280. — Quant aux personnes civilement responsables, on observera les dispositions du titre IV du présent livre.

---

(1) La loi italienne se sert toujours de l'expression *contumace*. Mais selon les usages de la loi française, il nous a paru préférable de réserver cette expression pour les seules procédures criminelles.

(*Note du trad.*)

Chapitre II.

Dans quel ordre se fait la discussion.

281. — Dans chaque débat, sauf les règles spéciales établies dans les trois titres ci-après, l'ordre dans la discussion est le suivant :

1° Le président ou le préteur demande à l'accusé ou à l'inculpé quelle est sa situation générale, et l'interroge sur les faits qui constituent le sujet de l'accusation ou de l'imputation ;

2° Le greffier donne lecture des rapports et des procès-verbaux relatifs à la cause ;

3° Les témoins et les experts sont entendus : les exceptions proposées avant leur audition sont jugées ;

4° La cour, le tribunal ou le préteur prononce par ordonnance motivée sur les réquisitions du ministère public et les demandes des autres parties ;

5° Les demandes de l'inculpé ou de l'accusé, assisté par son défenseur, sont proposées par l'organe de celui-ci ;

6° S'il y a besoin d'un interprète, on y pourvoit suivant les règles des articles 91 et 92 ;

7° Les documents et les objets qui peuvent servir à conviction ou à décharge sont présentés aux parties et aux témoins, avec invitation de déclarer s'ils les reconnaissent ;

8° Quand le débat ne pourra être terminé dans la même audience, il sera continué dans l'audience suivante : les parties et les témoins en seront avertis ;

9° Après les dépositions des témoins, et les observations respectives des parties, la partie civile pose ses conclusions ;

10° Le ministère public fait son réquisitoire ;

11° L'inculpé, l'accusé ou son défenseur, propose les moyens de défense. Toutefois, il peut déclarer s'en rapporter à la justice de la cour, du tribunal, ou du préteur ;

12' Le ministère public et la partie civile peuvent répliquer ;

13° L'inculpé, l'accusé ou son défenseur aura toujours la parole le dernier.

282. — Les dispositions contenues dans les numéros 1, 3, 4, 6, 10, 13, doivent être observées à peine de nullité.

Néanmoins, la nullité dérivant de la non observation de la disposition contenue dans le numéro 3 est couverte par le silence des parties.

Les débats devant les préteurs, les tribunaux correctionnels et les cours dans les chambres des appels correctionnels, pourront pour de graves motifs, du consentement des parties, être interrompus, et renvoyés par ordonnance motivée pour la continuation à une des audiences suivantes ; pourvu que ce ne soit pas au-delà de dix jours.

283. — En tout état de la discussion, il sera facultatif au président ou au préteur, de faire retirer de la salle d'audience un ou plusieurs des inculpés ou accusés, et de les interroger séparément sur quelque circonstance du procès. Dans ces cas, le président ou le préteur, ne peut, à peine de nullité, reprendre le débat, qu'après avoir instruit chaque inculpé ou accusé de ce qui aura été fait ou dit en son absence, et de ce qui en sera résulté.

284. — Contre les délibérations que prendra la

cour, le tribunal ou le préteur, au cours de la discussion publique, il n'est pas admis de recours pour annulation, s'il n'y a pas eu de protestation d'une des parties, dans la même discussion, ou aussitôt que l'acte en est lu à l'audience publique.

Chapitre III.

Des témoins et des experts.

§. 1. *Des conditions exigées pour être témoins ou experts.*

285. — Sont admis à déposer en justice, ou à remplir l'office d'expert, toutes les personnes de l'un ou de l'autre sexe, qui auront atteint l'âge de quatorze ans et n'auront point perdu la capacité de déposer en justice conformément aux articles 25 (1) et 374 (2) du code pénal.

---

(1) *Code pénal*. 25. — Les condamnés aux peines infamantes, outre les incapacités portées par l'article 19 (*a*), ne pourront être nommés experts, ni témoigner en justice, si ce n'est pour donner de simples indications; ils seront exclus de la faculté du port d'armes.

(2) *Code pénal*. 374. — Celui auquel il aura été déféré,

(a) *Code pénal* 19 — La peine de l'*interdiction des offices publics* consiste

Dans l'exclusion perpétuelle des droits d'électeur et de ceux d'éligibilité, dans n'importe quel comice électoral, et en général de tous les autres droits politiques,

Dans l'exclusion perpétuelle de toute fonction, emploi, ou charge publique;

Dans la déchéance du bénéfice ecclésiastique, si celui qui est condamné en était pourvu,

Dans la perte de toutes les décorations nationales ou étrangères, de toutes les distinctions civiles ou militaires, de tous les titres publics, de tous les grades et de toutes les dignités académiques,

Dans l'incapacité d'être tuteur, ou curateur, ou de concourir à tout acte relatif à la tutelle, excepté pour ses propres enfants et dans les cas prévus par la loi.

Ceux qui n'ont pas atteint l'âge de quatorze ans, ou qui ont perdu la capacité de déposer, ne peuvent, à peine de nullité, être entendus comme témoins, ni remplir l'office d'expert, sinon pour simples indications ou éclaircissements, et sans serment.

286. — Ne pourront être appelés, et ne pourront être entendus, à peine de nullité, les ascendants, les descendants, les frères, les sœurs, les oncles, les neveux, et les alliés aux mêmes degrés de l'inculpé ou de l'accusé ; le mari ou la femme, quoique légalement séparés ; ses père et fils adoptifs ; le père et la mère qui l'ont reconnu pour leur fils naturel, et ses fils naturels pareillement reconnus.

Quand plusieurs individus compris dans le même procès seront inculpés du même fait incriminé, les parents ou alliés d'aucun d'eux, dans les degrés sus-indiqués, ne pourront être entendus, à peine de nullité, relativement à ce fait.

287. — Les personnes indiquées dans l'article précédent pourront être entendues dans le seul cas où il s'agit d'un crime commis au préjudice de quelqu'un de la famille, et dont on ne puisse avoir la preuve d'une autre manière.

Ces personnes seront toutefois averties, à peine de nullité, que la loi, même dans ce cas, leur donne le

---

ou référé le serment en matière civile et qui aura juré le faux, sera puni par la peine de l'interdiction des offices publics : et en outre il ne sera plus admis à prêter serment, ni à déférer a d'autres le serment ; il ne pourra être nommé expert, ou juré ; ni déposer en justice, sauf pour donner de simples indications.

A la peine susdite sera toujours adjointe celle de l'emprisonnement et une multe, qui pourra être portée jusqu'a deux mille francs.

droit de s'abstenir de déposer : et il en sera fait mention dans la déposition.

288. — Les avocats et les avoués ne peuvent, à peine de nullité, être obligés à déposer sur les faits et circonstances dont ils ont eu connaissance en suite de révélations ou de confidences à eux faites par leurs clients, dans l'exercice de leurs ministères respectifs.

La même chose a lieu à l'égard des médecins, chirurgiens ou autres officiers de santé ; aux pharmaciens, aux sages-femmes ; et à chaque autre personne a qui, à raison de son état, de sa profession ou de sa charge il a été fait la confidence de quelque secret ; sauf les cas pour lesquels la loi les oblige expressément à en informer l'autorité publique (1).

289. — Les dénonciateurs, quand ils ont un intérêt personnel dans le fait, et les accusateurs ne peuvent, à peine de nullité, être entendus sous la foi du serment, sauf à la demande de l'inculpé ou de l'accusé, dans l'intérêt de sa défense.

290. — Les nullités prévues dans les articles précédents devront être opposées avant l'audition des personnes indiquées dans ces articles : autrement elles seront couvertes par le silence.

§. 2. — *Des témoins ou des experts non comparaissant ou récalcitrants, et du sauf-conduit.*

291. — Quand un témoin ou un expert cité ne comparaîtra pas, la cour, le tribunal ou le préteur, après avoir entendu le ministère public, l'inculpé ou l'accusé et son défenseur, et la partie civile, délibérera s'il

____

(1) Voir ci-dessus, page 74, à la note, la traduction de l'art. 308 du code penal.

doit être passé outre à l'examen de la cause, ou bien si on doit la renvoyer à une autre audience.

La même faculté est accordée à la cour, au tribunal ou au préteur dans le cas où les listes des témoins ont été tardivement présentées eu égard aux distances du lieu de leur résidence, de sorte qu'il n'a pas été possible de les faire citer ou comparaître à l'audience fixée.

L'ordonnance par laquelle il est déclaré que l'on doit passer outre, pourra toutefois être révoquée, lorsqu'il sera reconnu que l'examen du témoin ou de l'expert qui n'a pas comparu est nécessaire à l'éclaircissement du fait.

292. — Si à cause de la non comparution d'un témoin ou d'un expert, l'affaire a été renvoyée à une autre audience, tous les frais de citation des actes, des voyages des témoins ou des experts, et autres qui auront été nécessités par l'expédition de l'affaire, y comprise l'ordonnance de renvoi, seront à la charge du témoin ou de l'expert qui n'aura pas comparu, lequel, par la même ordonnance, et sur l'instance du ministère public, sera astreint à les payer, même avec prise de corps.

La cour, le tribunal ou le préteur pourront, en temps voulu, prescrire que le témoin ou l'expert qui n'aura pas comparu soit traduit avec le concours de la force publique, à l'audience, pour y être entendu.

Le témoin ou l'expert qui n'aura pas comparu, sera, dans chaque cas, condamné à une amende qui ne sera pas inférieure à dix francs, ou encore à une multe qui ne sera pas supérieure à cent francs.

293. — Dans tous les cas où le témoin ou l'expert qui n'a pas comparu a été condamné au paiement des

dépens, et à l'amende ou à la multe, ou seulement à ces dernières peines, il lui est réservé l'opposition, dans les formes et dans les délais établis par les articles 348 et 349.

Si, cependant, il comparaît à l'audience avant la clôture des débats, il pourra exposer ses motifs d'excuse verbalement, dans la même audience, en demandant la parole au président ou au préteur.

Quand le témoin ou l'expert devait comparaître devant une cour d'assises, et qu'avant qu'il eut fait opposition, la session de la cour a été close, l'opposition sera portée devant la cour d'appel, et sera jugée par la chambre des appels correctionnels, sur la seule lecture du recours et des documents relatifs, le ministère public entendu.

394. — Si un témoin ou un expert cité n'a pas pu se présenter pour cause de maladie ou pour autre cause grave, la cour ou le tribunal pourra déléguer, pour recevoir sa déposition ou sa déclaration, soit un de ses conseillers ou juges, soit un juge du tribunal dans le district duquel le témoin ou l'expert réside. Il sera toujours exclu pour cette mission à peine de nullité, le juge d'instruction qui a reçu la première déposition ou déclaration écrite : étant maintenue, quant aux préteurs, la disposition de l'art. 341.

L'inculpé, ou l'accusé, et la partie civile seront avertis, à peine de nullité, qu'ils peuvent se faire représenter dans l'acte de l'audition du témoin ou de l'expert : la personne qui les représente, si elle n'est pas chargée de leur défense ou si elle n'a pas été nommée à l'audience, devra être munie d'un mandat spécial, et exercera tous les droits qui leur compéteront.

Le témoin ou l'expert prêtera serment, à peine de

nullité, et de sa déposition ou déclaration il sera donné lecture à l'audience.

Quand la cour ou le tribunal ne croira pas devoir déléguer pour l'examen du témoin, ou de l'expert empêché, il devra faire donner lecture de sa déposition ou de sa déclaration écrite, si une des parties en cause le demandant l'autre ne s'y oppose pas.

295. — Si le juge délégué venait à reconnaître que l'empêchement prétexté est feint, ou qu'il n'est pas suffisant pour mettre le témoin ou l'expert dans l'impossibilité de comparaître à l'audience, il en informera immédiatement la cour, ou le tribunal ; qui pourra faire traduire le témoin ou l'expert à l'audience, avec le concours de la force publique, et le condamner aux dépens du transport du juge délégué et des personnes qui ont dû assister à cette procédure.

Les dispositions de cet article et du précédent sont applicables, sans préjudice de ce qui est prescrit dans l'art. 292.

296. — Quand on devra entendre un témoin, ou un expert inculpé dans un procès pour crime ou pour délit, on observera les dispositions de l'article 170. Toutefois dans les jugements pendants devant les cours ou les tribunaux, le sauf-conduit sera accordé par le président de la cour ou du tribunal devant qui les témoins ou les experts devront être entendus, avec l'obligation d'en donner immédiatement avis à la cour ou au tribunal qui a connu ou qui doit connaître du crime ou du délit imputé au témoin ou à l'expert, ou qui a prononcé contre lui l'arrestation personnelle.

§ 3. — *Du serment des témoins et des experts.*

297. — Les témoins, avant d'être entendus, prête-

ront, à peine de nullité, le serment *de dire toute la vérité, rien autre que la vérité.*

298. — Les experts, avant d'être entendus, prêteront, à peine de nullité, le serment de *bien et fidèlement procéder dans leurs opérations et de n'avoir d'autre intention que celle de faire connaître aux juges la pure vérité.*

299. — *(Modification apportée par la loi du 30 juin 1876.)* Le serment sera prêté par les témoins ou les experts, debouts, en présence des juges ; précédemment il leur sera fait une admonestation, par le président ou par le juge de paix, sur l'importance morale d'un tel acte, sur le lien religieux que les croyants comme eux contractent devant Dieu, et sur les peines établies contre les coupables de faux témoignages, de fausses expertises ou de réticences, dans les articles 365 (1), 366 (2), 367 (3) 369 (4) du code pénal.

Aux témoins ou aux experts, qui devront être entendus sans serment, il sera fait l'admonestion prescrite par le second paragraphe de l'article 172 (5).

(1) *Code pénal.* 365. — Voir la traduction de cet article, p. 94.

(2) *Code pénal.* 366. — Voir la traduction de cet article, p. 94.

(3) *Code pénal.* 367. — Les experts qui sciemment attesteront des faits faux ou de fausses circonstances, ou bien porteront frauduleusement un faux jugement, seront punis par les peines respectivement établies dans les deux précédents articles.

(4) *Code pénal.* 369. — Voir la traduction de cet article, p. 94.

(5) *Code de procédure pénale.* — 299. *(Ancien texte).* — Le serment sera prêté par les témoins ou les experts, debout, la main droite sur les saintes évangiles, a la présence des juges ; au prealable une sérieuse admonestation leur sera faite par le président, ou par le préteur, sur l'importance d'un tel acte et sur les peines établies contre les coupables de faux témoignages

300. — Les témoins qui auront déjà déposé sous serment dans les cas prévus par les articles 126, 128, 175 et 242, et les experts qui auront déjà donné leur rapport dans l'instruction préparatoire, ne prêteront pas de nouveau serment, il suffira qu'il leur soit rappelé celui déjà prêté, à moins qu'il s'agisse de l'examen, ou du jugement sur des faits sur lesquels ils n'ont pas été précédemment interrogés.

Il en sera de même pour les témoins ou les experts qui seront rappelés dans le cours des débats, ils ne prêteront pas de nouveau serment; il suffira qu'on leur renouvelle celui déjà prêté.

§ 4. — *De l'audition des témoins ou des experts.*

301. — Les témoins, avant leur audition, se retireront dans la chambre qui leur sera destinée et de laquelle ils ne peuvent ni voir ni entendre ce qui se fait dans la salle d'audience.

Ils seront, à peine de nullité, interrogés séparément, l'un après l'autre, de façon que le second ne soit pas présent à l'audition du premier, et ainsi successivement.

Ce sera au soin de qui préside aux débats d'ordonner, s'il le faut, les précautions opportunes pour empêcher les témoins de conférer entre eux, ou de communiquer avec aucun des intéressés avant leur audition.

---

de fausses expertises ou de réticences, dans les articles 365, 366, 367, 369 du code pénal.

Ceux qui ne sont pas catholiques prêteront le serment selon les rites de leur croyance.

Aux témoins ou aux experts qui devront être entendus sans serment, il sera fait l'admonestation prescrite par le second paragraphe de l'article 172.

302. — Le Président ou le préteur demandera aux témoins leur nom, prénom, surnom, le nom de leur père, leur âge, leur patrie, leur domicile et leur profession; s'ils connaissaient l'accusé ou l'inculpé avant le fait qui forme l'objet de l'inculpation ou de l'accusation; s'ils sont parents ou alliés de l'accusé ou de l'inculpé, ou bien de l'offensé et à quel degré; s'ils sont dépendants de l'un ou de l'autre.

Il procédera ensuite à leur audition sur la cause.

303. — L'accusé ou l'inculpé, le ministère public et la partie civile, pourront s'opposer à l'audition du témoin qui n'a pas été indiqué ou clairement désigné dans la liste déposée conformément à l'article 384; ou respectivement dans celle notifiée conformément au 4ᵉ paragraphe de l'article 468.

On pourra aussi s'opposer à l'audition d'un témoin qui se trouverait dans les conditions d'incapacité prévues par le § 1° du chapitre présent.

304. — Les témoins déposeront oralement à peine de nullité.

On pourra toutefois leur permettre de recourir à des notes ou à des mémoires, eu égard à la qualité des témoins et à la nature de la cause.

305. — Le témoin ne pourra être interrompu.

Après la déposition, l'inculpé ou l'accusé, ou ses défenseurs, pourront l'interroger par l'organe du magistrat qui dirige les débats, sur tout ce qu'ils croiront utile à leur intérêt. Ils pourront aussi procéder à leurs interrogations directement, quand ils en auront demandé et obtenu la permission du magistrat qui dirige les débats; celui-ci toutefois pourra défendre que l'on réponde aux questions qu'il estime inopportunes.

Le président ou le préteur pourra demander au témoin, ou à l'inculpé ou accusé, tous les éclaircissements qu'il croira nécessaires à la découverte de la vérité.

Le ministère public, les conseillers de la cour, et les juges du tribunal auront la même faculté, en demandant la parole au magistrat qui dirige le débat ; sauf, en ce qui concerne les jurés, les dispositions de l'art. 492.

La partie civile ne pourra faire des questions au témoin, ni à l'inculpé ou accusé, sinon par l'organe du président ou du préteur ; à moins qu'il ait demandé et obtenu la permission de les faire directement, en conformité de ce qui est dit dans le second paragraphe de cet article.

306. — Les témoins ne pourront s'interroger l'un l'autre.

307. — On peut procéder à la confrontation des témoins entre eux, quand ils sont en désaccord sur des circonstances essentielles.

308. — Chaque témoin, après sa déposition, restera dans la salle d'audience tant que ne sont pas terminés les débats.

Il ne peut être renvoyé par le président ou par le préteur, sauf du consentement des parties.

Au témoin ou aux témoins qui s'éloigneront sans en avoir obtenu la permission, sont applicables les dispositions des articles 291, 292 et 293.

309. — Le président ou le préteur pourront, sur la demande des parties ou aussi d'office, ordonner que les témoins entendus, qu'il désignera, se retirent dans un autre lieu pour être ensuite nouvellement entendus, soit séparément, soit en présence les uns des autres.

310. — Sont communes aux experts les dispositions des articles précédents relatives aux témoins.

Toutefois, lorsque la nature des questions le conseillera, le président ou le préteur pourront ordonner que les experts assistent aux débats ou à partie d'iceux, et ils pourront aussi les entendre en présence les uns des autres.

311. — Il est défendu, à peine de nullité, de donner lecture de la déposition écrite des témoins, sans distinction s'ils sont ou non portés dans la liste déposée ou notifiée aux termes des articles 384 et 468.

Sont exceptés de la présente disposition, les cas mentionnés dans les articles 126, 128. 175, 242 et les autres cas spécialement indiqués par la loi. Sont pareillement exceptés les cas dans lesquels on doit faire ressortir des changements, ou des variations survenues dans la déposition du témoin ; ou lorsqu'il s'agit de déposition de témoins morts ou absents du royaume ou dont la demeure est inconnue ; ou qui sont devenus incapables de déposer en justice, toutes les fois qu'ils ont été portés dans les listes susmentionnées.

Les parties pourront néanmoins consentir à ce que les dépositions écrites des témoins cités et ne comparaissant pas soient lues à titre de simples renseignements, ou d'éclaircissements ; sauf, dans le cas où le témoin n'a pas pu se présenter, la disposition du dernier alinéa de l'article 294.

§ 5. — *Des témoins faux ou coupables de réticences.*

312. — Si des débats il résulte que la déposition d'un témoin paraît fausse : ou si un témoin dans ses

dépositions cache la vérité sur un fait quand il résulte des débats qu'il en a connaissance, la cour ou le tribunal pourra, sur l'instance des parties, ou aussi d'office, ordonner que le témoin soit immédiatement arrêté, et que l'on procède contre lui aux termes des lois : à cet effet il déléguera un de ses conseillers ou un de ses juges.

L'instruction une fois complète, les actes en seront communiqués au ministère public, qui procédera selon les formes ordinaires.

313. — L'ordonnance dont il est parlé dans l'article précédent sera révoquée lorsque le témoin se rétracte ou révèle la vérité avant que le débat ne soit déclaré clos.

314. — Dans le cas prévu par l'article 312, la cour ou le tribunal pourra, à la requête du ministère public, de la partie civile, de l'inculpé ou de l'accusé, ou de son défenseur, ou aussi d'office ordonner immédiatement le renvoi de la cause à une autre audience.

315. — Lorsque le faux témoignage ou la réticence auront lieu dans les débats devant le préteur, celui-ci en dressera procès-verbal qui sera transmis au procureur du Roi pour tous les effets de la loi ; et suivant les circonstances, il pourra renvoyer la cause, ou continuer les débats.

Chapitre IV.

Des procès-verbaux des débats.

316. — Le greffier dressera procès-verbal des débats, dans lequel il énoncera, à peine de nullité :

La date du jour, le mois, l'an et le lieu ;

11

Les noms et prénoms des juges, de l'officier du ministère public, et des autres parties qui y auront assisté;

Les dépositions sommaires des témoins, des interprètes et des experts, et la mention du serment prêté;

Les réquisitions que le ministère public, l'inculpé ou accusé, et la partie civile auront faits dans le but de faire constater par le procès-verbal quelque circonstance spéciale des débats, ou quelque déposition ou déclaration de nature à fonder une action ultérieure;

Toutes autres demandes, ainsi que les conclusions du ministère public, de la partie civile, de l'inculpé ou accusé.

Les ordonnances rendues au cours des débats devront être transcrites en entier dans le procès-verbal.

Le procès-verbal sera signé par le président ou le préteur et par le greffier.

317. — Dans les débats devant les cours, le greffier n'aura pas à énoncer dans le procès-verbal les dépositions ou les déclarations des témoins ou des experts; il devra toutefois énoncer, à peine de nullité, et chaque fois qu'il en sera ainsi ordonné par le président ou requis par quelqu'une des parties, les explications, les changements, les additions que les témoins ou les experts auront faites à leurs précédentes dépositions ou déclarations, et les réponses de l'accusé.

Dans les débats devant les tribunaux ou les préteurs, le greffier, à peine de nullité, devra, dans chaque cas, énoncer succintement dans le procès-verbal les dépositions ou déclarations des témoins ou des experts, la confirmation, les variations et les additions qu'ils auront faites à leurs dépositions ou déclarations précédentes; ou toute autre circonstance qui résultera de leur interrogatoire et les réponses de l'inculpé.

Chapitre V.

De la sentence.

318. — La sentence sera prononcée immédiatement après les débats terminés, à peine de nullité.

319. — Les conseillers de la cour et les juges du tribunal délibéreront en chambre du conseil.

Le ministère public et le greffier n'assistent pas aux délibérations.

320. — Le Président soumettra premièrement à la délibération les questions de fait, et ensuite, s'il y a lieu, celles relatives à l'application de la loi : tous les juges devront voter sur cette dernière question quelle qu'ait été leur opinion sur celle de fait.

Le Président recueillera les votes, en commençant par le moins ancien des juges par ordre de nomination, et en continuant ainsi de suite.

Le président, ou celui qui en remplit les fonctions, sera le dernier à voter.

321. — Les questions de fait et de droit seront résolues à la majorité des votes : s'il y a égalité, l'avis le plus favorable à l'accusé prévaudra.

Dans le cas où le vote présentera plusieurs opinions dont aucune ne réunira la majorité des voix, les juges qui auront voté pour la peine la plus sévère se réuniront à ceux qui ont voté pour la peine moindre, se rapprochant le plus de la peine la plus sévère, de telle sorte qu'il puisse en résulter la majorité.

322. — Chaque sentence sera prononcée à haute voix en audience publique, par le président de la cour ou du tribunal, ou par le préteur, à peine de nullité.

La prononciation de la sentence en présence de l'accusé ou de l'inculpé, de la partie civile, ou de leur procureur spécial dans les cas où il est admis par la loi, tiendra lieu de notification. Tiendra aussi lieu de notification la prononciation faite en leur absence, quand ils ont été présents aux débats et qu'antérieurement à cette prononciation ils se sont éloignés. En dehors de ces cas la sentence sera notifiée dans les trois jours au plus tard, suivant la même règle que pour les citations.

Si l'inculpé ou l'accusé est présent, le président ou le préteur l'avertira de la faculté qui lui compète de faire appel, ou de se pourvoir en cassation suivant le cas, en lui indiquant les délais établis par la loi. De cet avertissement il sera fait mention dans le procès-verbal.

L'inculpé détenu sera reconduit en prison.

323. — Chaque sentence devra contenir :

1° Le nom et prénom de l'accusé ou de l'inculpé, le surnom s'il en a, le nom du père, le lieu de naissance, l'âge, la résidence ou le domicile ou la demeure, et la profession ;

2° L'énonciation des faits qui forment le sujet de l'inculpation ou de l'accusation ;

3° Les motifs sur lesquels la sentence est fondée;

4° La condamnation ou l'absolution, ou la déclaration qu'il n'y avait pas lieu de procéder, avec l'indication des articles de la loi appliqués ;

5° La date du jour, mois et an, et l'indication du lieu auquel elle a été prononcée ;

6° La signature des juges et du greffier.

Est nulle la sentence dans laquelle la personne de l'inculpé ou de l'accusé n'aura pas été suffisamment indiquée, ou bien dans laquelle il manquera quelqu'une des conditions requises suivant les prescriptions des paragraphes 2ᵉ, 3ᵉ, 4ᵉ, 5ᵉ et 6ᵉ.

Néanmoins, quant au paragraphe 6ᵉ, si après le prononcé de la sentence de la cour ou du tribunal, un des juges, par accident imprévu, se trouvait dans l'impossibilité d'y apposer sa signature, il en sera fait mention et le défaut de cette signature n'invalidera pas la sentence.

324. — Les dispositions des articles précédents ont lieu, sans préjudice de ce qui concerne particulièrement les délibérations et les sentences des cours d'assises avec l'intervention des jurés.

325. — La sentence sera écrite par le greffier, et présentée pour la signature dans les vingt-quatre heures au plus tard, aux juges qui l'ont prononcée, sous peine d'une amende de vingt-cinq francs contre le greffier.

La sentence devra être écrite sans aucune abréviation, ni aucun blanc; les renvois se mettront à la fin de la sentence, et avant les signatures des juges et du greffier. On ne pourra pas y faire des abrasions; s'il y a lieu de faire des ratures, elles se feront de façon à ce que l'on puisse lire les mots raturés; ces ratures seront approuvées, et il sera fait mention de leur nombre au bas de la sentence, avant les signatures.

Le greffier encourra, pour chaque contravention, une amende qui pourra s'élever à vingt-cinq francs.

326. — Le greffier qui expédiera copie d'une sentence avant qu'elle ait été signée comme il est prescrit ci-dessus, encourra une multe qui ne pourra être inférieure à trois cents francs, sauf, quand il y aura

les caractères du crime de faux, l'application de la première partie de l'art 345 du code pénal (1).

Il devra présenter tous les mois les minutes des sentences au procureur du Roi, lequel, dans les cas de contravention aux dispositions de cet article ou du précédent, dressera procès-verbal afin que l'on procède comme de droit.

327. — Le préteur transmettra au procureur du Roi expédition des sentences qu'il aura prononcées dans le délai de cinq jours de leur date, à moins que, en cas d'appel, il en ait déjà été transmis une expédition avec les pièces de la procédure (2).

Le procureur du Roi, après les avoir examinées, en fera le dépôt au greffe du tribunal.

328. — Le procureur du Roi devra transmettre tous les mois au procureur général un état ou une copie des sentences que le tribunal aura prononcées.

329. — Les minutes des sentences seront conservées dans des registres spéciaux et déposées au greffe de la cour, du tribunal, ou du préteur qui les a prononcées. Les sentences prononcées par les cours d'assises, dans les villes ou siège la cour d'appel, demeurent déposées au greffe de cette cour, et celles pronon-

---

(1) *Code pénal*. 345. — Le notaire ou autre officier public qui délivrera une expédition en forme légale d'un acte authentique qui n'aura pas encore reçu sa forme légale authentique ; ou qui commettra un faux dans une expédition légale ou authentique en la délivrant d'une manière contraire ou différente de l'original, bien que celui-ci n'ait été ni altéré ni dénaturé ; ou qui mentionnera de fausses déclarations d'enregistrement ou de paiement des droits dus au trésor public ; sera puni de la peine de la réclusion qui pourra être portée jusqu'a sept années.

(2) Il ne s'agit évidemment dans cet article et dans les suivants que des sentences pénales.   (*Note du trad.*)

cées dans les autres villes sont déposées au greffe du tribunal de la ville dans laquelle la cour d'assises est convoquée.

Une copie de la sentence sera jointe aux pièces de la procédure.

TITRE I.

DES PRÉTEURS.

———

Chapitre I.

Des diverses espèces de contraventions et des actes antérieurs à l'ouverture des débats.

330. — Sont soumises à l'action publique les contraventions indiquées dans l'article 685 (1) du code pénal et toutes les autres concernant l'ordre public.

Sont soumises à l'action privée les contraventions

(1) *Code pénal.* 685 — Sont en contravention :

1º Ceux qui, ayant laissé des matériaux ou choses analogues, ou fait des fouilles dans des lieux publics, ou dans les rues publiques, négligent de mettre les barrières nécessaires et de la lumière pendant la nuit ; et cela quand même les lieux ou les rues soient illuminés selon le mode ordinaire ;

2º Ceux qui, malgré l'injonction qui leur en a été faite par l'autorité compétente, négligent de réparer, ou de démolir les édifices qui menacent ruine ;

3º Ceux qui, dans les villes, bourgs, ou villages, par les fenêtres, par les galeries exté-

indiquées dans les articles 686 (1) et 687 (2) du code pénal, et toutes les autres contre les personnes ou contre les propriétés, pour lesquelles, à teneur des

rieures, des balcons ou des terrasses ; ou bien sur les places ou dans les rues, déchargent par divertissement, des fusils, pistolets ou autres armes analogues, ou lancent des pierres ;

4° Ceux qui devant leurs édifices, amassent, jettent ou répandent des matières nuisibles à cause de leurs exhalaisons insalubres ;

5° Ceux qui laissent circuler librement des fous confiés a leur garde ;

6° Ceux qui laissent libres et errants des animaux malfaisants ou feroces qui leur appartiennent ; et ceux qui omettent d'avertir l'autorité quand ils savent qu'est libre ou errant, quelque animal malfaisant ou féroce ;

7° Ceux qui, dans des lieux publics, maltraitent des animaux domestiques ;

8° Ceux qui dans les cas de troubles, de naufrages, d'inondations, d'incendies ou d'autres calamités auront refusé ou négligé de faire les travaux, ou les services, ou de prêter les secours pour lesquels ils auront été requis par l'autorité compétente ;

9° Ceux qui vendent des comestibles ou des boissons falsifiées, gâtees ou corrompues, quand bien même elles n'auraient produit aucun des effets qui ont été prévus par les art. 416 (*) et 417 (**) ;

10° Ceux qui cachent leur propre nom et surnom devant les autorités qui ont le droit de leur demander ; sauf la disposition de l'article 354 (***) ;

11° Ceux qui refusent de recevoir a leur valeur les monnaies ayant cours légal dans l'État ;

12° Ceux qui usent des poids et mesures différents de ceux établis par la loi ; et ceux qui détiennent de faux poids ou de fausses mesures, même sans en faire usage, dans les magasins, boutiques, fabriques, maisons de commerce, places, ou sur les foires ou marchés.

(1) *Code pénal.* 686. — Sont en contravention :

1° Ceux qui jetant imprudem-

(*) *Code pénal* 416. — Quiconque vendra des comestibles, des vins, des liqueurs ou d'autres boissons ayant été mélangées avec des matieres qui, par leur nature ou par leur melange, sont capables de nuire aux boissons ou aux aliments sera puni pour ce seul fait, d'un emprisonnement d'un mois à deux ans.

(**) *Code pénal* 417. — Seront punis des mêmes peines les voituriers, les bateliers, et ceux qui dépendent d'eux, ou toute autre per-

dispositions spéciales de la loi, l'on ne peut procéder que sur l'initiative de la partie qui a souffert l'offense ou le dommage. Ces dernières contraventions seront,

ment quoi que ce soit dans les rues publiques, ou dans d'autres lieux de passage, blessent ou salissent les personnes ;

2o Ceux qui usent contre les personnes de voies de fait ou de menaces ; ou se servent d'armes contre elles, alors cependant que ces faits ne constituent pas de crime ou de délit ;

3o Ceux qui, sans provocation, adressent a autrui une injure qui n'est pas réputée crime ou délit ; ou qui, étant provoqués, excedent par l'injure les limites de la provocation ;

4o Ceux qui, trouvant un enfant abandonné ou perdu, ne le conduisent pas ou ne le portent pas au maire du lieu le plus proche ou à l'officier de sécurité publique ; sauf les peines plus fortes dans les cas prévus par l'article 507 (****).

(2 *de la page précéd....*). *Code pénal.* 687. — Sont en contravention :

1o Ceux qui lancent des pierres ou autres corps, ou des immondices, dans les jardins ou dans les enclos d'autrui ; ou contre les fenêtres. portes, murailles des maisons ou refuges d'autrui ; ou des édifices publics ; ou qui font à dessein des ordures de nature à en gâter ou à en dénaturer les ornements ou la propreté ;

2o Ceux qui sans permission, entrent pour un motif quelconque dans la propriété d'autrui close de murs, de haies, de fossés ou d'autres défenses semblables ; ou qui y font passer des bêtes ;

Cette contravention cesse, dans le cas de passage, si la voie publique est rendue absolument impraticable par la faute de tout autre que de celui qui passe dans la propriété d'autrui ;

3o Ceux qui, sans la permission voulue, et en dehors des cas indiqués dans les articles

---

sonne chargée du transport de vins, de spiritueux, ou liqueurs, ou autres marchandises à eux confiées, lorsque pendant le transport ils en auront alteré la nature par le melange de substances nuisibles.

(*** *de la page précéd*) *Code penal* 354 — Quiconque prendra de faux noms ou de fausses qualites dans un passe-port, ou qui concourra

comme témoin à faire délivrer un passe-port de ce genre, sera puni d'un emprisonnement qui ne pourra être inférieur à un mois.

(****) *Code pénal.* 507 — Celui qui, ayant trouvé un enfant nouveau né, n'en fait pas, au terme de la loi ou des reglements sur l'etat civil, la remise au maire de la commune ou l'enfant a été retrouvé, est puni

s'il y a lieu, constatées aussi par les officiers mentionnés dans les articles 58 et 62 et suivant le mode prescrit par les articles 59 et 67.

624 (***) et 625 (****), glanent, ou grapillent dans les champs d'autrui, non encore dépouillés entierement de la récolte;

4° Ceux qui occasionneront la mort ou blesseront des animaux appartenant à autrui; ou laisseront circuler librement des fous; ou qui auront donné lieu à des accidents par la rapidité, la mauvaise direction, ou la charge trop lourde des voitures, chevaux ou autres animaux; ou bien qui auront laissé libres et errantes des bêtes malfaisantes ou féroces.

---

d'un emprisonnement qui pourra être porté à trois mois.

Cette disposition n'est pas applicable à celui qui consent à se charger de la garde de l'enfant et qui en aura fait la déclaration au maire.

(***) *Code pénal.* 624. — Le vol de charrues, d'instruments aratoires, de produits ou fruits détachés du sol, ou de la plante, de bois dans les coupes, de ruches à miel, de plantes dans les pépinieres, de poissons gardés dans les pêcheries, étangs ou autres lieux semblables, de marchandises ou effets exposés à la bonne foi publique ou dans les campagnes, ou sur les chemins ou sur les foires, ou sur les marchés, ou dans d'autres lieux publics, sera puni de la peine d'emprisonnement qui ne sera pas moindre de six mois si le vol a été commis le jour et non moindre d'un an, s'il a éte commis la nuit

(****) *Code pénal.* 625 — En dehors des cas prévus dans l'article précédent, pour les vols commis dans les campagnes de produits ou fruits, de plantes, de bois et d'autres choses de la même nature, les regles suivantes seront observées .

1° Si la valeur de la chose volée n'excede pas vingt francs et que le vol ait été commis de jour, le coupable sera puni d'une peine de police qui pourra être portée au double du MAXIMUM dans le cas prévu par l'art 115 (*****) et qui sera toujours du MAXIMUM desdites peines si le vol a éte commis de nuit,

2° Si la valeur de la chose volée excède vingt francs et ne dépasse pas cent francs, la peine sera l'emprisonnement de un à deux mois,

3° Si la valeur de la chose volée excede cent francs, le coupable sera sujet à une peine d'emprisonnement non inférieure à trois mois et à la surveillance spéciale de la sécurite publique *(haute police)*

La même peine sera toujours applicable en cas de récidive quelle que soit la valeur de la chose volée tant de jour que de nuit

---

(*****) *Code pénal* 115 — Dans le concours de deux contraventions ou de davantage, seront simultanément appliquees les peines correspondant a chaque contravention, pourvu que dans les peines du meme genre on n'excède pas de la moitié le MAXIMUM fixé par la loi s'il s'agit de deux contraventions seulement et qu'il ne soit pas excédé le double du MAXIMUM si les contraventions sont en nombre superieur à deux.

331. — Les citations pour faits de la compétence des préteurs seront données à la requête du ministère public, ou par ordre du préteur, quand il s'agit de faits soumis à l'action publique ; quand il s'agit de faits soumis à l'action privée, la citation sera donnée à la requête de la partie plaignante, ou également, sur l'instance de celle-ci, à la requête du ministère public.

332. — L'acte de citation contiendra, à peine de nullité :

1° La date du jour, mois et an, et le lieu ;

2° L'indication de la partie publique ou privée qui requiert, ou du préteur qui ordonne la citation ;

3° Le nom et prénom de la personne citée ; le surnom, s'il en a ; sa profession ; sa résidence et son domicile, ou sa demeure ;

4° L'exposition succinte du fait incriminé, et l'indication de l'article de loi dont on requiert l'application ;

5° La désignation du lieu, du jour et de l'heure de l'audience ;

6° L'avertissement à la personne citée de comparaître en personne, ou, s'il s'agit de contravention, par l'intermédiaire d'un procureur spécial, de présenter à la même audience ses témoins et de fournir les autres preuves à charge ;

7° La mention de l'ordonnance de renvoi de la cause au préteur, dans tous les cas où le renvoi a eu lieu ;

L'acte de citation sera signé au bas par l'huissier.

333. — Les nullités dérivant du défaut, dans l'acte de citation de quelqu'une des formalités indiquées dans le précédent article, sont couvertes par la comparution de l'inculpé ; dans le cas où par l'omission de ce qui est prescrit au numéro 4°, il y aurait incer-

titude sur l'objet de la citation, l'exception de nullité devra être proposée avant toute autre : en cas contraire elle sera également couverte.

334. — Le délai pour comparaître ne sera pas moindre de trois jours, outre un jour pour chaque trois myriamètres de distance du lieu de la résidence ou du domicile ou de la demeure de l'inculpé, à celui de la comparution ; non compris, dans ledit délai, les jours de la notification et de l'échéance.

La sentence prononcée par défaut avant l'expiration de ce délai sera nulle. Néanmoins la nullité demeurera couverte si elle n'est pas proposée dans l'acte d'opposition prévu par l'article 348, et avant toute autre exception ou défense.

Dans les cas urgents, les délais pourront être abrégés et les parties citées à comparaître aussi aux jour et heure indiqués par la cédule de citation délivrée par le préteur.

335. — La citation sera signifiée à l'inculpé dans les formes prescrites pour les mandats de comparution.

Si la citation est donnée à la requête du ministère public, ou par ordre du préteur, elle assignera également la partie qui a souffert le dommage ou l'offense, afin que, si elle le désire, celle-ci puisse intervenir dans l'instance.

Les parties pourront aussi comparaître volontairement, ou sur simple avis, sans qu'il soit besoin de citation.

Si la citation est donnée pour un fait de la compétence du préteur, on observera les dispositions des articles 376, 378, 379, 380, 381, 382 et 383.

336. — Le préteur pourra, avant l'audience ou aussi avant la citation, faire estimer les dommages ;

procéder à la visite des lieux, ou commettre quelqu'un pour qu'il y soit procédé ; ordonner et faire tous autres actes qui requièrent célérité, ou qui lui paraîtront nécessaires afin que les preuves du fait ne disparaissent pas.

337. — Le ministère public, si le fait incriminé est soumis à l'action publique, ou si la citation est donnée à sa requête mais sur l'instance de la partie lésée, peut faire citer, pour qu'ils comparaissent à l'audience, les témoins qu'il juge nécessaires. L'inculpé et la partie civile peuvent aussi présenter leurs témoins sans citation.

Chapitre II.

Des débats et du jugement.

338. — La discussion a lieu selon les règles établies dans les *dispositions générales* de ce livre II.

339. — Les faits incriminés se prouveront soit par procès-verbaux ou rapports, soit par témoins, ou par tout autre moyen non défendu par la loi.

340. — Les procès-verbaux et rapports dressés par les officiers de police judiciaire feront foi des faits matériels relatifs aux faits incriminés jusqu'à preuve contraire.

Néanmoins les procès-verbaux signés par un seul des officiers de police judiciaire indiqués dans l'article 58 feront foi alors seulement qu'il s'y joindra le concours de quelque preuve indiscutable ; dans les autres cas, ces procès-verbaux ne vaudront que comme simple dénonciation.

341. — Si dans la discussion de la cause de nouveaux documents sont indiqués, ou si de nouveaux

témoins paraissent nécessaires pour l'élucidation du fait ; ou si quelqu'un des témoins indispensables n'a pas comparu, le préteur pourra faire présenter les documents, et faire citer les témoins ; s'il y a lieu, la cause sera renvoyée à une autre audience.

342. — Les débats étant terminés, le préteur prononcera la sentence.

343. — Si l'existence du fait incriminé est écartée, ou si ce fait ne constitue pas, aux termes de la loi, un délit ; ou si l'action pénale est prescrite ou éteinte ; le préteur déclarera n'y avoir pas lieu à procéder.

344. — S'il résulte des débats que l'inculpé n'est pas l'auteur du délit et qu'il n'y a pris aucune part, ou si sa culpabilité n'est pas prouvée, le préteur l'acquittera de l'inculpation.

345. — Si le fait constitue un délit excédant la compétence du préteur, il le déclarera, et transmettra les actes au procureur du Roi.

Dans ce cas, si le préteur procède par ordonnance, ou par sentence de renvoi du juge d'instruction, à la chambre du conseil, ou à la chambre des mises en accusation, et si la déclaration d'incompétence a été rendue pour qualifications différentes du fait incriminé, les actes de la procédure seront transmis, par le procureur du Roi, à la cour de cassation, afin qu'elle statue sur la question de compétence comme en cas de conflit.

Si au contraire la déclaration d'incompétence est motivée sur des circonstances nouvelles résultant des débats ; ou s'il n'est pas encore intervenu sur le fait (1) d'ordonnance du juge d'instruction ou de la

____

(1) Sous-entendu : *qui la motive*. (*Note du trad.*)

chambre du conseil, ou d'arrêt de la chambre des mises en accusation, le procureur du Roi provoquera une nouvelle instruction, aux termes de la loi.

346. — Quand le préteur procédera ensuite du renvoi prévu par l'article 252, si les circonstances atténuantes admises par l'ordonnance de renvoi, ne résultent pas des débats, il devra retenir la cause et pourra augmenter la durée des arrêts et de l'amende s'il s'agit de contraventions ; s'agissant au contraire de délits, il pourra appliquer la prison, le confinement (1) ou l'exil local, jusqu'à la durée de six mois, et étendre la multe jusqu'à six cents francs.

Et si par des circonstances nouvelles, il résultait que le fait constitue un délit de qualification différente excédant la compétence du préteur, on observerait les règles de l'article précédent.

347. — Si l'inculpé ne comparaît pas au jour et à l'heure mentionnés dans l'acte de citation, et s'il ne justifie d'aucun empêchement légitime, il sera jugé par défaut et sans qu'il puisse intervenir pour lui aucun défenseur.

348. — La discussion aura lieu selon l'ordre établi dans les paragraphes 2,3,4,6,7,8,9,10 de l'article 281 ; sans qu'on puisse entendre les témoins ou les experts, ni recevoir les conclusions ou les documents qui seront présentés au nom de l'inculpé.

---

(1) Les peines *correctionnelles* sont :

L'EMPRISONNEMENT,
La GARDE,
Le CONFINEMENT,
L'EXIL LOCAL,
La SUSPENSION DE L'EXERCICE DES OFFICES PUBLICS,
La MULTE.
(Art. 22 du Code pén.)

Les peines de *simple police* sont :
Les ARRÊTS,
L'AMENDE.
(Art. 35 du Code pén.)

Quant à la sentence, on observera les prescriptions des articles 318, 322 et suivants.

Cette sentence sera notifiée au condamné dans les formes établies par la citation.

349. — Le condamné par défaut en vertu d'un jugement dont il n'est pas permis d'appeler, pourra y faire opposition dans les cinq jours qui suivront sa notification, par un acte présenté au préteur, dans lequel seront cités ses exceptions et ses moyens de défense. Ce délai sera augmenté d'un jour par chaque trois myriamètres de distance. Au bas de l'acte d'opposition le préteur, par ordonnance, fixera l'audience.

Dans les trois jours suivants, une copie dudit acte sera notifiée, à la diligence de l'opposant, à la partie civile qui a requise la citation ; la notification au ministère public sera faite par le greffier.

Cette notification tiendra lieu de citation aux parties pour comparaître à l'audience fixée.

350. — Si l'opposant comparaît, on appliquera les dispositions des paragraphes 2 et 3 de l'article 390.

351. — Si l'opposant ne comparaît pas à l'audience fixée, il sera prononcé un jugement par lequel il sera ordonné l'exécution de celui prononcé par défaut.

Ce second jugement ne pourra plus être attaqué, sauf par le recours en cassation.

352. — Dans les cas auxquels il ne peut être procédé que sur la demande de la partie qui a souffert l'offense, si celle-ci, après avoir cité directement l'inculpé ou s'être constitué partie civile, ne se présente pas, l'inculpé pourra demander d'être renvoyé des fins de la plainte ; la partie civile sera condamnée aux dépens, et même à des dommages-intérêts selon le cas.

Elle pourra toutefois faire opposition au jugement prononcé par défaut dans les cas, formes et délais ci-dessus établis.

Cette disposition ne préjudicie pas à l'exercice de l'action pénale de la part du ministère public, suivant les règles établies par le présent code.

Chapitre III.

De l'appel des jugements des préteurs.

353. — Pourront appeler des jugements prononcés par les préteurs, aux tribunaux correctionnels :

1° L'inculpé, alors qu'il s'agit de délits, ou bien qu'il s'agit de contraventions pour lesquelles a été infligée la peine des arrêts ;

2° — *(Modification apportée par le décret du 28 janvier 1866.)* Le ministère public près le préteur quand il s'agit de délits ; ou bien que s'agissant de contraventions, il aura requis l'application de la peine des arrêts et que l'inculpé aura été acquitté, ou qu'il aura été déclaré n'y avoir pas lieu de suivre (1).

La même faculté est accordée au ministère public près le tribunal qui doit connaître de l'appel, nonobstant le silence et l'acquiescement du ministère public près le préteur.

3° La partie civile et l'inculpé en ce qui concerne la somme des dommages-intérêts, lorsque celle demandée excède trente francs.

(1)*Code de procédure pénale.* —353. (*Ancien texte*) — « 2° Le ministère public près le préteur, quand il aura requis l'application d'une des peines susdites, et que l'inculpé aura été absous, ou que l'on aura déclaré n'y avoir pas lieu de procéder contre lui. »

La disposition de l'art. 400 s'applique à l'appel des jugements préparatoires, ou interlocutoires des préteurs.

354. — Durant les délais pour appeler et présenter les motifs d'appel, comme aussi durant le jugement d'appel, l'exécution de la sentence dont est appel sera suspendue.

Si l'inculpé détenu a été acquitté, ou s'il a été déclaré n'y avoir pas lieu de procéder contre lui, il sera immédiatement mis en liberté nonobstant appel.

355. — Le délai pour interjeter appel sera de trois jours, outre un jour par chaque trois myriamètres. Ce délai courra, pour le ministère public, de la prononciation de la sentence en audience publique, et pour l'inculpé et la partie civile, du même jour s'ils ont été présents aux débats, ou de la signification de la sentence s'ils étaient absents, suivant la prescription du 2° paragraphe de l'art. 322.

Dans le cas prévu par l'alinéa du paragraphe 2° de l'art. 353, le délai pour appeler sera de dix jours à partir de celui de la prononciation du jugement.

356. — Les motifs de l'appel seront énoncés dans l'acte d'appel ou par acte séparé, à présenter au greffe du prétoire, dans les trois jours qui suivront l'acte d'appel.

Dans l'un et dans l'autre cas, l'inculpé et la partie civile pourront, dans le même acte, nommer pour les représenter un avocat ou un procureur exerçant devant le tribunal.

357. — Si la déclaration d'appel ou la présentation des motifs n'ont pas été faites dans les délais ci-dessus établis, le tribunal ordonnera l'exécution du jugement.

Si la déclaration d'appel et la présentation des motifs ont eu lieu dans les délais établis, de nouveaux motifs pourront y être adjoints, mais ils devront être déposés au greffe du tribunal au moins trois jours avant la discussion de l'appel.

358. — Les dispositions des art. 400 et 403 sont applicables aux appels mentionnés dans ce chapitre.

359. — Le greffier du préteur devra transmettre, sans retard, au procureur du Roi les actes de la procédure, ensemble avec la copie de la sentence et de la déclaration d'appel, et les motifs d'appel, bien que l'acte de désignation de l'avocat ou du procureur (1) ait suivi séparément.

360. — Le procureur du Roi examinera les actes (2).

Si l'appel interjeté par l'officier du ministère public lui semble fondé, il requerra, dans les quinze jours de l'acte d'appel, que l'inculpé soit cité à comparaître devant le tribunal ; passé ce délai, l'appel du ministère public ne sera plus recevable.

Les motifs d'appel du ministère public seront, à peine de déchéance, joints aux actes de la procédure, à moins que le procureur du Roi ne les ait exposés dans la requête de citation.

Le procureur du Roi fera les mêmes réquisitions, dans le délai susmentionné, quand l'appel aura été interjeté par l'inculpé pour la condamnation pénale seulement.

361. — Dans les deux cas dont il est parlé dans l'article précédent, le procureur du Roi devra faire noti-

(1) Sous entendu *chargé de représenter* l'appelant — conf. a l'art. 356-82.
(2) Sous entendu *de la procédure*.

(Notes du trad.)

fier à la partie civile le jour fixé pour l'audience, afin qu'elle intervienne dans le jugement, si elle le croit de son intérêt.

Si l'appel de l'inculpé comprend la condamnation pénale et les dommages-intérêts, le procureur du Roi requerra la citation de toutes les parties en cause.

L'ordonnance de citation sera délivrée par le président. Le délai pour comparaître sera de dix jours au moins.

Dans la même ordonnance, on avertira les parties qu'elles peuvent prendre communication des actes de la procédure au greffe du tribunal.

La citation et la notification se feront dans la forme établie par l'art. 335.

362. — A l'audience, le juge nommé par le président fera un rapport sur l'affaire.

Dans la discussion on observera les règles des articles 281, 282, 283, moins l'examen des témoins et des experts : mais l'appelant sera toujours entendu le premier.

363. — Les débats étant terminés, le tribunal prononcera son jugement.

Cependant, quand il croira nécessaire d'entendre de nouveau les témoins appelés dans le premier jugement, ou encore d'en interroger d'autres soit à charge, soit à décharge, il pourra ordonner qu'ils soient cités à comparaître à l'audience qu'il déterminera. La citation des témoins et des parties sera donnée à la diligence du ministère public.

364. — Si le tribunal reconnaît que le fait incriminé est de nature à entraîner une peine excédant la compétence du préteur, il le déclarera et transmettra les actes à la cour de cassation, lorsque le préteur aura

procédé par ordonnance ou jugement de renvoi, et que la déclaration d'incompétence aura été rendue pour qualification différente du délit. La cour de cassation résoudra alors, comme en cas de conflit, la question de compétence.

Si au contraire la déclaration d'incompétence est motivée sur des circonstances nouvelles résultant des débats devant le préteur ou le tribunal, ou s'il n'est pas encore intervenu sur le fait une ordonnance ou un jugement de renvoi, la cour de cassation annulera le jugement et ordonnera qu'il soit procédé selon les formes prescrites par la loi.

Cette disposition n'est pas applicable et la peine ne pourra pas être augmentée, si l'appel a été interjeté seulement par l'inculpé.

365. — Si le tribunal reconnaît que le préteur était incompétent, il annulera le jugement et renverra la cause devant le préteur compétent.

S'il reconnaît que le préteur, étant compétent, a déclaré néanmoins ne pas l'être, il annulera le jugement et prononcera dans l'espèce. Il fera de même dans le cas de violation ou d'omission des formes prescrites par la loi à peine de nullité.

366. — Si le tribunal reconnaît que l'appel interjeté seulement pour incompétence ou pour violation ou pour omission de formes prescrites à peine de nullité, n'est pas fondé, il le déclarera et renverra la cause au préteur.

Quand l'appel a été interjeté pour incompétence, ou pour violation ou omission de formes prescrites à peine de nullité et en même temps pour mal jugé au fond, si le tribunal reconnaît que les motifs d'incompétence ou de violation ou omission de formes ne sont pas fondés, il le déclarera, et prononcera sur le fond conformément à l'article suivant.

367. — Si l'appel ne vise que le fond, le tribunal prononcera, modifiant ou confirmant la sentence.

S'il confirme la sentence, il renverra la cause devant le préteur pour son exécution.

368. — Si l'inculpé ou la partie civile régulièrement cités, ne comparaissent pas, il sera procédé au jugement par défaut sans intervention de défenseur pour le défaillant.

Cependant lorsque la partie civile n'aura pas comparu à la suite de la notification dont il est parlé dans la première partie de l'art. 361, le jugement sera rendu en son absence, et il en sera fait mention dans le procès-verbal d'audience.

Contre le jugement de défaut prononcé en appel, l'opposition ne sera pas admise, sauf seulement, s'il y a lieu, le recours en cassation.

369. — Devant la cour de cassation ne pourront plus être proposées que les nullités relevées dans le jugement d'appel. Celles produites devant le préteur ne pourront être proposées devant la cour de cassation que dans le cas où la sentence du préteur était non susceptible d'appel; ou que les nullités, s'étant produites devant le tribunal, celui-ci ne les aura pas réparées.

370. — Si l'appel a été interjeté par la partie civile seule, ou par l'inculpé mais seulement pour son intérêt civil, on observera, pour l'instruction et pour le jugement, les lois sur la procédure civile en matière sommaire; sauf toutefois quant au mode et au délai de l'acte d'appel, les dispositions du présent code.

Le délai pour la citation d'appel commencera à courir du jour de l'acte d'appel.

TITRE II.

DES TRIBUNAUX CORRECTIONNELS.

Chapitre I.

*De la procédure devant ces tribunaux et de la
citation de l'inculpé.*

371. — Les tribunaux correctionnels connaîtront
des délits de leur compétence :

Ou par suite du renvoi de la cause qui leur aura été
faite par jugement ou par ordonnance, et à la requête
du ministère public;

Ou par suite de citation faite directement à l'inculpé, à la requête du ministère public quand il s'agit
de fait soumis à l'action publique; et dans le cas contraire, à la requête de la partie lésée, et encore du
ministère public sur l'instance de celle-ci. La faculté
de requérir par voie de citation directe cesse alors
que le juge d'instruction aura déjà procédé à quelque
acte d'instruction ou délégué l'instruction au préteur, ou bien dans le cas où l'arrestation de l'inculpé
aurait eu lieu sur le rapport de la chambre du conseil
prescrit par l'article 197.

372. — La citation sera donnée en vertu d'une ordonnance du président rendue à la suite de la requête
de la partie lésée, ou d'un réquisitoire du ministère
public.

La partie lésée devra, dans sa requête, élire domicile
dans le lieu où siège le tribunal et faire la déclaration mentionnée dans l'art. 110.

La requête devra, en outre, contenir sommairement l'exposé des faits et l'indication des preuves, et, suivant le cas, la mention du jugement et de l'ordonnance de renvoi prévue par l'article précédent. Cette disposition est commune aux réquisitoires du ministère public.

373. — L'acte de citation contiendra à peine de nullité :

1° La date du jour, mois et an, et le lieu ;

2° L'indication de la partie publique, et, en cas d'empêchement, à la requête de qui elle est faite ;

3° Le nom et le prénom de la personne citée ; le surnom, s'il en a ; sa profession ; sa résidence ou son domicile ; ou sa demeure ;

4° L'énonciation sommaire du fait incriminé, et l'indication de l'article de loi dont on requiert l'application ;

5° L'indication du lieu, jour et heure auxquels la personne citée devra comparaître, et le délai dans lequel doit être présentée la liste des témoins ou des experts.

L'acte de citation sera dressé à la suite de l'ordonnance et sera signé par l'huissier, qui devra laisser copie du tout à la personne citée.

374. — Aux nullités dérivant des défauts dans l'acte de citation de quelqu'une des formalités indiquées au précédent article, sont applicables les dispositions de l'art. 333.

375. — Entre la citation et le jour fixé pour la comparution il sera observé un délai de huit jours au moins, outre un jour pour chaque trois myriamètres de distance, à peine de nullité de la condamnation qui serait prononcée par défaut contre la per-

sonne citée. Toutefois cette nullité ne pourra être demandée qu'à la première audience et avant toute exception et défense.

376. — Si l'inculpé contre lequel il a été lancé un mandat d'arrêt n'a pas été arrêté, il sera cité dans les formes prescrites par l'art. 527; avec la seule différence que l'affichage que ledit article prescrit de faire à la porte de la salle d'audience de la cour, devra se faire à la porte de la salle d'audience du tribunal.

377. — Lorsque l'inculpé aura été mis en liberté, conformément aux termes des paragraphes 8 et 9, chap. V, tit. II du livre I et, s'il y a lieu, la notification au fidéjusseur se fera au domicile élu d'après les dispositions des articles 204 et 222.

378. — Si l'inculpé est détenu, l'huissier lui notifiera la citation à la prison, et lui en laissera copie.

379. — Le greffier recevra la déclaration du détenu relative au choix d'un défenseur, auquel il en donnera avis; il dressera du tout procès-verbal.

380. — En tout autre cas la citation sera signifiée à l'inculpé dans les formes prescrites pour les mandats de comparution.

381. — Si la citation est donnée à la requête du Procureur du roi, la partie qui a souffert l'offense ou le dommage sera assignée pour intervenir en cause si elle le veut.

382. — L'inculpé, qui sera cité dans le cas prévu par l'art. 376 et suivant les formes y établies, devra se constituer prisonnier, sans cela il ne sera point entendu, pas plus que son défenseur.

Les dispositions de l'art. 379 lui sont applicables.

383. — L'inculpé, la partie civile ou leur défenseur ou fondé de pouvoirs pourront, pendant le délai fixé

dans la citation, prendre connaissance au greffe des actes et des documents de la cause.

Le président du tribunal pourra en outre, sur la requête des parties et à leurs frais, leur faire délivrer copie des actes et des documents qui leur seront utiles.

384. — Les listes des témoins et des experts que le Procureur du roi, la partie civile et l'inculpé désireront faire entendre à l'audience, seront déposées au greffe assez à temps pour que les témoins puissent être cités à comparaître à l'audience, au moins trois jours avant cette audience.

Les parties pourront prendre connaissance de ces listes ainsi qu'il est dit dans l'article précédent.

Si dans ces listes sont compris des témoins ou des experts non encore entendus dans l'instruction préparatoire, on y énoncera sommairement les faits ou les circonstances sur lesquels ils doivent être interrogés.

385. — Lorsque l'inculpé ou la partie civile justifie de son indigence, le président ordonnera que les témoins ou les experts qu'il voudra faire entendre à l'audience soient cités aux frais du Trésor.

Si la liste des témoins est trop étendue, le président, après avoir entendu la partie en cause ou son défenseur, ordonnera que cette liste soit réduite à un chiffre plus restreint ; et si la partie ne s'exécute pas, il réduira lui-même la liste au nombre de témoins qu'il croira suffisants, sauf à la partie le droit de présenter ses observations au tribunal, aux termes de l'art. 281, N° 4.

Chapitre II.

Des débats et du jugement.

386. — Au jour fixé pour l'audience, si la cause est portée devant le tribunal en suite d'une citation donnée à la requête de la partie civile, son fondé de pouvoir exposera les faits ; dans tous les autres cas prévus par l'article 371, les faits seront exposés par le procureur du roi.

387. — A la preuve des délits sont applicables les dispositions des articles 339 et 340.

388. — Si l'inculpé légalement cité ne comparaît pas, il sera jugé par défaut dans les formes établies par les articles 347 et 348.

Le jugement lui sera notifié dans le plus bref délai à la diligence du procureur du roi dans les formes prescrites par les articles 376, 377 et 380.

389. — La personne condamnée par défaut en vertu du jugement contre lequel l'appel n'est pas recevable, pourra faire opposition dans les dix jours de la notification qui lui en aura été faite, outre un jour pour chaque trois myriamètres de distance.

Si le jugement n'a pas été notifié à la personne du condamné, l'opposition sera admise pendant un mois, à partir de la notification.

La requête en opposition sera présentée au greffe du tribunal, elle sera signée par un avocat, ou par un procureur exerçant devant le tribunal, et contiendra les motifs et les moyens de défense.

Les notifications relatives à la cause seront faites audit avocat ou audit procureur, si l'opposant n'a pas fait élection de domicile.

390. — Le Président, à la requête du ministère public, fixera dans son ordonnance le jour de l'audience.

A la diligence du ministère public l'ordonnance qui fixera l'audience sera notifiée à l'opposant et à la partie civile; à celle-ci sera également notifiée la requête en opposition.

Si le prévenu qui a fait opposition comparaît, il sera donné lecture du procès-verbal des premiers débats; pour le reste, l'instruction de l'affaire se fera contradictoirement; et la condamnation par défaut sera comme non avenue.

Néanmoins les frais de l'expédition et de la notification du jugement par défaut et de l'opposition seront toujours à la charge de l'opposant.

Si l'opposant ne comparaît pas, il sera rendu un jugement par lequel on ordonnera l'exécution de la sentence par défaut. Ce second jugement ne pourra plus être attaqué, sauf, s'il y a lieu, par le recours en cassation.

Le tribunal pourra, si les circonstances l'exigent, ordonner des mesures propres à garantir les payements des dépens et des dommages-intérêts prononcés par le jugement; ces mesures seront exécutoires nonobstant appel.

391. — Les dispositions de l'art. 352 sont communes aux jugements par défaut prononcés par les tribunaux correctionnels.

392. — Du reste, pour la discussion publique on observera les règles établies dans les dispositions générales du présent livre II. Les débats terminés, le tribunal prononcera son jugement.

393. — Si l'existence du fait incriminé est écartée, ou si le fait ne constitue ni délit ni contravention;

ou si l'action pénale est prescrite ou éteinte d'une autre manière ; le tribunal déclarera qu'il n'y a pas lieu de procéder.

S'il résulte des débats que l'inculpé n'a pas commis le fait qui lui est reproché, et qu'il n'y a pris aucune part, ou si sa culpabilité n'est pas prouvée, il sera acquitté.

394. — Si le fait constitue un délit de la compétence du préteur, et si l'inculpé, ou le ministère public, ou la partie civile ne demandent pas le renvoi, le tribunal appliquera la peine prescrite par la loi, et statuera sur les demandes ou dommages-intérêts. En ce cas le jugement sera en dernier ressort.

395. — Si le tribunal reconnaît que le fait constitue un crime ou un délit de la compétence de la cour d'assises, il le déclarera et transmettra les pièces de la procédure à la cour de cassation, lorsqu'on aura procédé par ordonnance, ou par jugement de renvoi, et que la déclaration d'incompétence aura été rendue pour qualification différente du fait. La cour de cassation résoudra la question de compétence, comme en matière de conflit.

Si le tribunal a été saisi par citation directe, ou si la déclaration d'incompétence est motivée par de nouvelles circonstances résultant des débats, la cause sera renvoyée au juge d'instruction compétent pour qu'il procède aux termes de la loi.

Dans le cas de crimes, s'il existe des indices suffisants des faits incriminés, le tribunal pourra lancer immédiatement un mandat d'arrêt en conformité des dispositions de l'art. 182.

396. — Lorsque le tribunal statuera à la suite du renvoi de l'affaire qui lui aura été fait en vertu de

l'art. 440, si les circonstances atténuantes admises par la chambre des mises en accusation sont écartées des débats, il devra retenir la cause et pourra étendre la durée de la prison à dix ans ; sauf les dispositions de l'article précédent, lorsqu'il résulte de circonstances nouvelles que le fait incriminé devant être qualifié autrement se trouve de la compétence de la cour d'assises.

397. — Si le fait constitue un délit de la compétence du tribunal correctionnel, et si la culpabilité de l'inculpé est établie, le tribunal appliquera la peine.

Chapitre III.

De l'appel des jugements des tribunaux (correctionnels).

398. — L'appel des jugements prononcés par les tribunaux correctionnels sera porté devant les cours d'appel.

399. — La faculté d'appeler appartiendra :

1° Au condamné, excepté qu'il s'agisse de délits punissables d'une peine pécuniaire n'excédant pas six cents francs, y compris la valeur des objets confisqués, lorsqu'il n'est pas accompagné d'une autre peine correctionnelle ;

2° Au ministère public près le tribunal, dans les limites établies par le paragraphe précédent.

La même faculté est accordée au ministère public par la cour qui doit connaître de l'appel ; nonobstant le silence du Procureur du roi, ou son adhésion à l'exécution de la sentence ;

3° A la partie civile et à l'inculpé, pour ce qui regarde la somme des dommages-intérêts, mais seulement quand cette somme demandée excédera quinze cents francs.

L'appel sera cependant recevable quand la somme demandée pour dommages-intérêts est inférieure à quinze cents francs, toutes les fois qu'il y aura également appel relativement à l'action pénale de la part du ministère public.

400. — L'appel des jugements préparatoires ou interlocutoires ne pourra être formé qu'après le jugement définitif, et conjointement avec l'appel de ce jugement.

Si le jugement définitif est en dernier ressort, l'appel des jugements préparatoires ou interlocutoires ne sera pas recevable ; sauf, s'il y a lieu, le recours en cassation.

L'exécution volontaire des jugements préparatoires ou interlocutoires ne rendra pas irrecevable l'appel de ces jugements ; cet appel dès lors pourra toujours être interjeté dans le même acte par lequel on attaquera le jugement définitif.

401. — L'appel sera interjeté au greffe du tribunal qui a prononcé le jugement, dans le délai de cinq jours au plus tard, après celui auquel il a été prononcé, si les parties ou leurs fondés de pouvoir étaient présents aux débats, quoique lors de la prononciation ils se trouvassent absents. Lorsque quelqu'un d'eux sera absent des débats, le délai courra du jour de la notification qui aura été faite à la partie condamnée, à sa résidence ou à son domicile ou à sa demeure ; outre un jour pour chaque trois myriamètres de distance.

Pour le ministère public le délai courra du jour de la prononciation de la sentence en audience publique.

402. — L'acte d'appel sera signé par l'appelant ou par un fondé de pouvoir spécial, s'il a été interjeté par l'inculpé ou par la partie civile; le mandat devra être annexé à l'acte, lequel, en tous cas, sera également signé du greffier.

403. — Dans le cas où il y aura plusieurs personnes inculpées comme agents principaux ou comme complices d'un même délit, l'appel interjeté par l'une d'elles servira aux autres, tant présents que défaillants.

404. — Dans le délai des dix jours qui suivront l'acte d'appel, le recours contenant les motifs de l'appel sera remis par l'inculpé ou par la partie civile au greffe où ledit acte a été reçu. Ce recours devra être signé par un procureur exerçant près le tribunal, ou par un avocat admis à y plaider.

Si le procureur du roi est appelant, il transmettra directement au procureur général un rapport contenant les motifs de l'appel.

405. — Si la déclaration d'appel ou la présentation des motifs n'ont pas eu lieu conformément aux prescriptions des art. 401 et 404, la cour ordonnera l'exécution de la sentence, sauf la disposition de l'art. 414.

Si la déclaration d'appel et la présentation des motifs ont eu lieu suivant les prescriptions établies, on pourra y ajouter de nouveaux motifs, mais ceux-ci devront être déposés au greffe de la cour au moins trois jours avant la discussion de l'appel.

406. — Quand le greffier du tribunal aura reçu la déclaration d'appel et le recours contenant les motifs, il transmettra, dans les deux jours suivants, les actes et les documents à l'appui et l'expédition du jugement dont est appel, avec un inventaire des pièces

signé par lui, au greffier de la cour. Celui-ci remettra immédiatement le tout au ministère public.

407. — Le ministère public examinera les actes. Si l'appel interjeté par le procureur du roi lui paraît fondé, il assignera l'inculpé devant la cour, dans les trente jours de l'appel. Passé ce délai, l'appel du ministère public ne sera plus recevable.

Les motifs d'appel seront joints aux actes de la procédure, à moins que le procureur général ne les ait exposés dans la requête de citation, et ce à peine de déchéance.

La même procédure, et dans les délais susmentionés, sera suivie par le procureur général, quand l'appel aura été interjeté par l'inculpé en ce qui touche la condamnation pénale.

408. — Dans les cas prévus par l'article précédent, le procureur général fera connaître par notification à la partie civile le jour qui aura été fixé pour l'audience, afin qu'elle intervienne dans le procès si elle le juge convenable.

Lorsque cependant l'appel interjeté par l'inculpé visera en même temps la condamnation pénale et les dommages-intérêts, le ministère public requerra la mise en cause de toutes les parties.

409. — Le Président délivrera l'ordonnance de citation à comparaître dans un délai qui ne sera pas inférieur à dix jours, avec l'augmentation en outre d'un jour par chaque trois myriamètres de distance, et par la même ordonnance avertira l'inculpé qu'il lui est facultatif de se désigner un défenseur en la personne d'un avocat admis à exercer devant la cour, s'il ne l'a déjà désigné dans le recours mentionné dans l'article 404.

S'il y a une partie civile en cause, elle sera avertie de se faire représenter par un procureur exerçant près la cour, à moins qu'elle ne soit appelante, et qu'elle ne l'ait déjà désigné dans son acte d'appel.

410. — Le ministère public est chargé de faire exécuter la citation des parties dans la forme établie pour les mandats de comparution.

411. — Si l'inculpé est détenu, la citation sera donnée en conformité des prescriptions de l'article 378.

Si l'inculpé fait choix d'un défenseur, le greffier en recevra la déclaration qui sera jointe au dossier.

L'inculpé sera ensuite transféré par ordre du procureur du roi, dans les prisons du lieu où siège la cour d'appel.

412. — Pendant les délais pour appeler et pour présenter les motifs de l'appel, comme aussi durant le jugement de l'appel, l'exécution de la sentence restera suspendue.

413. — L'inculpé acquitté, à l'égard duquel on aura déclaré qu'il n'y a pas lieu de poursuivre, sera immédiatement et nonobstant appel (1), mis en liberté.

414. — L'appel, dont il est parlé dans le second alinéa du paragraphe 2 de l'art 399, sera porté devant la cour par les soins du ministère public, dans le délai de soixante jours à partir de celui où le jugement a été prononcé, et si ce jugement lui avait été

---

(1) Cette rédaction est défectueuse. L'article vise la procedure suivie devant la cour d'appel, comment dès lors comprendre que, devant cette cour, l'accusé acquitté sera mis immédiatement en liberté nonobstant *appel* ? c'est du recours en *cassation* dont on veut évidemment perler dans cet article, qui, sans cela, serait légalement peu compréhensible.

(Note du trad.)

notifié à la diligence de l'une des parties (1), dans les trente jours de cette notification.

415. — Le Président rendra une ordonnance de citation, en conformité de l'art 409 ; et les parties seront citées, comme il est prescrit par les articles 410 et 411.

Les dispositions du second paragraphe de l'art. 409 s'appliquent également à l'appel interjeté directement par le ministère public près la cour.

416. — A l'audience, le conseiller nommé par le président fera le rapport de l'affaire. Dans la discussion, on observera les dispositions des art. 281, 282 et 283, concernant l'examen des témoins et des experts : mais l'appelant sera toujours entendu le premier.

417. — Les parties pourront faire devant la cour de nouvelles productions, ou déductions et *(prendre de nouvelles)* conclusions.

On observera pareillement les dispositions du second paragraphe de l'art. 363, quand la cour le croira absolument indispensable à l'éclaircissement du fait.

418. — Les débats terminés la cour prononcera son arrêt.

419. — Si la cour reconnaît que le fait incriminé constitue un crime, ou un délit de la compétence de la cour d'assises, elle le déclarera et transmettra les actes de la procédure à la cour de cassation, lorsque le tribunal aura procédé par ordonnance au jugement de renvoi, et que la déclaration d'incompétence aura été rendue pour qualification différente du fait. La

____

(1) Il s'agit ici du droit réservé au ministère public près la cour, par l'art. 399, d'interjeter directement appel.

(Note du trad.)

cour de cassation résoudra la question de compétence comme en matière de conflit (1).

Si le tribunal a procédé par citation directe, ou si la déclaration d'incompétence est motivée sur des circonstances nouvelles résultant des débats devant le tribunal ou la cour, le jugement sera annulé et il sera ordonné de procéder suivant les formes ordinaires.

Si l'appel a été interjeté seulement par l'inculpé, la peine ne pourra pas être augmentée. Il en sera de même à l'égard des auteurs principaux et des complices d'un même fait, alors même qu'ils ne seraient appelants que conformément à l'art. 403.

Dans tous les autres cas prévus par les articles 365, 366 et 367, on observera les dispositions contenues dans ces mêmes articles.

Contre les arrêts rendus par défaut en appel, l'opposition n'est pas admise, sauf, s'il y a lieu, le recours en cassation.

420. — Devant la cour de cassation on ne pourra proposer que les nullités relevées dans l'arrêt contre lequel on se pourvoit. Les nullités qui se sont produites avant au tribunal ne pourront être proposées, si ce n'est quand le jugement a été rendu en dernier ressort, ou à moins que ces nullités ayant déjà été relevées devant la cour d'appel, celle-ci ne les ait pas réparées.

421. — Les dispositions de l'art. 370 s'appliquent à l'appel des jugements des tribunaux correctionnels.

---

(1) Voir les dispositions analogues de l'art. 395 ci-dessus.

(Note du trad.)

TITRE III.

DES AFFAIRES SOUMISES AUX COURS D'ASSISES.

Chapitre I.

De l'accusation.

422. — Le Procureur Général dans les dix jours de la réception des pièces qui lui seront transmises en exécution de l'art. 255, ou de l'art. 262, fera ses réquisitions.

Un extrait de ces réquisitions sera, à la diligence du procureur général, notifié à la partie civile et à l'inculpé qui se trouve détenu ou qui a été mis en liberté provisoire, ou qui a été entendu en vertu d'un mandat de comparution ; sauf la disposition de l'article 424.

Le dit extrait contiendra les indications prescrites par le troisième paragraphe de l'art. 437, et indiquera si le procureur général a requis l'accusation, ou le renvoi devant le tribunal correctionnel ou le préteur ; ou bien mentionnera la déclaration qu'il n'y a pas lieu à procéder.

La notification à l'inculpé se fera dans les formes prescrites par les articles 377, 378 et 380.

423. — Après la notification prescrite par l'article précédent, les actes de la procédure seront déposés au greffe de la cour d'appel où ils séjourneront pendant huit jours.

Durant ce délai, il sera facultatif à la partie civile et à l'inculpé qui se trouve détenu, de faire prendre connaissance des actes de la procédure par un avocat admis à plaider devant la cour d'appel, et de présenter les mémoires qu'ils croiront utiles.

Le même droit appartiendra à l'inculpé de crime punissable de la peine de l'interdiction des charges publiques, non connexes avec une autre peine criminelle, ou de délit, qui ne se trouve pas détenu mais qui s'est présenté au jugement.

L'inculpé de crime punissable de la peine de la réclusion, ou de la rélégation, qui aura obtenu sa liberté provisoire, ou contre qui il a été décerné un mandat de comparution, ne sera pas admis à faire prendre connaissance des actes de la procédure, dans le délai des huit jours, si tout d'abord il ne s'est pas constitué prisonnier.

Si l'inculpé de crime punissable de la peine de la réclusion ou de la rélégation s'est présenté au jugement mais ne s'est pas constitué prisonnier, comme il est dit ci-dessus ; ou si l'inculpé de crime ou de délit n'est pas présent, il n'aura pas le droit de faire prendre connaissance des actes de la procédure. Il pourra seulement présenter tels mémoires qu'il croira utiles à sa défense.

L'avocat qui se présentera pour prendre connaissance des actes de la procédure devra justifier au greffier de la cour d'appel qu'il a été chargé d'occuper, et présenter une déclaration authentique de la partie civile ou de l'inculpé. Si l'inculpé est détenu, il suffira d'une déclaration signée du même détenu, laquelle sera certifiée véritable et délivrée par la direction de la prison, de laquelle il résulte que le détenu lui a fait connaître le choix de l'avocat fait par lui.

424. — Ne seront pas notifiées les réquisitions du procureur général par lesquelles il requiert ou une

plus ample information, ou un sursis à statuer, la cause n'étant pas de la compétence ordinaire et devant être renvoyée à d'autres autorités pour en connaître (1).

Toutefois si la chambre des mises en accusation, en délibérant sur ces réquisitions, croit pouvoir statuer sans qu'il soit besoin d'une plus ample information ; ou bien si elle reconnaît que la cause appartient à la compétence ordinaire ; elle le déclarera et restituera les actes de la procédure au procureur général, pour qu'il donne ses conclusions sur l'affaire. Ces dernières réquisitions présentées, on procédera conformément aux prescriptions de l'article précédent.

425. — Après l'expiration du délai indiqué dans l'art. 423, le procureur général, au plus tard dans les trois jours qui suivront, fera son rapport ; lequel ne pourra être retardé pour la production des mémoires de la partie civile ou de l'inculpé.

La chambre des mises en accusation se réunira en chambre de conseil au moins une fois chaque semaine et plus souvent s'il y a lieu, pour entendre les rapports du procureur général et délibérer sur ses conclusions.

426. — Après le rapport, le greffier donnera lecture aux conseillers, en présence du procureur général,

(1) Il y a dans l'édition italienne de GIACINTO BELGRANT, (Turin 1876), et dans le premier paragraphe de l'art. 424, — en plus de ce que nous avons trouvé et traduit dans l'édition d'EREDI BOTTA (Turin 1865), un membre de phrase qui, selon nous, doit être supprimé comme étant en trop ; c'est celui-ci : *ovvero che la causa sia sospesa per* NON PIU *ampia istruzione.* Ce membre de phrase d'ailleurs paraît grammaticalement incompréhensible. A la rigueur, on ne peut la rendre que par ces mots : *Que la cause soit ou non suspendue pour plus ample instruction.*

(Note du trad.)

des actes de la procédure ; lesquels seront ensuite laissés sur le bureau, de même que les Mémoires présentés par la partie civile et par l'inculpé.

427. — La chambre des mises en accusation procédera à huis clos, sans entendre ni l'inculpé, ni la partie civile ; sauf par le moyen des Mémoires produits. L'instruction écrite servira de base à ses arrêts.

428. — Le Procureur général déposera sur le bureau son réquisitoire écrit et signé ; ensuite il se retirera ainsi que le greffier.

429. — La chambre d'accusation prononcera son arrêt trois jours au plus tard après le rapport du procureur général.

La délibération commencée devra être poursuivie sans interruption jusqu'au bout et sans que les conseillers puissent communiquer avec personne.

430. — Si la cause n'est pas de la compétence ordinaire, le procureur général devra requérir et la chambre des mises en accusation ordonner qu'il sera sursis à statuer et que la cause sera renvoyée à l'autorité compétente.

431. — En dehors du cas prévu par l'article précédent, la chambre des mises en accusation examinera s'il existe contre l'inculpé des preuves ou des indices d'un fait qualifié crime par la loi, ou d'un délit de la compétence de la cour d'assises, et si les preuves ou les indices sont assez graves pour donner lieu à l'accusation.

432. — La chambre des mises en accusation peut, avant de statuer sur le mérite (1), ordonner une

____

(1) Sous-entendu « des preuves ou des indices » ou, si l'on veut : « sur le mérite de la procédure ».   (*Note du trad.*)

plus ample information, si elle le croit nécessaire.

Dans ce cas, si l'inculpé qui avait été mis en liberté provisoire ou entendu en vertu d'un mandat de comparution, s'était constitué prisonnier pour user de la faculté qui lui est accordée par l'art. 423, il sera, comme précédemment, remis en liberté.

La chambre des mises en accusation pourra pareillement ordonner, s'il y a lieu, que les pièces à conviction qui se trouveront déposées au greffe du tribunal, lui soient présentées dans le plus bref délai.

433. — La chambre statuera par un seul arrêt sur les crimes, délits et contraventions, dont parlent les articles 19 et 20.

434. — Si la chambre ne voit aucune trace des crimes, délits, ou contraventions prévus par la loi; de même que si elle ne trouve pas des indices suffisants de culpabilité ; ou s'il résulte que l'action pénale est prescrite, ou éteinte de toute autre manière ; elle l'énoncera expressément dans l'arrêt par lequel elle déclarera qu'il n'y a pas lieu de procéder et ordonnera la mise en liberté de l'inculpé ; lequel sera relaxé incontinent, s'il n'est retenu pour autre cause.

Dans le même cas, si la chambre des mises en accusation statuant sur une opposition à la mise en liberté de l'inculpé ordonnée par le juge d'instruction, confirme l'ordonnance, celle-ci sera exécutée comme il est dit précédemment.

435. — Si la chambre des mises en accusation reconnaît que le fait constitue un délit de la compétence du préteur, elle prononcera le renvoi de l'inculpé devant le préteur compétent qu'elle devra désigner.

Dans ce cas, l'inculpé sera mis en liberté, sauf les

dispositions de la première partie de l'art. 206, s'il s'agit d'un délit punissable de la prison.

436. — Si le fait constitue un délit de la compétence du tribunal correctionnel, l'inculpé sera renvoyé devant le tribunal compétent, qui sera pareillement désigné.

Les dispositions contenues dans les paragraphes 2, 3 et 4 de l'art. 253 sont applicables aux arrêts de la chambre d'accusation.

437. — Si le fait est qualifié crime par la loi, ou s'il s'agit d'un délit de la compétence de la cour d'assises, et que la chambre des mises en accusation trouve des preuves ou des indices suffisants de culpabilité, elle prononcera l'accusation et ordonnera le renvoi de l'inculpé devant ladite cour.

Dans ce cas, s'il s'agit d'un crime punissable par une des peines établies dans les cinq premiers numéros de l'art 13 (1) du code pénal, la chambre rendra une ordonnance de prise de corps.

L'ordonnance de prise de corps fera connaître les noms, surnoms, l'état, le lieu de naissance, la résidence ou le domicile ou la demeure, et la profession de l'accusé. Elle contiendra en outre, à peine de nullité, l'énonciation sommaire et la qualification légale du fait qui forme l'objet de l'accusation, et la mention de l'article de loi qui s'y applique.

L'ordonnance de prise de corps sera inscrite dans l'arrêt de mise en accusation.

L'arrêt de mise en accusation contiendra en outre l'ordre de transférer l'accusé dans les prisons judiciaires de la ville où il doit être jugé.

(1) Voir la traduction de cet article, page 43, note (1).

438. — Si la chambre des mises en accusations prononce l'accusation pour un crime punissable de la peine de l'interdiction des charges publiques, non connexe avec une autre peine criminelle, ou pour délit pour lequel il n'a pas été décerné de mandat d'arrêt, soit que l'accusé ait été temporairement emprisonné, soit qu'il ait été mis en liberté provisoire, l'arrêt de mise en accusation contiendra l'ordre à l'accusé de comparaître devant le président de la cour, ou du magistrat qui le remplace, dans le délai de cinq jours, outre un jour par chaque trois myriamètres de distance.

439. — Lorsque l'accusé de crimes punissables de la réclusion, ou de la rélégation, aura été mis en liberté provisoire, ou qu'il aura été décerné contre lui un mandat de comparution, la chambre des mises en accusation, concurremment avec l'ordonnance de prise de corps, rendra une autre ordonnance par laquelle elle enjoindra à l'accusé à se constituer prisonnier dans le délai de vingt-quatre heures.

Cette dernière ordonnance contiendra les indications prescrites par le troisième paragraphe de l'art. 437 et sera notifiée immédiatement et avant la notification de l'arrêt de mise en accusation, à l'accusé et à son fondé de pouvoir, suivant les règles prescrites par les articles 377 et 380. Vingt-quatre heures après sa notification, l'ordonnance de prise de corps sera exécutoire et on appliquera en outre, si l'accusé a été mis en liberté provisoire, les dispositions des articles 224 et suivants.

L'ordonnance mentionnée par l'art. 224 sera rendue par un conseiller de la chambre des mises en accusation délégué par elle, et l'ordonnance de confirmation ou de révocation prescrite par l'art. 225 sera rendue par la chambre des mises en accusation.

440. — Dans tous les cas pour lesquels soit à raison de l'âge, soit à cause de l'état mental, soit pour quelqu'une des autres circonstances atténuantes, y compris celles mentionnées dans l'art. 684 (1) du code pénal, les faits qualifiés crimes deviennent punissables, aux termes de la loi, relativement à tous les inculpés, par la prison seule, ou donnent lieu à la commutation ou à la diminution des peines criminelles en abaissant la peine jusqu'à la prison, la chambre d'accusation pourra renvoyer la cause devant le tribunal, qui prononcera en voie correctionnelle.

Un pareil renvoi ne pourra avoir lieu qu'après une délibération et à l'unanimité des votants.

L'arrêt d'accusation énoncera les circonstances sur lesquelles le renvoi sera motivé.

En aucun cas il ne pourra ordonner le renvoi au tribunal de prévenus accusés des délits mentionnés dans les paragraphes 1, 3, 4, 5 et 6 de l'art. 9 de ce code.

441. — Les arrêts de la chambre d'accusation contiendront un exposé sommaire du fait qui forme l'objet de l'accusation, les motifs qui ont déterminé les magistrats à la prononcer, la définition du délit et des circonstances pour lesquelles l'accusation est prononcée et l'indication des articles de la loi appliquée; ils feront mention des conclusions du ministère public sans énoncer les motifs de celle-ci; ils seront signés des conseillers et du greffier ; le tout à peine de nullité.

442. — Dans tous les cas où l'inculpé sera renvoyé

____

(1) *Code pénal*, 684. — Voir la traduction a la page 137.

devant la cour d'assises, le procureur général sera tenu de dresser l'acte d'accusation.

Cet acte mentionnera :

1° La nature du fait incriminé qui forme l'objet de l'accusation ;

2° Les faits et toutes les circonstances qui peuvent aggraver ou diminuer la peine ;

Il nommera et désignera clairement l'inculpé.

Il terminera par le résumé suivant : *En conséquence N. N. est accusé d'homicide volontaire, de vol sur le grand chemin, de vol* (on indiquera la qualification du crime) *pour avoir..... avec telle ou telle autre circonstance.*

443. — L'arrêt de renvoi, contenant l'ordonnance de prise de corps ou de comparution, sera notifié, avec l'acte d'accusation, à la personne de l'accusé, s'il se trouve ; ou, après la constatation de recherches infructueuses, à sa résidence ou à son domicile ou à sa demeure ; et ce en la forme prescrite pour les mandats de comparution ; le tout à peine de nullité.

444. —Si l'accusé ne peut être arrêté, ou ne se constitue pas volontairement prisonnier, ou ne se présente pas dans le délai qui lui a été fixé par l'arrêt de renvoi, on procédera contre lui par contumace, suivant les règles établies dans le chapitre VII du présent titre III. Si cependant l'accusé a été temporairement incarcéré ou mis en liberté provisoire, on observera, avant tout, les dispositions des art. 224 et 225. L'ordonnance dont il est parlé à l'art. 524, ne pourra dans ce cas être rendue, si après avoir lancé le mandat de prise de corps on reçoit le procès-verbal de recherches infructueuses. Le mandat de prise de corps sera lancé et l'ordonnance prescrite par l'art. 224

sera rendue par le conseiller délégué par la chambre d'accusation; l'ordonnance de confirmation, ou de révocation mentionnée par l'art. 225 sera rendue par la chambre de mises en accusation.

445. — L'inculpé pour lequel la chambre d'accusation aura déclaré qu'il n'y a pas lieu à renvoi devant la cour d'assises, ne pourra plus être traduit en jugement pour le même fait, à moins qu'il ne surgisse de nouvelles preuves à sa charge.

Sont considérés comme nouvelles preuves : les déclarations des témoins, les documents et procès-verbaux qui n'ont pu être soumis à l'examen de la chambre des mises en accusation; et tous les renseignements de nature à donner de la valeur aux preuves que ladite chambre avait trouvées d'abord insuffisantes, ou à fournir de nouveaux moyens utiles à la découverte de la vérité.

446. — En ce cas, l'officier de police judiciaire ou le juge d'instruction (1) transmettra sans retard copie des actes et des documents au procureur général ; et sur les réquisitions de celui-ci, le président de la chambre d'accusation nommera le conseiller devant lequel, à la requête du ministère public, on devra procéder à une nouvelle instruction.

Toutefois, s'il y a danger de fuite, le juge d'instruction pourra, avant l'envoi des pièces, décerner mandat d'arrêt contre l'inculpé qui aurait déjà été mis en liberté aux termes de l'art. 434.

447. — Quand la nouvelle instruction sera terminée, on observera les règles déjà prescrites pour l'accusation.

(1) Sous entendu *qui aura eu connaissance de* CES NOUVELLES PREUVES. *(Note du trad.)*

Si la chambre d'accusation ne trouve pas des preuves suffisantes de culpabilité, elle déclarera qu'il n'y a pas lieu à accusation, et ordonnera que l'inculpé, s'il est détenu, soit mis en liberté.

448. — Dans toutes les affaires pour crimes ou pour délits de la compétence de la cour d'assises ou des tribunaux correctionnels, la chambre d'accusation, tant qu'elle n'aura pas décidé s'il y a lieu de prononcer l'accusation, pourra, sur la requête du ministère public, qu'il y ait ou non une instruction commencée et par des premiers juges, évoquer l'affaire, ordonner qu'il y soit procédé, se faire transmettre les pièces de la procédure, commencer ou faire commencer les informations et ensuite statuer comme de droit.

449. — Dans le cas de l'article précédent et encore, s'il y a lieu, dans les cas prévus par les articles 432 et 446, un des magistrats de la chambre d'accusation, délégué à cet effet, fera les fonctions de juge d'instruction. Il entendra les témoins ou commettra pour recevoir leurs dépositions un des juges du tribunal dans l'arrondissement duquel ils demeurent. Il interrogera l'inculpé ; réunira toutes les preuves ou tous les indices qu'il pourra recueillir ; lancera, selon les circonstances, mandat d'arrêt ou de comparution contre l'inculpé ; et pourra en outre dans les cas urgents et sur les conclusions conformes du ministère public, ordonner la mise en liberté de l'inculpé. De tout quoi il en référera sans retard à la chambre d'accusation.

La procédure terminée, les actes en seront communiqués par l'entremise du greffe, au procureur général. Celui-ci fera ses réquisitions et la chambre d'accusation prononcera, en observant les dispositions établies dans l'art. 422 et suivants.

450. — S'il résulte de l'examen de la procédure qu'il y a lieu à renvoyer l'inculpé devant la cour d'assises, l'arrêt contiendra, selon le cas, ou l'ordonnance de prise de corps, ou l'ordre de se présenter, comme il est dit dans les articles 437 et 438. Dans le cas prévu par l'art. 439, la chambre d'accusation prononcera aussi l'ordonnance, ci-dessus prescrite, de se constituer prisonnier.

Dans le cas de renvoi au tribunal correctionnel, il sera observé les prescriptions du second paragraphe de l'art. 436; et si l'inculpé a obtenu sa mise en liberté provisoire, l'arrêt contiendra l'ordre de se présenter devant le tribunal auquel il appartient de prononcer.

451. — On observera, pour le surplus, les autres dispositions du présent code qui ne sont pas contraires aux trois articles précédents.

452. — Indépendamment de ce qui est prescrit par l'art. 442 n° 4, le procureur du roi transmettra chaque huit jours au procureur général une notice de toutes les affaires criminelles, correctionnelles ou de police, qui seront survenues.

Lorsque dans la notice des affaires correctionnelles, ou de police, le procureur général reconnaîtra qu'il en est qui présentent des caractères plus graves, il pourra ordonner que les procédures lui soient transmises, pour faire ensuite, dans les quinze jours de la réception de ces actes, telles réquisitions qu'il jugera opportunes; et la chambre d'accusation ordonnera, dans le délai de trois jours, qu'il soit statué ce que de droit.

Chapitre II.

*De la procédure antérieure à l'ouverture des débats
devant les cours d'assises.*

453. — La citation directe devant les cours d'assises
peut avoir lieu seulement pour les délits de presse
mentionnés dans le paragraphe 6 de l'article 9 du
présent code, et conformément à l'art. 62 de la loi du
26 mars 1848 (1).

En dehors de ce cas, on procédera par voie d'accusation, comme il est dit dans le chapitre précédent.

454. — Dans les vingt-quatre heures de la notification à l'accusé, de l'arrêt de renvoi et de l'acte
d'accusation, l'accusé sera transféré dans les prisons
de la ville dans laquelle il doit être jugé.

Néanmoins il pourra être transféré encore immédiatement après l'arrêt de renvoi, si le procureur général l'estime convenable.

455. — Quand l'accusé est renvoyé devant une cour
d'assises convoquée dans une ville autre que celle où
siège la cour d'appel, les actes de la procédure avec
les pièces jointes et les documents et objets formant
les pièces à conviction, seront, par l'intermédiaire du
procureur général, immédiatement transmises au
greffe du tribunal siégeant dans la ville où doivent se
tenir les assises.

---

(1) *Loi du 26 mars 1848.* —
(N° 695). — 62. — Le ministère
public pourra faire citer directement les prévenus à comparaître dans le délai de trois
jours, devant le magistrat ou le
tribunal, alors même qu'on aurait précédemment procédé à
la saisie des écrits, dessins, inscriptions, lithographies, mé-
dailles ou emblèmes.

Dans ce cas cependant, la
citation ne pourra être signifiée qu'après la notification au
prévenu du procès-verbal de
saisie.

456. — Vingt-quatre heures au plus tard après l'arrivée de l'accusé dans la ville où il doit être jugé, et après l'envoi des pièces prescrites par l'article précédent, le président de la cour d'assises, ou le conseiller qui sera par lui délégué, interrogera l'accusé.

Si le président de la cour d'assises ne se trouve pas encore sur les lieux, ni le conseiller par lui délégué, le président du tribunal ou le magistrat qui le remplace procédera à cet interrogatoire.

L'accusé sera interpellé de déclarer le choix qu'il peut avoir fait d'un défenseur, ainsi qu'il est prescrit par l'art. 9 du présent livre II.

Dans le cas où il se refuse de le choisir, le président lui en désignera un immédiatement et cela à peine de nullité.

Dans l'un et l'autre de ces cas, le greffier donnera, sans retard, avis conforme au défenseur désigné ; et dudit avis il dressera la constatation par voie d'annotation auxdits actes : le tout sous peine d'une amende qui pourra être portée à vingt-cinq francs.

457. — Dans le même interrogatoire le président, ou le magistrat qui le remplace, avertira l'accusé qu'il peut faire prendre connaissance par son défenseur des actes de la procédure et des pièces à conviction au greffe, mais qu'il ne peut les transporter, ni retarder l'instruction (1).

Il l'avertira, en outre, que dans le cas où il croirait proposer une demande en nullité, il doit faire sa déclaration audit greffe dans les cinq jours qui suivront, et que, après l'expiration de ce délai, il n'y sera plus admis.

-----

(1) Il ne peut être question ici que de *l'instruction orale* qui va suivre.   (*Note du trad.*)

On fera résulter l'accomplissement des formalités de cet article et du précédent, d'un procès-verbal qui sera signé par l'accusé, par le président ou par le magistrat qui le remplace et par le greffier. Si l'accusé ne sait, ne peut ou ne veut pas signer, il en sera fait mention dans le même procès-verbal.

458. — Si l'accusé n'a pas été averti en conformité du précédent article, la nullité ne sera pas couverte par son silence : ses droits seront conservés, sauf à les faire valoir après la sentence définitive.

459. — S'il y a une partie civile, dans le délai mentionné dans l'article 456, elle sera avertie par acte d'huissier ou en personne, ou à son domicile réel ou élu, qu'elle peut prendre connaissance au greffe des actes et documents relatifs au procès ; et si elle croit que l'accusé ait été renvoyé devant des juges incompétents, elle pourra se prévaloir de la faculté accordée à l'accusé par l'article 457 dans le délai de cinq jours qui suivra l'acte d'huissier, et sous la même peine de déchéance.

Pareil délai est accordé au ministère public à partir du jour de l'interrogatoire de l'inculpé.

460. — La déclaration relative à la demande en nullité devra être motivée.

Cette demande ne pourra être faite que contre l'arrêt de renvoi devant la cour d'assises et dans les cinq cas suivants :

1° Si le fait n'est pas qualifié par la loi crime ou délit de la compétence de la cour d'assises ;

2° S'il y a eu violation ou omission des formes prescrites à peine de nullité ;

3° Si le ministère public n'a pas été entendu ;

4° Si l'arrêt n'a pas été rendu par le nombre de conseillers déterminé par la loi ; également si l'un d'eux n'a pas assisté à toutes les assemblées ;

5° Si l'accusé a été renvoyé devant des juges incompétents.

461. — Aussitôt que la déclaration susmentionnée aura été reçue par le greffier, le procureur général près la cour d'appel la transmettra au procureur général près la cour de cassation, qui sera tenue de prononcer sans retard.

462. — Nonobstant la demande en nullité, l'instruction sera continuée jusqu'aux débats exclusivement(1).

Les défenseurs pourront se faire délivrer, aux frais des accusés, l'expédition des pièces de la procédure qu'ils croiront utiles à la défense.

464. — Après l'interrogatoire, le président ou le conseiller par lui délégué pourra d'office, ou sur l'instance des parties, procéder, ou faire procéder à tous actes et informations qu'il jugera utiles à la manifestation de la vérité, ou en donnant préalablement avis au ministère public.

---

(1) Cet article n'est pas suffisamment explicite. La demande en nullité, dont il est parlé ici, se produit — il ne faut pas le perdre de vue — alors seulement que l'information suivie contre l'accusé a été définitivement clôturée par l'arrêt de renvoi devant la cour d'assises.

A ce moment le juge d'instruction est dessaisi, la chambre d'accusation l'est également par cet arrêt de renvoi dûment signifié ; seul, le président des assises, ou le magistrat par lui délégué reste investi de la *faculté* de *reprendre* l'information le cas échéant (art. 464).

Comment, dans de semblables circonstances, expliquer les termes impératifs de l'art. 462 ?

A tout prendre, il n'est nullement nécessaire que l'information soit *continuée* après la demande en nullité.

Nous le répétons, cette rédaction manque de la précision et de la clarté qu'elle devrait avoir. (*Note du trad.*)

465. — S'il y a de nouveaux témoins à entendre qui demeurent hors du lieu où siège la cour d'assises, ou s'il est nécessaire de faire une expertise ou une expérience des faits, le président, ou le conseiller par lui délégué, pourra commettre pour recevoir les dépositions des témoins, pour faire exécuter l'expertise ou l'expérience des faits, le juge d'instruction près le tribunal, ou le préteur.

466. — Dès qu'il auront reçu les dépositions, ces magistrats les transmettront fermées et scellées au greffier qui doit remplir les fonctions à la cour d'assises.

467. — Les dispositions des art. 176 à 179 inclusivement sont applicables aux témoins qui, légalement cités, ou n'auront pas comparu sans donner une excuse légitime, ou se seront refusés de déposer, ou auront déposé le faux, ou caché la vérité.

468. — Après l'expiration des délais établis par les articles 457 et 459, le procureur général, l'accusé et la partie civile, transmettront au plus tôt, au greffe de la cour d'assises, en observant la distinction portée à l'article 455, les listes des témoins et des experts qu'ils veulent faire entendre à l'audience.

Cette liste sera signée du requérant et contiendra les noms, prénoms et surnoms, s'ils en ont, la profession et la demeure des témoins.

Si dans les listes sont compris des témoins ou des experts non encore entendus dans l'instruction préparatoire ; les faits ou les circonstances sur lesquels ils doivent être interrogés seront sommairement exposés dans lesdites listes.

Les listes seront présentées avant l'ordonnance qui fixe le jour de l'ouverture des débats, ou encore après, mais de façon à ce que les témoins puissent être cités et comparaître à l'audience fixée. Ces listes seront notifiées réciproquement aux parties trois jours au moins avant l'ouverture des débats. S'il y a plusieurs accusés, les listes présentées par chacun d'eux seront également réciproquement notifiées entr'eux. Cette notification n'aura pas lieu réciproquement pour ceux des accusés qui sont pourvus du même défenseur.

La notification des listes au ministère public se fera au parquet du procureur général, si les assises doivent se tenir dans la ville de résidence de la cour d'appel, ou bien au parquet du procureur du roi, si les assises doivent se tenir dans une autre ville.

La notification à l'accusé détenu se fera à sa personne à la prison.

La notification à l'accusé non détenu, se fera au domicile qu'il a réellement, ou au domicile qu'il aura élu dans la ville où doivent se tenir les assises, cette élection de domicile sera faite par acte reçu au greffe de la cour d'assises, étant observée la distinction portée dans l'article 455 ; à défaut de domicile réel ou élu dans ladite ville, la notification sera faite au défenseur.

La notification à la partie civile se fera pareillement à son domicile réel ou élu dans ladite ville.

Les dispositions de l'art. 385 sont applicables aux jugements devant les cours d'assises (1).

469. — Si la demande en nullité contre un arrêt de renvoi est faite après le délai mentionné dans les articles 457 et 459, on passera outre aux débats, nonobstant le recours en cassation.

---

(1) Notification gratuite pour les parties indigentes.

(Note du trad.)

470. — L'ouverture de la session des assises est fixée par ordonnance du premier président de la cour d'appel, laquelle sera lue en audience publique et affichée à la porte de la même cour.

En outre, si les assises doivent se tenir dans une ville autre que celle où réside la cour d'appel, ladite ordonnance sera transmise au président du tribunal de cette ville, lequel en donnera pareillement lecture en audience publique et en ordonnera l'affichage à la porte du tribunal.

471. — Le jour de l'ouverture de chaque débat sera fixé par une ordonnance du président de la cour d'assises.

Cette ordonnance sera notifiée, dans les vingt-quatre heures de sa date, à l'accusé et à la partie civile, en la personne de leurs défenseurs ou fondés de pouvoir et à la diligence du procureur général.

Les débats ne pourront s'ouvrir, à peine de nullité, avant l'expiration du délai mentionné dans les articles 457 et 459, si ce n'est du consentement formel des parties.

472. — Le ministère public, s'il a des motifs pour demander que le procès ne soit pas discuté à la première réunion des jurés, présentera au président de la cour d'assises un réquisitoire tendant à la prorogation du délai.

Le président décidera si la prorogation doit être accordée.

La même faculté appartient à l'accusé, qui devra à cet effet introduire sa demande par voie de recours direct au président. Celui-ci décidera, toujours après avoir entendu le ministère public.

473. — Lorsqu'il aura été formé pour un même fait

incriminé, plusieurs actes d'accusation contre divers accusés et que les causes seront toutes en état d'être jugées, le président, sur la requête du procureur général, pourra ordonner la jonction.

474. — Si l'acte d'accusation contient plusieurs faits incriminés non connexes, le président, à la requête du procureur général, pourra ordonner que les causes soient divisées et que l'accusé ou les accusés soient premièrement jugés sur chacun de ces faits.

La division des jugements pourra encore être ordonnée par le président, à la requête du procureur général, lorsque plusieurs accusés ont été réunis dans le même acte d'accusation, mais que les causes ne sont pas toutes en état d'être jugées ; ou qu'il y a des inconvénients, pour des motifs graves, à ce que toutes soient examinées dans les mêmes débats.

475. — Les accusés, qui sont arrivés dans les prisons du lieu où siègent les assises après l'ouverture de celles-ci, ne peuvent être jugés dans la session commencée ; à moins que le ministère public, les accusés eux-mêmes et la partie civile n'y consentent.

Il restera entendu, dans ce cas, que le ministère public et les parties auxquelles l'arrêt de renvoi a déjà été notifié, ont renoncé à la faculté de se pourvoir en cassation conformément aux articles 457, 459 et 460.

476. — La clôture des assises ne peut avoir lieu avant qu'aient été portées à l'audience toutes les causes qui se trouvent en état d'être jugées au moment de l'ouverture de la session.

La clôture de la session est prononcée par le président en audience publique.

Chapitre III.

Fonctions du Président.

477. — En outre des attributions incombant au président d'après le chapitre précédent, ce magistrat est chargé de diriger l'instruction (1) et les débats, et de déterminer l'ordre dans lequel les personnes qui demandent à parler doivent le faire.

478. — Il est investi d'un pouvoir discrétionnaire, en vertu duquel, durant les débats, et pour tout ce que la loi ne prescrit pas ou ne défend pas à peine de nullité, il peut faire ce qu'il estime utile à la découverte de la vérité ; et la loi laisse à son honneur et à sa conscience le choix des moyens qu'il croira propres à favoriser la manifestation de cette vérité.

479. — Il pourra également, dans le cours des débats. appeler et interroger les personnes qu'il voudra ; requérir, selon le cas, la force publique, et se faire apporter tel document nouveau que ce soit, si par suite des explications données à l'audience, tant par les accusés que par les témoins, ils paraissent de nature à jeter quelque lumière sur un fait contesté.

Les témoins et les experts, ainsi appelés, ne prêteront pas serment, et leurs déclarations seront considérées comme de simples renseignements.

Le Président, avant de les entendre, leur fera les remontrances prescrites par le second paragraphe de l'art. 172.

480. — Le Président devra rejeter tous les moyens

-----

(1) Il est sous-entendu ici « à l'audience ».

(Note du trad.)

proposés par les parties qui seront étrangères à la cause, et tendraient à prolonger les débats sans espérance d'avoir une plus grande certitude sur les résultats. Contre les ordonnances rendues par le président, les parties auront droit de prendre des conclusions devant la cour, laquelle délibérera conformément à l'art. 281, N° 4. Toutefois les parties n'auront pas le droit de prendre des conclusions devant la cour, ni celle-ci ne pourra délibérer sur les ordonnances rendues par le Président en vertu du pouvoir discrétionnaire qu'il tient de la loi, si ce n'est pour provoquer l'exercice de ce pouvoir.

Chapitre IV.

Fonctions du Procureur Général.

481. — Le procureur général, indépendamment des attributions qui lui ont été conférées par les articles 38 et suivants, procédera devant la cour contre quelque personne que ce soit mise en accusation dans les formes prescrites par le chapitre I du présent code, ou contre les inculpés cités directement, dans le cas prévu par l'art. 453. Il ne pourra porter devant la cour d'assises aucune autre cause, à peine de nullité.

482. — Après l'arrêt d'accusation, le procureur général veillera à ce que il soit procédé aux actes préliminaires mentionnés dans les chapitre I et II du présent titre, et avisera pour que tout soit en règle, afin que les débats puissent commencer à l'époque de l'ouverture des assises.

483. — Il fera, dans l'intérêt de la loi, toutes les réquisitions qu'il croira utiles : la cour est tenue de lui en donner acte et de délibérer sur ces conclusions.

484. — Chaque fois que la cour ne déférera pas aux réquisitions du procureur général, la discussion publique et le jugement ne seront pas pour cela interrompus, ni suspendus; sauf après l'arrêt, s'il y a lieu, le recours en cassation de la part du procureur général.

485. — Les réquisitions du procureur général doivent être signées de lui. Celles faites au cours d'un débat seront couchées par le greffier sur son procès-verbal, et seront également signées comme dessus.

Les décisions de la cour, prononcées ensuite desdites réquisitions, seront signées par le président ou par celui des conseillers qui en remplit les fonctions et par le greffier.

Chapitre V.
Des débats devant les cours d'assises.

486. — Au jour fixé pour les débats et lorsque la cour a pris séance, les quatorze jurés, qui en conformité de la loi sur l'organisation judiciaire (1), sont destinés pour le jugement de la cause, prennent place

(1) Pour faire mieux apprécier les divergences déjà signalées, qui distinguent, dans sa formation et dans son fonctionnement, le jury français et le jury italien, il convient de donner ci-après la traduction des principaux articles de la loi organique du 8 juin 1874 (a) qui consacrent ces divergences; étant signalé que les listes préparatoires du jury se forment comme en France, à peu de chose près.   (*Note du trad.*)

(a) *Loi du 8 juin 1874* — (N° 1937) (Série 2*)
Art. 14. — La liste ainsi composée par la junte du mandement (*) sera signée par le préteur et publiée au plus tard le 15 octobre dans chaque commune du mandement, pour la partie qui concerne chacune de ces

(*) Le *mandement* italien correspond au *canton* français et le *district* à notre *arrondissement*.

selon l'ordre de leur désignation par le sort, sur les sièges séparés du ministère public, des parties, et des témoins, en face du banc des accusés.

communes. Une copie de la même liste restera affichée dans le bureau de chaque administration communale pendant dix jours, avec la faculté pour chacun d'en prendre connaissance.

Art 15. — Ceux qui se croient indûment inscrits, ou omis dans la liste du mandement, et tous citoyens majeurs peuvent, dans les 15 jours de la publication de la liste, présenter leurs reclamations à la junte, mentionnée à l'art. 18

Art. 16 — A l'expiration des quinze jours prescrits par l'art 15, le préteur transmettra immédiatement la liste du mandement au président du tribunal

Art. 17. — Le président du tribunal, en recevant les notes relatives aux jurés du mandement, les transmettra au piéfet ou au sous-préfet, et ceux-ci les lui retourneront avec toutes les informations qu'ils croiront opportunes

Art. 18 — Dans toute commune ou siège un tribunal, une junte [*] composée du président du tribunal civil qui en aura la presidence sans avoir la faculte de deleguer ses pouvoirs, sauf en cas d'empêchement grave et légitime, du juge le plus ancien du même tribunal, et de trois conseillers piovinciaux élus par le conseil provincial, chaque année au commencement de la session ordinaire, parmi ceux qui representent les mandements compris dans la juridiction du tribunal, procédera au plus tard dans la premiere quinzaine du mois de novembre aux opeiations ci-apres

1° Apres la révision des listes de tous les mandements, elle prendra toutes les informations qu'elle croira nécessaires ;

2° Elle ajoutera ou supprimera d'office les noms de ceux qui ont été omis dans la même liste, ou qui y ont été indûment inscrits,

3° Elle prononcera sur les réclamations présentees contre les opérations de la junte du mandement,

4° Elle écartera des listes ceux qu'elle jugera incapables d'exeicer les fonctions de juré ;

5° Elle établira definitivement la liste des jurés du district, sous réserve de la faire approuver par déciet

Le conseil provincial nommera, en outre, deux suppléants pour chaque junte du même district. La nomination sera faite parmi les representants des mandements placés dans la juridiction du tribunal, et quand cela ne sera pas possible, parmi les représentants des mandements voisins

Art 19. — La liste des jurés du district, conjointement avec le decret qui l'approuve, sera signée par le président de la junte du même district et sera publiée au plus taid à la fin novembre dans chaque commune du mandement, pour la partie qui concerne chacune de ses communes

Elle restera affichée pendant dix jours à la porte de la preture et de la mairie

Art 20 — Quiconque croira avoir des motifs de droit fondés pour contredire aux deliberations de la junte du même district, pourra porter son action devant la cour d'appel dans les dix jours de la publication du deciet, quelle que soit la distance

La reclamation pourra être deposee au greffe de la préture, d'ou elle sera immédiatement transmise au greffe de la cour d'appel qui en delivrera recépissé

La cause seia jugée sommairement, d'urgence, sans qu'il soit nécessaire du ministere d'un procureur,

---

(*) La *junte* doit être assimilee à la *commission* dont parle l'art 3 de notre loi du 1 juin 1853 sur la *composition du Jury* (*Note du trad*)

487. — *(Modification apportée par la loi du 30 juin 1876.)* L'audience étant ouverte, le président po-

sur le rapport qui en sera fait en audience publique par un des conseillers de la cour, apres avoir entendu la partie ou son procureur, s'il se presente, et apres avoir entendu le ministere public dans ses conclusions orales

Art 21 — En procédant à l'élimination des jurés mentionnés au numero 4 de l'article 18, la junte du même district tiendra compte, comme s'ils etaient compris dans la liste même, des noms de ceux sur l'admission ou sur la radiation desquels il se serait élevé des réclamations

Si ces noms n'ont pas été compris par la junte dans l'elimination, et si la cour d'appel, dans les cas prévus par l'art 20, en ordonne l'inscription sur la liste, ils seront ajoutés à cette même liste

Art 22 — Apres que les listes auront eté définitivement approuvees, conformément aux regles établies par l'art 18, elles seront envoyées au plus tard le 15 décembre de chaque annee, au président du tribunal de la ville chef-lieu de la circonscription des assises

Avec la même liste, le président du tribunal assisté des deux juges, formera

1° La liste générale des jurés ordinaires de la circonscription,

2° La liste spéciale des jures supplémentaires pour la circonscription, dans laquelle liste sont inscrits tous les jures qui ont domicile ou résidence dans la commune ou s'assemble la cour d'assises, et qui font partie de la liste génerale mentionnée dans le présent paragraphe

Si les assises ont eu lieu dans plusieurs communes de la même circonscription, on formera, suivant le mode etabli par le paragraphe 2 du present article, autant de listes de jures supplementaires qu'il y a de communes dans lesquelles siegent les cours.

Art 23 — Ceux qui ne remplissent

pas, ou refusent de remplir les fonctions qui leur sont confiées par la loi, ou qui requis par l'autorité compétente et obligés ou par la loi, ou par leurs devoirs, refusent de donner les indications nécessaires pour la formation des listes, seront punis d'une multe de cent à trois cents francs.

Seront punis d'une multe de deux cent cinquante à cinq cents francs ceux qui donneront sciemment des indications erronées dans les cas sus-indiqués

Ceux qui ne satisferont pas aux prescriptions de l'art 9 seront punis d'une amende de 50 francs

Art. 26 — Les listes des jurés ordinaires et supplementaires seront transmises, à la diligence du président du tribunal de la ville chef-lieu de la circonscription, à tous les présidents des tribunaux compris dans la circonscription Ces listes devront être toujours affichees dans le vestibule de la salle d'audience.

Art. 27. — Lorsque les juntés de mandements et les juntes de districts, ou les conseils provinciaux négligeront de remplir les attributions et de faire les opérations qui leur sont confiées par la présente loi, les listes de mandements seront formées par le préteur du chef-lieu du mandement, avec deux préteurs voisins, et les listes des districts par le président et les deux juges les plus anciens du tribunal

Art 29 — Quinze jours avant l'ouverture des assises, le président du même tribunal dans une des audiences publiques, apres avoir donne lecture du décret de convocation, décachetera les urnes et extraira quarante bulletins de celle des jurés ordinaires et dix bulletins de l'urne des jurés supplementaires

Les trente premiers jurés ordinaires dont les noms sont extraits doivent donner leurs services pour les causes à expédier dans le cours de la session

sera à l'accusé des questions générales. Il lira ensuite aux jurés la formule de serment suivante :

« Vous jurez, convaincus de l'importance morale du

S'il est constaté qu'on ne trouvera pas quelques-uns des trente jurés ordinaires, ou que quelques-uns seront empêchés de prêter leur concours, il y aura lieu, selon les dispositions de l'art 34, de porter sur la liste, en suivant l'ordre de leur extraction de l'urne, les noms des dix autres jurés ordinaires, en remplacement de ceux que l'on ne peut pas trouver ou qui seraient empêchés

Le jugement définitif sur la validité des motifs de l'empêchement sera dévolu à la cour d'assises , mais le juré ordinaire, appelé à prêter son concours au lieu et place de celui qui en est empêché, continuera de le prêter indépendamment de la décision que pourra rendre la cour sur le même empêchement Les dix jurés supplémentaires seront tenus de prêter leur concours pour toute la session en cas, de défaut ou d'empêchement des jurés ordinaires.

Si dans l'extraction de l'urne des noms des jurés supplémentaires le sort désigne à cette fonction des noms déjà sortis de l'urne des jurés ordinaires, on procedera à l'extraction de l'urne des jurés supplémentaires d'autres noms, jusqu'à ce que l'on ait atteint le nombre susindiqué

Les bulletins extraits de l'urne, apres qu'il en aura été proclamé les noms, seront conservés sous scellés par le greffier, aux effets de l'article 33.

Art 34. — L'avis du jour ou doivent s'ouvrir les assises est donné individuellement aux premiers trente jurés ordinaires et aux dix jurés supplémentaires, par les soins du président du tribunal civil ou correctionnel résidant dans le lieu ou doit se réunir la cour d'assises

Ce même président transmettra au président des assises la liste de tous les jurés désignés conformément à l'art 29, et les actes de citation des

premiers trente jurés ordinaires et des dix jurés supplémentaires.

Si le cas prévu dans le premier paragraphe de l'art 29 vient à se réaliser, le président des assises et, en son absence, le président du tribunal indiqué ci-dessus, transmettra, en suivant l'ordre de leur extraction de l'urne, l'avis aux autres jurés ordinaires pour compléter le nombre de trente

Les jurés, tant ordinaires que supplémentaires, qui auront été avisés, devront se trouver presents à la premiere audience et aux autres audiences de la cour d'assises, à moins qu'ils n'en aient été dispensés.

Art 39. — Après avoir constaté la présence des trente jurés ordinaires et supplémentaires, le président (*des assises*) les fera retirer dans la salle qui leur est destinée Là, à huis-clos, il lira en présence du ministere public et de son défenseur, les noms des trente jurés suivant l'ordre de leur extraction de l'urne

De la sorte il procédera au tirage au sort des noms des quatorze jurés qui doivent juger l'affaire Les deux jurés dont les noms sont sortis les derniers seront supplémentaires

Art. 40 — A mesure que les noms des jurés sont extraits de l'urne, le ministere public et, avec lui, l'accusé auront la faculté d'exercer, sans donner aucun motif, huit récusations chacun

Les récusations doivent être faites au moment ou chaque nom sera extrait de l'urne

Le nombre des quatorze jurés non récusés étant complet, le tirage au sort cessera et le jury sera composé.

Art. 41 — Si l'affaire comprend plusieurs accusés, ils pourront s'entendre entre eux pour exercer, en commun ou séparément, le droit de récusation mentionné dans l'article précédent Les recusations pourront

» serment et du lien religieux que les croyants
» comme vous contractent par lui devant Dieu, d'exa-
» miner avec la plus scrupuleuse attention les accu-
» sations portées contre N.; de ne trahir ni les droits
» de l'accusé, ni ceux de la société qui l'accuse; de
» ne communiquer avec personne relativement aux-
» dites accusations, sinon après votre déclaration; de
» n'écouter ni la haine, ni d'autres mauvais senti-
» ments; ni la crainte, ni l'affection; de vous décider
» seulement d'après l'accusation et les moyens de dé-
» fense, selon votre connaissance et votre intime con-
» viction, avec l'impartialité et avec la fermeté qui
» conviennent à un homme probe et libre. »

Ensuite, il appellera un à un les jurés suivant l'ordre de leur désignation par le sort, et chacun d'eux prononcera, en levant la main droite, la formule de serment : JE LE JURE (1).

488. — Le président avertira ensuite l'accusé d'être attentif à ce qu'il va entendre.

(1) *Code de procédure pénale.* — 487. (*Ancien texte.*) — L'audience étant ouverte, le président posera à l'accusé des questions générales. Ensuite il lira aux jurés la formule de serment suivante :

« Vous jurez, devant Dieu et devant les hommes, d'examiner avec la plus scrupuleuse attention les accusations portées contre N. N.; de ne trahir ni les droits de l'accusé, ni ceux de la société qui l'accuse; de ne communiquer avec personne relativement auxdites

être admises jusqu'à ce que, y compris les noms des jurés qui restent dans l'urne et ceux des jurés qui n'ont pas recusés par les accusés, ou par le ministere public, ils restent en nombre de quatorze

A defaut de cet accord préalable, le sort réglera entre les accusés l'ordre dans lequel ils seront admis à exercer les récusations, et dans ce cas les jures sortis et récusés par l'un des accusés dans l'ordre exprimé ci-dessus, resteront récusés également pour les autres accusés, et ce jusqu'à ce qu'on ait épuisé le nombre des récusations permises

Si l'accord entre plusieurs accuses s'est établi sur une partie seulement des recusations, les autres, jusqu'au nombre établi, pourront exercer des recusations dans l'ordre qui aura été fixé par le sort

489. — Le greffier lira à haute voix l'arrêt de renvoi de l'accusé devant la cour d'assises et l'acte d'accusation, ou bien la citation directe.

Après cette lecture, le président expliquera brièvement le contenu de l'acte d'accusation et dira à l'accusé : *Voilà de quoi vous êtes accusé : maintenant vous allez entendre les preuves qu'il y a contre vous.*

490. — Le procureur général présentera ensuite la liste des témoins qui devront être entendus soit à sa requête, soit à la requête de la partie civile, ou de l'accusé.

Cette liste sera lue à haute voix par le greffier.

491. — La discussion aura lieu, suivant les règles établies par les *dispositions générales* de ce livre II, en tout ce qui n'est pas contraire aux dispositions du présent chapitre.

492. — Les jurés, après avoir obtenu la parole du président, peuvent demander aux témoins et à l'accusé tous les éclaircissements qu'ils croient nécessaires à la découverte de la vérité.

493. — Après l'audition des témoins ou des experts, et les plaidoiries de la partie civile, du ministère public et des défenseurs, le président déclarera les débats clos.

» accusations, sinon après votre déclaration ; de n'écouter ni la haine, ni d'autres mauvais sentiments ; ni la crainte, ni l'affection ; de vous décider seulement d'après l'accusation et les moyens de défense, selon votre conscience et votre intime conviction, avec l'impartialité et la fermeté qui conviennent à un homme probe et libre. »

Il appellera ensuite un à un les jurés selon l'ordre de leur désignation par le sort ; et chacun d'eux, en touchant de la main droite la formule du serment, répondra : JE LE JURE.

494. — Le président résumera brièvement la discussion et fera remarquer aux jurés les principales raisons alléguées contre et en faveur de l'accusé ; leur rappellera les devoirs qu'ils sont appelés à remplir ; formulera par écrit, et lira à l'audience les questions auxquelles ils sont appelés à répondre séparément, savoir : la première sur le fait principal, et ensuite sur chacune des circonstances aggravantes résultant de l'arrêt de renvoi et de l'acte d'accusation, de la manière suivante :

« L'accusé est-il coupable d'homicide volontaire, » de vol, etc., *(on indiquera la qualification du fait » incriminé)* pour avoir... ? »

« L'a-t-il commis avec la circonstance aggravan- » te... ? »

« L'a-t-il commis avec l'autre circonstance aggra- » vante... ? »

495. — Lorsque l'accusé aura proposé pour excuse un fait admis comme tel par la loi, et aura requis qu'il en soit posé une question aux jurés, le président le fera et formulera la question comme il suit :

« Le fait... est-il constant ? »

Lorsque, au contraire, l'accusé a proposé en défense un fait qui, s'il subsistait, exclurait le délit, le président ne pourra pas en faire l'objet d'une question séparée posée aux jurés, mais il devra avertir ceux-ci que, s'ils pensent qu'un tel fait est constant, ils devront répondre négativement à la question sur le fait principal.

496. — Si l'accusé a moins de quatorze ans, ou si, s'agissant d'un délit de presse, l'accusé a moins de seize ans, le président posera la question suivante :

« L'accusé a -t-il agi avec discernement ? »

497. — Le président, après avoir posé par écrit et avoir lu les questions, avertira les jurés que si, à la majorité des voix, ils pensent accorder en faveur d'un ou de plusieurs des accusés des circonstances atténuantes, ils doivent en faire la déclaration en ces termes :

« A la majorité, il y a des circonstances atténuantes en faveur de l'accusé N. N. »

498. — Les parties ont le droit de former opposition à la manière dont sont formulées les questions par le président, et la cour délibérera sur l'incident aux termes de l'art. 281. N° 4.

Si il n'y a pas d'opposition, ou après que celle-ci aura été vidée, le président remettra aux jurés, en la personne de leur chef, les questions écrites aux termes des art. 494, 495, 496 ; ensemble, l'acte d'accusation, les procès-verbaux qui constatent le fait incriminé, et les actes de la procédure, et il les avertira également que si l'accusé est déclaré coupable du fait principal à la simple majorité de sept voix, ils doivent en faire mention au commencement de leur déclaration.

Il fera ensuite retirer les accusés de la salle d'audience et lira aux jurés l'instruction suivante :

« La loi ne demande pas compte aux jurés des mo-
» tifs pour lesquels ils se sont convaincus.

» Elle ne leur prescrit aucune règle, de laquelle ils
» doivent faire dépendre la plénitude et la suffisance
» d'une preuve.

» Elle leur prescrit de s'interroger dans le silence
» et le recueillement, et d'examiner, dans la sincé-
» rité de leur conscience, quelles impressions ont
» faites sur leur raison les preuves rapportées contre
» l'accusé et les motifs à l'appui de sa défense.

» Elle leur pose cette seule question qui renferme
» toute la mesure de leurs devoirs : *Avez-vous l'in-*
» *time conviction de la culpabilité ou de l'innocence*
» *de l'accusé ?*

» Les jurés manquent au principal de leur devoir,
» s'ils pensent aux dispositions des lois pénales, ou
» considèrent les conséquences que pourra avoir pour
» l'accusé la déclaration qu'ils doivent faire. »

Cette instruction, imprimée en grands caractères,
doit, en autant d'exemplaires qu'il y a de jurés, être
étendue sur la table autour de laquelle ils siègent dans
la chambre des délibérations.

Pour les délits de presse de la compétence de la cour
d'assises, l'instruction est faite au contraire dans les
termes suivants :

« La loi ne demande aux jurés aucune discussion,
» ni aucun examen de la valeur de termes isolés, du
» sens plus ou moins large que l'on peut attribuer à
» chacun d'eux en particulier, mais leur impose le
» devoir de s'interroger dans le silence et le recueil-
» lement et d'examiner, dans la sincérité de leur con-
» science, quel effet a produit sur leur esprit l'ensem-
» ble de l'écrit incriminé.

» Les jurés ne doivent pas se laisser préoccuper par
» la pensée de l'application de la peine et de ses con-
» séquences. Le but pour lequel ils sont appelés par
» la loi n'est pas tel.

» Ils ne doivent avoir d'autre intention que de pro-
» noncer dans leur conscience s'ils croient ou non
» l'accusé coupable du fait qui lui est imputé. »

499. — Les douze jurés sur l'invitation du président
doivent ensuite se retirer dans la chambre assignée à
leurs délibérations ; et ils ne peuvent en sortir, ni

communiquer au dehors avec qui que ce soit, jusqu'à ce qu'ils aient formulé leur déclaration.

A cet effet le président donne ordre à un huissier et au chef de la force publique de service, de faire garder l'entrée de leur chambre.

Durant la délibération, personne ne peut avoir accès dans ladite chambre, sauf en vertu d'un ordre écrit du président de la cour d'assises et pour le service matériel des jurés.

Cet ordre est reçu par l'huissier placé à la garde de l'entrée de la chambre.

Il n'est pas permis également au président des assises d'entrer dans la chambre des délibérations des jurés. Lorsque ceux-ci auront besoin de quelque éclaircissement ils en informeront le président, lequel le leur donnera en chambre du conseil, en présence de la cour, du ministère public, de la partie civile et du défenseur de l'accusé.

500. — Les jurés qui, en dehors du cas susmentionné, sortiront de la chambre des délibérations, ou communiqueront avec une tierce personne, pourront être condamnés par la cour d'assises à une multe qui pourra être portée à cinq cents francs.

Toute autre personne qui enfreint l'ordre, ou ne le fait pas exécuter, lorsqu'il y sera tenu par ses propres fonctions, peut être puni par la même cour par la peine des arrêts pour vingt-quatre heures.

501. — Est *chef* des jurés le premier d'entr'eux dont le nom a été extrait de l'urne, sauf que, avec son consentement, les jurés aient désigné un autre d'entr'eux pour remplir ces fonctions.

502. — Le chef des jurés leur lit, une à une, les questions formulées par le président. Il est ensuite

statué distinctivement et par ordre sur chacune d'elles au vote secret, premièrement sur le fait principal, ensuite, s'il y a lieu, sur chacune des circonstances aggravantes, sur chacun des faits d'excuse légale, et sur la question du discernement.

Le vote sur les questions posées par le président étant terminé, le chef des jurés fait délibérer, sur la question de savoir s'il y a des circonstances atténuantes.

503. — Pour l'exécution du vote, chacun des jurés, appelé par son chef, reçoit de lui, sur chaque question, un billet imprimé, ayant le timbre de la cour d'assises.

Les billets portent écrites ces paroles : *sur mon honneur et sur ma conscience mon vote est.......*

Le juré écrit au-dessous de ces paroles, sur une table disposée de façon à ce que personne ne puisse découvrir la teneur du vote, le mot *oui* ou le mot *non*.

Il plie ensuite son billet, et le remet au chef du jury, lequel le dépose dans l'urne à ce destinée.

Le chef des jurés, après avoir recueilli dans l'urne tous les billets, en fait le dépouillement en présence de tous les autres jurés; écrit immédiatement le résultat du vote en marge de chaque question, sans indiquer pour cela le nombre des votes; et exprime que la délibération a été prise à la majorité, quand même elle l'a été à l'unanimité des votes.

Dans le cas cependant où la réponse affirmative sur le fait principal est donnée à la simple majorité de *sept* voix, il en fait mention particulière.

Quant aux circonstances atténuantes, le résultat du vote n'est pas déclaré, sauf qu'il soit affirmatif sur leur existence.

504. — Si sur les billets extraits de l'urne il s'en

trouve quelqu'un n'exprimant aucun vote, il est considéré comme favorable à l'accusé.

La même chose a lieu si quelque billet est jugé non lisible par six jurés au moins.

Les billets, après le dépouillement fait, sont immédiatement brûlés.

505. — Les décisions des jurés soit contre, soit en faveur de l'accusé, doivent être rendus à la majorité de sept voix au moins.

Quand les votes sont également divisés, l'opinion favorable à l'accusé prévaudra.

506. — Après avoir formulé leur déclaration, les jurés rentreront dans la salle d'audience.

Le président de la cour leur demandera quel est le résultat de leur délibération.

Alors le chef des jurés se lèvera debout, et tenant la main sur le cœur dira : *sur mon honneur et sur ma conscience la déclaration des jurés est celle-ci...*

Et il en donnera lecture.

507. — Les dispositions contenues dans les articles 487, 489, 1e partie, 494, 495, 496, 497, 498, 499, 506, doivent être observées à peine de nullité. Néanmoins, le défaut de mention dans le procès-verbal des débats de l'observation des dispositions contenues dans les articles 489, 1e partie, 498, 8e alinéa, et 499, dans les derniers trois alinéas, n'entraînera pas nullité, s'il n'y a pas eu d'opposition ou de protestation des parties.

En dehors des cas de nullité, s'il résulte que la déclaration des jurés est incomplète, contradictoire ou autrement irrégulière, la cour d'assises engagera les jurés à rentrer dans la chambre de leurs délibérations pour la rectifier.

Dans ce cas, si la première déclaration a été favorable à l'accusé sur quelqu'une des circonstances constitutives du crime, ou sur quelque autre circonstance que ce soit, et que cette déclaration ne soit pas contredite par une autre déclaration contraire, cette première déclaration ne pourra être changée ou modifiée, à peine de nullité.

508. — La déclaration des jurés, signée de leur chef, est par lui remise entre les mains du président de la cour : le président la signe et la fait signer par le greffier, le tout en présence des jurés et de la cour, et à peine de nullité.

509. — La décision des jurés n'est jamais sujette à aucun recours.

Lorsque la déclaration des jurés a été affirmative sur le fait principal à la majorité de *sept* voix, et que les juges de la cour sont à l'unanimité convaincus que les jurés, bien qu'ayant observé les formalités voulues, se sont trompés sur le fait principal, la cour suspendra la sentence et renverra la cause à la session suivante pour y être soumise à d'autres jurés, étant exclus tous ceux qui sont intervenus à la précédente délibération.

Personne n'a le droit de provoquer une telle mesure, la cour ne peut l'ordonner que d'office.

Après la déclaration des seconds jurés, la cour est tenue de prononcer la sentence quoique cette déclaration soit conforme à la première.

510. — Les débats étant commencés doivent, à peine de nullité, être continués, sans que la cour puisse procéder à d'autres actes qui y sont étrangers ; si ce n'est après la délibération des jurés.

Les débats peuvent toutefois être suspendus par ordre du président, pendant les intervalles nécessaires au repos des conseillers, de la cour, des jurés, des témoins ou des accusés; ou pour d'autres circonstances relatives à la cause.

D'ordre du président, il en sera fait mention dans le procès-verbal.

Les jurés ne peuvent être congédiés qu'après que la cour aura prononcé l'arrêt.

Chapitre VI.

De la sentence.

511. — Une fois la déclaration des jurés signée au terme de l'art 508, le président fera ramener l'accusé dans la salle d'audience; en sa présence le greffier donnera lecture de cette déclaration et donnera également lecture du renvoi dont il est parlé dans les paragraphes 2 et 3 de l'art. 509, si ce renvoi s'est produit.

512. — Si l'accusé a été reconnu non coupable, le président le déclarera absous et ordonnera qu'il soit mis en liberté, s'il n'est détenu pour autre cause. La déclaration d'acquittement prononcée par le président, et l'ordre de mise en liberté, seront inscrits dans le procès-verbal d'audience.

La cour statuera, s'il y a lieu, conformément aux articles 570, 571, sur les demandes des parties pour les dommages-intérêts; et pourra, par le même arrêt, ordonner qu'il soit procédé pour le fait de calomnie ou de faux contre les dénonciateurs, les accusateurs, la partie civile, ou les témoins; à défaut, l'accusé conservera le droit de faire sa demande par instance séparée.

Néanmoins, les autorités et les officiers publics ne pourront être recherchés pour les notes, ou les renseignements qu'ils auront donnés au sujet des faits incriminés qu'ils croiront avoir découverts dans l'exercice de leurs fonctions; sauf à porter contre eux l'accusation de fraude, ou de collusion, s'il y a lieu.

513. — Si l'accusé a été déclaré coupable, et si la réponse des jurés est affirmative sur la question dont il est parlé dans l'art. 496, le ministère public requerra l'application de la loi.

La partie civile formulera sa demande pour les restitutions et pour les dommages-intérêts.

514. — Le président demandera à l'accusé s'il y a quelque chose à dire pour sa défense. L'accusé et son défenseur ne pourront plus soutenir que le fait ou les circonstances aggravantes déclarées par les jurés n'existent pas; mais seulement que le fait n'est pas qualifié crime par la loi, ou qu'il n'est pas punissable par la peine dont le ministère public a requis l'application, ou qu'il n'y a pas lieu à accorder les dommages-intérêts demandés par la partie civile, ou que la demande de celle-ci est exagérée.

515. — Lorsque le fait dont l'accusé a été déclaré coupable ne constitue pas de délit, aux termes de la loi pénale; ou bien si la réponse des jurés a été négative sur la question mentionnée dans l'art. 496 (1). La cour déclarera n'y avoir lieu à procéder ; sauf, suivant les cas, quant au mineur de quatorze ans, l'application de l'art. 88 (2) du code pénal.

Pareillement la cour déclarera n'y avoir lieu de

(1) Relative au *discernement* de l'accusé.   (*Note du trad.*)

(2) Voir la traduction de cet article, page 143.

procéder, si l'action pénale est prescrite ou éteinte de toute autre manière.

516. — Si le fait constitue un délit aux termes de la loi pénale et si la réponse des jurés a été affirmative sur la question dont il est parlé dans l'art. 496, la cour prononcera la peine établie par la loi ; même dans le cas où, suivant le résultat des débats, elle reconnaîtrait que la cause, par la nature du délit, n'est pas de sa compétence.

517. — Si au cours de la discussion, le ministère public ou une autre des parties a demandé qu'il lui soit donné acte de quelque circonstance spéciale des débats, le greffier, avant la clôture de l'audience, donnera lecture de la partie du procès-verbal relative à ces conclusions.

518. — L'accusé acquitté, à l'égard duquel on aura déclaré n'y avoir lieu de procéder, ne pourra plus être recherché, ni accusé pour le même fait.

519. — Lorsque au cours des débats il sera résulté à la charge de l'accusé soit par suite des documents, de dépositions de témoins, ou d'experts, d'autres faits non relevés par l'acte d'accusation, la cour ne pourra prononcer sur ces nouveaux faits ; mais il sera procédé et statué sur eux, conformément aux dispositions du présent code et du code pénal.

Si les nouveaux faits sont de nature à faire augmenter la peine édictée pour les premiers ; ou à donner lieu à l'application d'une peine d'un degré supérieur, il sera sursis à l'exécution de la sentence jusqu'à ce qu'il ait été statué à l'égard de la nouvelle accusation.

520. — Si la nouvelle imputation ne comporte ni augmentation de peine, ni application d'une peine

d'un degré supérieur, ni l'addition d'une des peines prévues dans l'art. 111 du code pénal (1); mais s'il résulte des débats que l'accusé a des complices, la cour prononcera sur le fait qui a été l'objet de l'accusation comme il est dit ci-dessus et ordonnera, quant à la nouvelle accusation, qu'il soit procédé contre les complices ; sauf toutefois à la partie lésée le droit d'agir en voie civile contre le condamné pour le payement des dommages-intérêts.

521. — *(Modification apportée par la loi du 30 juin 1876.)* « S'il est déclaré qu'il n'y a pas lieu de procéder, ou si l'accusé a été absous, la cour ordonnera qu'il soit procédé pour le nouveau délit s'il est de sa compétence ; dans le cas contraire, elle remettra la cause au juge compétent.

Dans l'un et l'autre cas il pourra être sursis à la mise en liberté de l'inculpé, à la condition que le ministère public, avant la clôture des débats, ait commencé les poursuites contre l'inculpé et qu'il s'agisse d'un des cas pour lesquels il peut être délivré mandat de prise de corps, conformément à la disposition de l'article 182 (2).

---

(1) *Code pénal.* 111. — Nonobstant la disposition des articles précédents, la peine de l'interdiction des offices publics sera simultanément appliquée avec le concours d'autres peines ou criminelles, ou correctionnelles.

La multe et l'amende pourront être simultanément infligées avec des peines criminelles déclaré qu'il n'y a pas lieu de procéder, ou si l'accusé a été absous, la cour ordonnera qu'il soit procédé sur le nouveau délit, s'il est de sa compétence ; dans le cas contraire elle remettra la cause aux juges compétents.

Dans l'un et l'autre cas il sera sursis à la mise en liberté de l'inculpé, pourvu que le ministère public se soit réservé, avant la clôture des débats, de procéder contre l'inculpé, et que

(2) *Code de procédure pénale.* — 521 *(Ancien texte).* — S'il est

522. — Après avoir prononcé la sentence, le président pourra, selon les circonstances, faire à l'accusé telles exhortations qu'il croira convenables.

523. — Les règles établies au chapitre V des dispositions générales de ce livre II s'observeront aussi pour les sentences des cours d'assises en tout ce qui n'est pas contraire aux dispositions du présent chapitre.

Chapitre VI.

De la procédure et du jugement en contumace.

§ I. — *De la citation.*

524. — Lorsque, après l'arrêt de mise en accusation, l'accusé n'aura pu être arrêté ; ou qu'il ne se constituera pas prisonnier dans les dix jours de la notification qui lui en sera faite à sa résidence ou à son domicile ou à sa demeure ; ou que après s'être constitué prisonnier ou avoir été arrêté, il se sera évadé, le président de la cour d'assises, ou le magistrat qui le remplace, rendra une ordonnance portant que l'accusé sera tenu de se présenter dans un nouveau délai de dix jours, passé lequel, s'il ne se présente pas, on procédera contre lui, sans autres formalités, au jugement de contumace.

La même disposition s'appliquera à l'accusé qui ne comparaîtra pas dans le délai fixé par l'ordonnance mentionnée dans l'art. 438.

525. — L'ordonnance, dont il est parlé dans la première partie de l'article précédent, contiendra l'in-

le nouveau délit emporte une peine supérieure à trois mois de prison ; ou une peine moindre, mais alors qu'il s'agisse de personnes comprises parmi celles indiquées dans la première partie de l'art. 206.

dication du crime ou du délit, et de l'ordonnance de prise de corps ou de comparution, selon les cas.

526. — Quand il s'agira de citer un accusé contre lequel il a été déjà délivré un ordre d'arrestation en matière civile ou commerciale (1), il lui sera concédé un sauf-conduit dans la même ordonnance de citation.

527. — L'ordonnance de citation sera affichée à la porte principale de la maison ou l'accusé avait sa dernière habitation, et à celle de la salle d'audience de la cour d'assises qui doit statuer.

Si l'accusé n'a pas d'habitation certaine, ou s'il est absent du royaume, l'affichage se fera seulement à la porte de la salle d'audience de la cour d'assises.

528. — La violation des formes prescrites par les quatre précédents articles emporte la nullité de la citation.

529. — Après l'expiration du délai des dix jours mentionnés dans l'article 424, on procédera au jugement de contumace.

Aucun défenseur ne pourra se présenter pour l'accusé contumax.

L'accusé pourra toutefois faire présenter son acte de naissance ou tout autre document équivalant, pour prouver sa minorité ; et si elle n'est déjà constatée par les actes de la procédure, la cour en ordonnera la vérification avec l'intervention du ministère public.

530. — Lorsqu'il sera établi que le contumax se trouve absent du royaume, et que l'absence n'est pas causée par le fait dont il est accusé ; ou que pour d'autres motifs il est dans l'impossibilité absolue de se présenter

---

(1) En Italie la contrainte par corps en matiere civile et en matière commerciale est toujours en vigueur. (*Note du trad.*)

dans le délai fixé par l'ordonnance, la cour, sur la demande qui lui en aura été faite, pourra accorder à l'accusé un nouveau délai qui sera déterminé eu égard à la nature de l'excuse, et à la distance des lieux. Ce délai pourra être prorogé, quand l'accusé prouvera que l'empêchement allégué n'a pas encore cessé.

531. — La présentation des documents énoncés dans le troisième paragraphe de l'art 529, et dans l'article 530, et la demande du nouveau délai, seront faites ou par l'entremise d'un fondé de pouvoirs spécial de l'accusé, ou par ses parents, ou par ses amis.

532. — Après l'expiration des délais susénoncés, si l'accusé ne s'est pas présenté volontairement, ou s'il ne s'est pas constitué prisonnier, ou s'il n'a pas été arrêté, le greffier en dressera procès-verbal et communiquera les pièces au ministère public.

533. — L'intervention de la partie civile est admise dans les jugements par contumace, suivant le mode établi par l'article 537, paragraphe 3.

534. — La contumace d'un accusé ne suspendra ni ne retardera de plein droit l'instruction contre ses coaccusés.

§ 2. — *Du jugement en contumace.*

535. — Le président de la cour, ou le magistrat qui le remplace, sur les réquisitoires du ministère public, déterminera par son ordonnance l'audience à laquelle il sera procédé au jugement de contumace.

Cette ordonnance sera affichée à la porte de la salle d'audience de la cour, et notifiée à la partie civile, en la personne de son procureur, vingt-quatre heures au moins avant l'audience.

536. — Au jour fixé, la cour d'assises se réunira

en audience publique, sans l'intervention des jurés.

537. — L'huissier, d'ordre du président, demandera à haute voix s'il n'y a personne qui comparaisse pour le contumax aux effets dont il est parlé dans le 2ᵉ paragraphe de l'art. 529 et dans l'art. 530.

En cas d'affirmative, la cour procédera en conformité desdites dispositions.

S'il ne se présente personne, ou s'il n'est point le cas de procéder à la vérification dont il est parlé dans le 3ᵉ paragraphe de l'art. 529 ; ou si les excuses produites sont rejetées, la cour fera donner lecture de l'arrêt de renvoi, de l'acte de notification de l'ordonnance mentionnée dans l'article 524, et des procès-verbaux constatant l'affichage.

Le ministère public conclura sur la contumace ; et la partie civile, si elle se présente, produira ses demandes en ce qui touche ses intérêts civils.

Si les formalités prescrites pour la procédure en contumace n'ont pas été observées, la cour annulera la procédure et ordonnera qu'elle soit recommencée à partir du premier acte nul.

Si la procédure est conforme à la loi, la cour déclare la contumace légalement encourue.

538. — Après avoir déclaré la contumace, la cour se retirera en chambre du conseil.

Là le greffier lira les procès-verbaux, les documents et les dispositions écrites des témoins. Le ministère public donnera ses conclusions, et se retirera ensuite, ainsi que le greffier.

La cour délibérera successivement sur le mérite de la cause, et sur les demandes de la partie civile : elle rentrera ensuite dans la salle d'audiences et prononcera son arrêt.

539. — L'arrêt de contumace sera affiché à la diligence du ministère public, dans les quinze jours de sa date, dans les lieux indiqués par l'art 527, et en outre dans la commune ou le fait incriminé a été commis et ce aux endroits réservés aux publications.

540. — L'accusé qui aura été acquitté par l'arrêt de contumace, ou à l'égard duquel on aura déclaré n'y avoir pas lieu de procéder, ne pourra plus être poursuivi, ni accusé pour le même fait.

541. — Contre les arrêts de contumace prononcés par les cour d'assises, qui emportent l'application de peines criminelles, la voie de la cassation n'est ouverte qu'au procureur général et à la partie civile en ce qui la concerne, sauf la disposition du dernier paragraphe de l'art. 544.

542. — L'arrêt de contumace rendu en conformité de l'art. 538, l'est également sans le concours des jurés :

1° Quand l'accusé, non détenu, après s'être présenté dans le délai établi par l'ordonnance mentionnée par l'art. 438, ou par l'ordonnance mentionnée par l'art. 524, ne s'est pas présenté à l'audience fixée pour les débats ;

2° Quand l'inculpé, contre lequel il a été décerné par le président de la cour d'assises une citation directe, conformément à la loi sur l'imprimerie, ne s'est pas présenté à l'audience fixée dans l'acte de citation.

La lecture qui sera faite en audience publique se bornera, dans le premier cas, à l'arrêt de renvoi et au procès-verbal de notification de l'ordonnance mentionnée dans l'art. 438, ou dans l'art. 424 ; dans le second cas, à l'acte de citation notifiée dans la forme prescrite pour les mandats de comparution.

La disposition de l'art. 541 est encore applicable à ces cas.

§. 3. — *Des moyens et des délais pour purger la contumace.*

543. — Le condamné en contumace pour une peine criminelle, en quelque temps qu'il se présente volontairement, ou qu'il se constitue prisonnier, ou qu'il soit mis sous la main de la justice, avant que la peine ne soit prescrite, sera entendu sur le fond de l'affaire et sera admis à présenter sa défense, comme s'il n'était pas contumax.

L'arrêt prononcé contre lui sera considéré comme non avenu, et l'on procédera ultérieurement dans la forme ordinaire. L'arrêt de renvoi et l'acte d'accusation ainsi que les actes antérieurs conserveront cependant tous leurs effets.

Dans le cas où la condamnation par contumace emporte l'interdiction légale du condamné, elle ne produira ses effets qu'après cinq ans à partir de la prononciation de la sentence. Durant ces cinq années, les biens du condamné seront administrés et ses comptes tenus comme pour les présumés absents.

Si le condamné en contumace se constitue prisonnier, ou s'il est arrêté après les cinq années, il rentrera pour l'avenir dans la jouissance de tous ses droits; il restera cependant sous les effets de l'interdiction légale, pour l'intervalle écoulé depuis l'expiration des cinq années jusqu'à sa comparution en justice.

544. — La condamnation par contumace qui emporte la peine de l'interdiction des offices publics produira ses effets trois mois après l'affichage de l'arrêt, rendu conformément aux termes de l'art. 539.

16

Si le condamné par contumace à cette peine se présente volontairement, ou est arrêté, après l'expiration du délai de trois mois, il rentrera pour l'avenir dans l'exercice de ses droits ; resteront cependant maintenus les effets de l'interdiction des offices publics pour le temps qui s'est écoulé depuis ce délai jusqu'à la comparution du contumax en justice.

Si le condamné par contumace à l'interdiction des offices publics, contre lequel il n'a pas été décerné de mandat de prise de corps, après s'être volontairement présenté, ne comparaît pas à l'audience fixée pour le second jugement, la cour prononcera, sans l'intervention des jurés, un arrêt par lequel elle ordonnera l'exécution de celui prononcé en contumace. Cette seconde sentence sera notifiée au condamné dans la forme prescrite pour les mandats de comparution, et ne pourra plus être contestée. La voie de la cassation restera cependant ouverte au condamné.

545. — Contre les sentences par contumace prononçant seulement une peine correctionnelle, ou de police, la voix de l'opposition suivant les règles et dans les délais établis dans les articles 389 et 390, sera ouverte au condamné.

La requête en opposition se présentera au greffe de la cour d'assises.

La cour jugera avec l'intervention des jurés, si l'opposant comparaît. Si celui-ci ne comparaît pas, la cour, sans l'intervention des jurés, ordonnera l'exécution de la première sentence ; sauf le recours en cassation.

546. — Dans le cas où le condamné par contumace, après avoir été entendu sur le fond de l'affaire, a cependant fait opposition, conformément aux disposi-

tions des trois articles précédents, les dépositions écrites des témoins morts, absents, ou rendus inhabiles a ester en justice, et les réponses écrites des autres coaccusés, seront lues à l'audience. Il en sera de même pour tous les autres documents dont le président croira pouvoir tirer des éclaircissements utiles soit sur les faits incriminés, soit sur les coupables.

547. — Le contumax qui, après s'être présenté, ou avoir fait opposition, obtiendra un arrêt d'acquittement, ou de non lieu, sera toujours condamné aux dépens occasionnés par sa contumace.

§ 4. — *Dispositions communes aux précédents*
§ § 2º et 3º.

548. — Un extrait des arrêts d'acquittement ou de non lieu, prononcés tant par contumace que contradictoirement, sera transmis par le greffier de la cour au greffier du tribunal près lequel s'est faite l'instruction, pour y être inscrit dans un registre spécial.

Le procureúr général et le procureur du roi donneront, sans retard, avis desdits arrêts au commandant des carabiniers royaux qui auraient été requis pour l'exécution des mandats de prise de corps délivrés contre l'accusé, ou contre le condamné en contumax ; et ce à l'effet de faire cesser contre eux toute recherche.

TITRE IV.

Des personnes civilement responsables.

549. — Les personnes civilement responsables de crimes, de délits, ou de contraventions seront citées

à intervenir dans le procès, à la requête du ministère public, ou de la partie civile, suivant que l'un ou l'autre y aura intérêt.

550. — Si c'est à la requête du ministère public et qu'il s'agisse de crime, la citation se fera au cours de l'instruction, mais avant l'acte d'accusation ; s'il s'agit de délit de la compétence du tribunal correctionnel, elle se fera pareillement durant l'instruction, sauf que la cause ait été portée directement devant le tribunal, auquel cas la citation se fera concuremment avec celle de l'inculpé.

Dans les cas précités, si la personne civilement responsable est assignée à la requête de la partie civile, la citation devra être faite concuremment avec la notification mentionnée dans le 3e paragraphe de l'art. 110.

Dans les affaires de la compétence des préteurs, la citation pourra aussi être donnée après celle de l'inculpé, mais avant l'audience.

551. — Dans les procès pour crimes ou pour délits dans lesquels il y a eu une instruction préalable, la citation se fera en vertu d'une ordonnance rendue dans la forme prescrite pour les mandats de comparution.

Dans le cas de citation directe devant le tribunal, ou de fait coupable de la compétence du préteur, on observera respectivement les dispositions des articles 332, 372 et 373.

Le délai pour comparaître sera celui mentionné aux articles 188, 334 et 375.

552. — La citation sera notifiée dans la forme prescrite pour les mandats de comparution.

553. — Dans les procès pour crimes, la partie civi-

lement responsable sera, en tout état de cause, jusqu'à la fin des débats, entendue sur le fait et sur ses circonstances.

Si elle intervient au cours de l'instruction, on lui notifiera l'arrêt de renvoi et l'acte d'accusation, comme aussi l'ordonnance qui aura fixé le jour de l'ouverture des débats ; la notification se fera dans les vingt-quatre heures de la date de cette ordonnance, à la diligence du procureur général.

554. — Dans les poursuites pour délits dans lesquelles il était procédé à une instruction préalable, la partie civilement responsable sera également entendue comme il est dit ci-dessus ; la procédure ultérieure aura lieu dans les formes qui s'observent à l'égard des inculpés.

Au cas de citation directe à l'audience, dans les affaires pour délits ou pour contraventions de police, la partie civilement responsable proposera ses moyens de défense suivant les règles établies pour les inculpés.

555. — Dans les poursuites pour contraventions de police, on observera en outre, en ce qui concerne la partie civilement responsable, les dispositions des articles 272, 336 et 341.

556. — Tous les bénéfices de la loi qui compètent aux inculpés, ou aux accusés, relativement à leur défense, sont communs aux personnes civilement responsables, pour tout ce qui regarde leur intérêt civil.

557. — Il sera prononcé une seule sentence pour les inculpés ou les accusés et pour les personnes civilement responsables.

558. — Les parties civilement responsables pourront émettre appel, en ce qui touche leur intérêt civil

seulement, des jugements des tribunaux et des préteurs, dans tous ces cas où une telle faculté est accordée à l'inculpé.

559. — Toute autre disposition relative aux jugements d'appel dans les procès susindiqués, en ce qui concerne les inculpés, s'appliquera aux personnes civilement responsables.

560. — Si la partie civilement responsable ne comparaît pas, elle sera jugée par défaut.

561. — Les formes et les délais prescrits pour l'opposition aux sentences par défaut prononcée contre les inculpés ou les accusés, tant par les cours, que par les tribunaux et par les préteurs, sont également applicables aux sentences par défauts prononcées contre les personnes civilement responsables.

TITRE V.

Des dommages-intérêts et des frais.

562. — Les frais d'une procédure pour délits d'action publique sont avancés par le trésor public.

S'il y a une partie civile en cause, elle est tenue d'avancer les frais qui se font à sa requête et seulement pour son intérêt civil.

Tant le trésor public que la partie civile ont le droit de répéter lesdits dépens contre les condamnés et contre les personnes civilement responsables du fait incriminé.

563. — Dans les procès pour délit d'action privée, les frais pour les actes à faire à la requête de la personne offensée ou ayant souffert le dommage, qui s'est

constituée partie civile, sont avancés par elle, sauf son recours contre les condamnés et contre les personnes civilement responsables.

Si dans les mêmes procès la partie privée ne se constitue pas partie civile, les frais seront avancés par le trésor, sauf recours, après le jugement, contre la partie privée dans le cas de déclaration qu'il n'y a lieu à procéder, ou bien d'acquittement de l'inculpé; ou contre celui-ci dans le cas où il est condamné. Néanmoins le recours ne sera point admis contre la partie privée qui ne s'est pas constituée partie civile, lorsqu'il a été déclaré n'y avoir lieu de procéder parce que l'action pénale est prescrite, si la prescription n'était pas encore acquise le jour où la partie civile a introduit sa demande.

564. — L'officier qui, aux termes de l'article 116, doit avertir le plaignant du droit qui lui compète de se désister de l'instance, devra aussi l'avertir que, s'il persiste dans son accusation, il sera tenu à rembourser les frais avancés par le trésor, dans le cas où il sera déclaré n'y avoir lieu de procéder, ou en cas que l'inculpé soit acquitté.

565. — Chaque fois qu'il y a une partie civile en cause, elle devra déposer au greffe la somme présumée nécessaire pour les frais mentionnés dans l'article 563, sauf qu'elle justifie de son indigence dans les formes prescrites par les règlements. Dans ce cas les frais sont avancés par le Trésor public.

La somme à déposer sera déterminée ou par le préteur, ou par le juge d'instruction, ou par un conseiller de la cour délégué par le président, selon que la constitution de la partie civile a lieu devant le préteur, le tribunal, ou la cour.

566. — Les citations et les notifications faites à la requête des inculpés ou des accusés, non admis au bénéfice des pauvres (1), seront à leur charge ; comme aussi les indemnités des témoins entendus à leur requête. Le ministère public pourra aussi faire citer à sa requête ceux des témoins qui lui seront indiqués par les inculpés ou les accusés, s'il croit que leur déclaration puisse être utile à la découverte de la vérité.

567. — Les dépens d'exécution des sentences emportant peine corporelle sont à charge du Trésor, sans retour.

568. — Dans les sentences de condamnation prononcées tant contradictoirement que par défaut, les frais du procès seront déclarés à la charge des condamnés et des personnes civilement responsables qui sont intervenues dans l'instance.

569. — Par les mêmes sentences seront condamnés, s'il y a lieu, les inculpés ou les accusés et les personnes civilement responsables, à la restitution des dommages-intérêts envers la partie civile, et envers quiconque aurait subi des dommages, encore qu'il ne se fût pas constitué partie civile.

570. — Dans le cas d'acquittement ou de déclaration qu'il n'y a pas lieu à suivre, les sentences, s'il y a lieu, déclareront tenue la partie civile à la restitution de dommages-intérêts envers l'inculpé ou l'accusé, réservant en outre, à ces derniers, pour être

---

(1) Le *bénéfice* des *pauvres*, dont il est question pour la première fois dans ce code, est une institution plus complete peut-être que notre *assistance judiciaire* française.

Nous en reparlerons en étudiant l'ORGANISATION JUDICIAIRE EN EUROPE.

(Note du trad.)

exercée devant les juges compétents, toute action qui pourrait leur compéter.

571. — Dans le même cas d'acquittement ou de déclaration qu'il n'y a pas lieu à suivre, et de même dans le cas de condamnation, on devra liquider, dans la sentence, les dommages-intérêts demandés par la partie civile, ou par l'inculpé, ou par l'accusé, si le procès offre les éléments nécessaires pour en déterminer la quotité.

Dans les autres cas, on procédera suivant les formes prescrites pour la liquidation des dommages-intérêts par le code de procédure civile, devant la chambre civile de la cour ou du tribunal, ou devant le préteur, qui prononceront la sentence.

Les juges pourront cependant adjuger, par la même sentence, en faveur de qui y aura droit, une somme qui sera imputée sur la liquidation définitive.

572. — Les sentences des tribunaux et des préteurs, portant liquidation de dommages-intérêts, sont appelables suivant les règles respectivement établies dans les articles 353 et 399.

En ce qui concerne la compétence, le pouvoir d'appeler, la citation d'appel, et le mode de procéder dans le jugement d'appel, on observera les règles prescrites par l'art. 370.

573. — Lorsque les personnes offensées ou ayant souffert le dommage ne seront pas intervenues au procès comme parties civiles, elles s'adresseront au tribunal civil compétent, pour faire liquider les dommages-intérêts.

574. — En cas d'arrêt par contumace pour crime, la partie offensée ou ayant souffert le dommage qui aura fait la demande mentionnée dans l'article pré-

cédent, pourra être astreinte, selon les circonstances, à présenter caution, même à l'égard des personnes civilement responsables, pour l'exécution de la sentence obtenue.

La même disposition sera appliquée dans le cas où les dommages-intérêts ont été liquidés devant la même cour qui a prononcé l'arrêt par contumace.

575. — La caution précitée n'aura d'effet que pendant cinq ans, à partir de la date de l'arrêt par contumace prononcée dans l'instruction pénale ; sauf les cas d'une nouvelle sentence, comme il est prescrit par les articles suivants.

576. — Lorsque le contumax se présentera, ou sera arrêté dans le délai de cinq ans mentionné dans l'article précédent, on prononcera par une nouvelle sentence, même sur la restitution des dommages-intérêts.

577. — Si la personne offensée ou ayant souffert le dommage est intervenue comme partie civile dans le nouveau procès contradictoire, et si l'accusé a été acquitté, ou s'il a été déclaré n'y avoir lieu de procéder contre lui, il sera ordonné par la même sentence, s'il y a lieu, de restituer à ce dernier ce qu'il avait déjà payé à titre de dommages-intérêts.

Si l'accusé est de nouveau condamné, et que les dommages-intérêts aient déjà été liquidés, il pourra néanmoins demander, dans le même jugement, la rectification de la liquidation, et le remboursement du surplus qu'il aurait déjà payé. A cet effet la cour prononcera en conformité de la disposition de l'art. 571.

578. — Si la personne offensée ou ayant souffert le dommage n'est pas intervenue comme partie civile dans le nouveau procès, la demande de restitution, de

rectification, ou de remboursement mentionnée dans
l'article précédent, se fera en voie civile devant le
juge compétent.

579. — L'obligation de restituer ne comprend que
la somme principale. La cour pourra néanmoins, selon les cas, l'étendre aux intérèts, en tout ou en
partie.

580. — Si le condamné en contumace meurt dans
les cinq années indiquées dans l'art. 576, les dommages-intérêts seront liquidés contradictoirement
avec les héritiers ; et, si la liquidation est déjà intervenue, ceux-ci seront admis à demander la rectification ou le remboursement selon les règles prescrites
par l'art. 577. Le tout en exécution de l'arrêt par contumace et devant la même cour qui l'a prononcée.

581. — La caution donnée aux termes de l'art. 574
continuera d'avoir son effet, même en ce qui concerne
l'exécution de la nouvelle sentence qui sera prononcée sur les dommages-intérêts et sur leur liquidation,
comme il a été dit ci-dessus.

582. — Si le condamné en contumace meurt après
l'échéance du délai établi dans l'art. 576, ou si, s'étant
présenté ou ayant été arrêté après ledit délai, il est
condamné par une nouvelle sentence, la liquidation
qui avait déjà eu lieu ne pourra plus être reprise. Si
au contraire avec la nouvelle sentence le condamné
en contumace est acquitté, ou s'il est déclaré n'y avoir
lieu à procéder contre lui, il ne sera plus tenu au
paiement de l'indemnité, ou de la partie de cette
indemnité qui serait restée impayée.

583. — La partie offensée ou ayant souffert le dommage qui, ne s'étant pas constituée partie civile, voudra se prévaloir d'une sentence par laquelle des dom-

mages-intérêts lui ont été alloués, pourra prendre copie ou expédition des actes de la procédure, encore que celle-ci ait été instruite par contumace. Cette copie ne sera toutefois accordée qu'au cas où elle pourra servir de base à la demande de la partie, et après avoir entendu le ministère public dans ses conclusions.

TITRE VI.

De l'exécution des sentences.

584. — Les sentences prononcées en matière criminelle, correctionnelle, ou de simple police, seront exécutées dans les 24 heures qui suivront le délai mentionné dans l'art. 649, s'il n'y a pas de recours en cassation ; et en cas de recours, dans les 24 heures après la réception de l'arrêt de la cour de cassation qui aura rejeté la demande.

585. — Lorsque il s'agira de condamnation à la peine de *confinement* ou de l'*exil local*, on observera, pour l'exécution de la sentence, ce qui est mentionné dans le titre VI, livre III du présent code.

586. — L'exécution des sentences passées en force de chose jugée sera suspendue dans les cas suivants :

1° Quand une femme condamnée à mort sera reconnue enceinte. Dans ce cas, l'exécution de la sentence sera retardée jusqu'à ce que l'accouchement ait eu lieu ;

2° Si le condamné à une peine corporelle se trouve en état de démence ou de maladie grave.

587. — Aucune exécution a mort n'aura lieu les

jours fériés, ou tous autres jours pendant lesquels cela est défendu.

588. — Le greffier de la cour, qui a prononcé la condamnation à la peine de mort, devra assister à l'exécution de la sentence. Il dressera procès-verbal de l'exécution et le transcrira, dans les 24 heures, au bas de l'original de l'arrêt. La transcription sera signée par lui, et il fera du tout mention en marge du procès-verbal.

589. — Les dispositions de l'article précédent seront pareillement observées, lorsque par suite de la fuite du condamné, ou de sa mort violente, l'exécution de la sentence devra avoir lieu en conformité de la disposition de l'art. 15 du code pénal (1).

590. — Si le condamné veut faire quelque révélation, elle sera reçue par le juge d'instruction, ou par le préteur du lieu où il se trouve, ou par le préteur qui sera à cet effet délégué, et avec l'assistance du greffier.

591. — Les sentences, portant condamnation à la surveillance de la sûreté publique seront transmises, en extrait, par le ministère public au ministre de l'intérieur pour leur exécution.

592. — Les condamnations à la multe, à l'amende et aux dépens, seront exécutés dans les règles pres-

---

(1) *Code pénal.* 15. — Si le condamné à mort par sentence devenue définitive s'échappe des mains de la justice, ou vient, pour cause de mort volontaire, à manquer avant l'exécution, l'exécuteur de la justice affichera sur le lieu, sur un poteau a ce destiné, une inscription sur laquelle seront inscrits en grands caracteres le nom, le prénom et le surnom s'il en a, la profession, la nationalité, le domicile du condamné, le crime et ses qualités, la peine prononcée et la date de la sentence.

L'inscription restera affichée pendant trois heures au moins.

crites par la loi et par les règlements en vigueur.

593. — Si le condamné a la multe ou à l'amende, est en état de la payer, il ne sera pas admis à la compenser avec la peine corporelle équivalente

594. — Si le condamné qui n'effectuera pas le paiement de la multe ou de l'amende est insolvable, il y aura lieu d'appliquer la peine équivalente de la prison ou des arrêts, avec les observations mentionnées dans l'article 67 du code pénal (1); même lorsque dans la sentence de condamnation il a été omis de faire mention de la peine équivalente.

A cet effet, le ministère public près la cour, ou le tribunal, ou le préteur qui aura prononcé la sentence, adressera au commandant des carabiniers royaux une réquisition pour l'arrestation du condamné, aussitôt qu'il aura reçu de l'administration chargée des recouvrements des condamnations ou des amendes, les documents constatant l'insolvabilité du condamné.

595. — L'insolvabilité devra être constatée par un certificat d'indigence délivré par l'administration communale.

596. — La réquisition prescrite par l'art. 594 devra énoncer le nom, prénom, l'âge, la profession, la résidence ou le domicile, ou la demeure du condamné ; le nom de son père ; la sentence de condamnation ; le montant de la condamnation ou de l'amende ; le nom,

---

(1) *Code pénal.* 67. — La multe, dans le cas ou le paiement n'en est pas effectué, est remplacée par l'emprisonnement dans la proportion d'un jour pour chaque trois francs, pourvu que la peine n'excède pas la durée de deux ans.

L'amende pareillement, dans le cas où le paiement n'en est pas effectué, est remplacée par les arrêts dans la proportion d'un jour pour chaque deux francs, pourvu que la peine n'excède pas la durée de quinze jours.

prénom et la résidence de l'agent des domaines chargé d'en faire le recouvrement ; l'insolvabilité du condamné ; la durée de la peine équivalente, et le lieu désigné pour la subir.

597. — Les carabiniers royaux, en procédant à l'arrestation du condamné, lui donneront lecture de la réquisition ci-dessus mentionnée, et le transféreront devant l'officier du ministère public ou devant le préteur qui aura requis ; lequel, après avoir vérifié son identité, le fera, par l'entremise des mêmes carabiniers royaux, consigner dans le lieu destiné pour subir la peine équivalente.

598. — Si le condamné arrêté pour n'avoir pas payé la multe ou l'amende, veut se libérer en la payant, il sera déduit de ce qu'il devra la somme qui, après calcul, correspondra aux jours de prison ou d'arrêt déjà subis.

599. — Lorsqu'un arrêt par contumace portera, conjointement à une peine criminelle, la condamnation à une multe ou à une amende, et qu'il n'y aura pas eu de recours en cassation, l'arrêt pourra, quant à la multe ou à l'amende, être provisoirement exécutée six mois après la notification au condamné, si dans ce délai il ne s'est pas présenté ou n'a pas été arrêté.

La sentence par contumace devenue définitive aux termes de l'article 544, 3e paragraphe, s'exécutera immédiatement après la notification.

Néanmoins cette exécution provisoire ne privera pas l'accusé du droit de purger sa contumace, conformément à ce qui est établi par l'art. 543 du présent code.

600. — La sentence dont il est fait mention dans l'article précédent, et sauf le cas prévu par l'art. 544, 3e pa-

ragraphe, sera pareillement exécutoire en ce qui regarde le recouvrement des dommages-intérêts, après le délai de trente jours à partir de la notification au condamné, et dans les formes établies par les articles 573 et suivants, jusqu'à l'article 583 inclusivement du présent code ; sans préjudice de ce qui est établi par le second paragraphe de l'art. 182 du code pénal (1). Il en sera de même relativement aux effets civils dont il est fait mention dans le code pénal, sauf ce qui est prescrit par les deux derniers alinéas de l'art. 543 et par l'art. 544 du présent code.

601. — Le ministère public près les cours et les tribunaux est chargé de veiller à l'exécution des condamnations pénales. Il pourra requérir à cet effet l'assistance de la force publique.

Si cependant il est établi que la peine est prescrite, le ministère public près le tribunal ou la cour qui l'a prononcée, requerra, sans autre formalité, et même d'office, la déclaration qui l'établit, la révocation du mandat d'arrêt, et la mise en liberté du condamné qui aurait été arrêté. Il sera fait droit à ces réquisitions en chambre du conseil, par ordonnance motivée.

---

(1) *Code pénal*. 182.—Quand la procédure pénale aura été commencée, et qu'il aura été décerné mandat d'arrêt contre les auteurs ou les complices des faits incriminés, l'autorité qui est saisie, fera poursuivre le sequestre de leurs biens, en conformité du second paragraphe de l'art. 37 et de l'art. 58 du code civil des anciennes provinces du royaume.

Lorsque la sentence de condamnation aura été prononcée soit contradictoirement, soit par défaut, si dans le délai de six mois à partir de la date du prononcé, les sommes portées par la sentence n'ont pas été payées, il sera procédé a la vente des biens séquestrés, jusqu'à concurrence desdites sommes et suivant le mode prescrit par les lois civiles des anciennes provinces du Royaume.

602. — Les préteurs, à la requête du ministère public, feront eux-mêmes exécuter les sentences qu'ils auront prononcées, conformément à la disposition de l'article précédent.

603. — Les ascendants pourront, relativement aux offenses qui leur auront été faites par leurs descendants ou alliés en ligne directe, quoique ces offenses constituent un délit d'action publique, faire obtenir la remise de la moitié de la peine correctionnelle ou de police prononcée contre eux. La même faculté est accordée au conjoint pour les offenses de la même nature commises contre lui par l'autre conjoint; sauf les dispositions de l'article 487 du code pénal (1).

Chaque demande à cet effet sera présentée au préteur, au tribunal, ou à la cour qui a prononcé la condamnation ; il y sera procédé, sur les conclusions du ministère public, en chambre du conseil.

604. — Lorsque par une ordonnance ou une sentence devenue définitive, l'inculpé aura été acquitté, ou qu'il aura été déclaré n'y avoir lieu de procéder contre lui, soit parce que le fait ne constitue pas un délit, soit parce que il est évident que le fait qui forme l'objet de l'inculpation n'est pas arrivé ; ou enfin qu'il est prouvé que l'inculpé ne l'a pas commis, ou n'y a pas pris part; l'inculpé pourra demander que l'accusation inscrite contre lui soit rayée des registres criminels.

La chambre du conseil, la chambre des mises en accusation, le tribunal ou la cour d'appel, par qui a été prononcée l'ordonnance ou la sentence, après avoir examiné les pièces de la procédure et entendu le

____

(1) Déja traduit page 223.

ministère public, prononcera sur cette demande, et si elle croit devoir l'accueillir, il sera ordonné que dans les certificats criminels délivrés au nom de l'inculpé, l'accusation dont s'agit ne sera pas mentionnée.

Si l'ordonnance a été prononcée par le juge d'instruction, la chambre du conseil statuera sur la demande.

Si la sentence a été prononcée par la cour d'assises, la chambre des mises en accusation statuera sur la demande.

La décision rendue à cet égard par la chambre du conseil ou par le tribunal ne sera pas sujette à opposition, ou à appel, et sera annotée en marge des registres criminels (1).

TITRE VII.

Des objets volés et autres, placés sous séquestre.

605. — Les objets volés et autres, placés sous séquestre, sont confiés à la garde des greffiers.

Néanmoins le juge chargé d'instruire pourra sur les réquisitoires du ministère public, ou sur l'instance de l'accusé ou des autres intéressés, et aussi d'office, ordonner que lesdits objets soient gardés autrement, lorsque de justes motifs l'exigeront ainsi.

606. — Les objets volés, ou provenant autrement d'un fait délictueux, ou se rattachant à lui d'une ma-

(1) Du silence gardé par le dernier paragraphe de l'art. 604, il semblerait résulter, *à contrario,* que lorsque l'ordonnance dont il y est parlé a été rendue *par la chambre des mises en accusation,* elle pourra faire l'objet d'un recours en cassation.

Ce résultat est à relever.

(*Note du trad.*)

nière quelconque, seront gardés sous séquestre tant que l'instruction de l'affaire le nécessitera. Après la sentence tant contradictoire que par défaut, ils seront restitués à leur légitime propriétaire.

Toutefois s'il y a eu condamnation, cette restitution ne sera faite, que si le propriétaire prouve que le condamné a laissé passer les délais sans se pourvoir en cassation, ou que, s'il s'est pourvu, l'affaire est définitivement terminée ; sauf la disposition de l'art 148.

Si l'état de l'affaire le permet, lesdits objets pourront être aussi restitués à leur propriétaire avant la sentence, avec l'obligation de les présenter, s'il le faut, à toute réquisition de la justice.

607. — Si les objets ne sont pas de l'espèce indiquée dans l'article précédent et s'ils n'appartiennent pas à l'inculpé où à l'accusé, ils seront restitués sans frais à celui qui justifiera en être le légitime propriétaire.

608. — Si le propriétaire des objets séquestrés est inconnu, il en sera publié un catalogue par voie de manifeste qui devra être affiché dans le lieu du délit, dans celui de la résidence, ou du domicile, ou de la demeure de l'inculpé, de l'accusé ou du condamné ; dans le lieu où se fait l'instruction, et dans celui où siège la cour, le tribunal, ou le préteur à qui appartient la connaissance de l'affaire.

L'indication des objets se fera toutefois de façon à ce que le vrai propriétaire soit suffisamment averti de leur existence, en prévenant en même temps les fraudes de celui qui voudrait se les approprier sans droit.

609. — Le manifeste contiendra l'avis que les objets seront gardés pendant l'espace d'un an, après lequel, s'il ne se présente personne pour les réclamer avec

des justifications suffisantes, ils seront vendus aux enchères publiques en conformité des lois sur la procédure civile, pour le prix rester en dépôt à la disposition du légitime propriétaire, jusqu'à l'expiration du délai établi par l'article 617 sur la prescription.

Pareil avis sera inséré dans le journal de la province reconnu comme journal officiel du gouvernement; à défaut, l'insertion se fera dans le journal officiel du lieu dans lequel siège la cour d'appel, et, à défaut encore dans le journal officiel du royaume.

610. — Si, à l'échéance de l'année de la publication du manifeste, personne ne s'est présenté pour réclamer la restitution des objets, ou si personne n'est venu justifier de ses droits sur eux, il sera procédé à la vente, suivant le mode indiqué dans le manifeste.

Le délai de la vente pourra toutefois être abrégé, et la vente avoir lieu immédiatement sans manifeste préalable, quand les objets sont de peu de valeur et de nature telle qu'ils ne puissent être conservés sans danger de détérioration, ou sans dépenses considérables.

611. — Le greffier dressera procès-verbal de la vente des objets placés sous séquestre : il fera une description exacte de chaque objet, avec l'indication du prix de la vente, et du nom de l'acheteur ; une copie du procès-verbal sera jointe à la procédure.

Le prix des objets sera ensuite déposé dans la caisse des dépôts et consignations.

612. — Si le légitime propriétaire, se présente avant l'expiration du délai établi pour la prescription par l'art. 617, les objets, ou leur valeur lui seront restitués.

613. — Si les objets appartiennent à l'inculpé et n ont pas de rapport avec le délit, ils lui seront restitués immédiatement, à lui ou à toute personne qui

le représentera légitimement : à moins que sur les réquisitions du ministère public, ou de la partie civile, l'autorité désignée dans l'art. 616 n'ordonne la continuation du séquestre pour garantir les dommages-intérêts et les frais judiciaires, les multes ou les amendes.

Toutefois l'inculpé pourra, dans ce cas, demander la restitution des objets, moyennant caution.

614. — Les objets appartenant à l'inculpé, qui ont rapport avec le délit, seront gardés jusqu'à ce que la procédure soit terminée et que la sentence soit devenue définitive. Il en sera de même à l'égard des objets pour lesquels il aura été ordonné la continuation du séquestre, dans le cas prévu par le précédent article.

615. — Si l'inculpé a été acquitté, ou s'il a été déclaré n'y avoir lieu de procéder contre lui, les objets lui seront restitués sans frais, pourvu qu'ils ne soient pas tels qu'ils doivent être confisqués aux termes des lois pénales. La même disposition sera applicable en cas de condamnation, prélèvement fait du montant des frais de procédure, des dommages-intérêts, des multes et des amendes.

616. — Les ventes, les publications, et les restitutions mentionnées dans le présent titre se feront par ordonnance de la cour, du tribunal, ou du préteur, auquel appartient la connaissance de l'affaire.

Dans le cas où il s'agit d'une affaire de la compétence de la cour d'assises, si cette dernière n'a pas prévu cela dans son arrêt de condamnation, ou d'acquittement de l'accusé, ou dans son arrêt de non lieu, il y sera pourvu par la cour d'appel, chambre des appels correctionnels.

Durant le cours de l'instruction, lesdites ventes, publications et restitutions seront ordonnées par la chambre du conseil, et, si celle-ci a déjà prononcé la communication de la procédure au procureur général, par la chambre d'accusation.

Le ministère public sera toujours entendu.

La restitution des objets devra résulter d'un procès-verbal, dans lequel on fera une indication exacte de la qualité et du numéro des objets restitués. Il y sera fait également mention de l'ordonnance susindiquée.

617. — Le prix, tant des objets dont le propriétaire est resté inconnu pendant l'espace de dix ans à partir de la publication du manifeste, que de ceux qui ne doivent pas être restitués suivant les dispositions de l'art. 615, sera dévolu au Trésor public.

618. — Les frais faits pour la garde et la conservation des objets séquestrés seront avancés par le Trésor, sauf le droit de remboursement pour qui aura privilège sur lesdits objets.

TITRE VIII.

De la police des audiences.

619. — La police des audiences est confiée au président, ou au préteur respectivement. Tout ce qu'ils prescriront pour le maintien du bon ordre sera exécuté ponctuellement.

Pendant que la cour, ou le tribunal se trouvent réunis en chambre du conseil, la police de l'audience est réservée au ministère public.

620. —Tous ceux qui assisteront aux audiences resteront tête nue, respectueusement et en silence. Il est défendu de donner, durant l'audience, des signes publics d'approbation ou de désapprobation ; d'occasionner du trouble, ou de faire du tumulte de quelque manière que ce soit.

En cas d'infraction, le président ou le préteur, et, dans le cas prévu par le second paragraphe de l'article précédent, le ministère public, avertiront et feront au besoin sortir de la salle d'audience les contrevenants, s'ils le croient convenable. Si ceux-ci résistent à leurs ordres, ou rentrent dans la salle, ils les feront traduire aux arrêts pour 24 heures. De tout il sera fait mention sur le plumitif d'audience.

621.—Lorsque le tumulte aura été accompagné d'injures, ou de voies de fait qui pourront donner lieu à l'application de peines, ou correctionnelles, ou de police, ces peines pourront être prononcées dans la même audience, ou dans l'audience suivante, et immédiatement après que les faits auront été provoqués, savoir :

Les peines de simple police, par les cours, par les tribunaux et par les préteurs, sans appel ;

Les peines correctionnelles. par les cours ou par les tribunaux, à charge d'appel.

Si les délits susmentionnés emportent une peine correctionnelle, les préteurs prononceront la peine, sauf appel, quand les délits sont de leur compétence ; dans le cas contraire, après avoir fait arrêter le coupable, s'il y a lieu, ils dresseront procès-verbal des faits et le transmettront immédiatement au procureur du roi.

622. — S'il est commis un délit portant peine cor-

rectionnelle dans la salle des audiences d'un tribunal, et durant ces audiences, le président fera dresser un procès-verbal des faits, et entendra l'inculpé et les témoins ; le tribunal appliquera immédiatement les peines établies par la loi ; sauf appel, s'il y a lieu.

La même procédure sera suivie par le préteur, sauf appel, s'il y a lieu, si le délit commis à son audience n'excède pas les limites de sa compétence ; en cas contraire, le préteur dressera procès-verbal et le transmettra au procureur du roi, comme il est dit dans le dernier paragraphe de l'article précédent.

623. — Dans les cas prévus par les articles précédents, si le coupable ne peut être arrêté de suite, la cour, le tribunal ou le préteur prononceront néanmoins leur sentence dans la même audience, ou dans l'audience suivante ; en se conformant, pour l'exécution, à ce qui est prescrit dans le titre VI du présent livre. Contre une telle sentence l'opposition ne sera pas admise.

624. — S'il s'agit d'un crime commis à l'audience d'un tribunal ou d'un préteur, le tribunal, ou le préteur après avoir fait arrêter le coupable, s'il y a lieu, et dresser procès-verbal des faits, remettra le procès-verbal et l'inculpé au .juge d'instruction, afin qu'il soit procédé contre lui dans la forme ordinaire.

625. — En ce qui concerne les voies de fait qui auront dégénéré en crime, comme aussi ce qui concerne tout autre crime ou flagrant délit commis à l'audience de la cour de cassation ou d'une autre cour, il sera procédé sans retard au jugement dans la même audience.

La cour entendra les témoins, l'inculpé et le défenseur qu'il aura choisi, ou qui lui sera désigné d'office par le président ; les faits étant prouvés et le ministère public entendu, le tout en audience publique, la cour appliquera la peine.

Lorsque cependant le fait n'est pas de nature à pouvoir être prouvé dans la même audience, et qu'il est nécessaire d'avoir de plus amples informations, ou lorsqu'il s'agira d'un fait commis à l'audience de la cour d'assises et punissable d'une peine supérieure à l'emprisonnement, la cour, après avoir dressé le procès-verbal voulu, ordonnera qu'il soit procédé dans les formes ordinaires.

626. — Dans le cas où l'on prononce une sentence conformément à l'article précédent, si les juges présents à l'audience sont en nombre de cinq ou de six, quatre voix devront concourir pour prononcer la condamnation.

Si le nombre était de sept, cinq voix devront concourir pour prononcer la condamnation.

Si les juges sont huit ou plus, la sentence de condamnation sera prononcée avec le concours des trois quarts des voix, de façon cependant que si dans le calcul de ces trois quarts, il se trouvait des fractions, elles soient comptées pour l'acquittement.

La cour d'assises prononcera sans l'intervention des jurés ; pour la condamnation on devra réunir l'unanimité des votes.

627. — Les juges chargés de l'instruction, les autorités, et les autres officiers de l'ordre judiciaire, ou administratif, quand ils exerceront publiquement quelque acte de leur ministère, pourront se prévaloir de la faculté accordée dans les cas prévus par l'art. 620. Dans tous les autres cas, ils pourront seu-

lement faire arrêter le coupable, et le remettre avec le procès-verbal au tribunal compétent.

628. — Si l'inculpé ou l'accusé, qui comparaît à l'audience, injurie les témoins ou quelqu'autre personne présente, ou s'il trouble en quelque manière le bon ordre de l'audience, le président ou le préteur pourront ordonner qu'il soit éloigné de l'audience, ou qu'il soit reconduit dans les prisons, s'il est en état d'arrestation ; et le jugement sera prononcé avec la seule assistance de son défenseur.

Dans le cas de fait plus grave on appliquera les peines établies par le code pénal, en observant les dispositions des articles 622 et suivants du présent code.

629. — Au jour fixé pour comparaître à l'audience, si les inculpés ou les accusés en état d'arrestation, ou quelqu'un d'eux refusent de comparaître, il leur sera fait injonction au nom de la loi d'obéir aux ordres de la justice, par l'intermédiaire d'un huissier commis à cet effet par le président et assisté de la force publique.

L'huissier dressera procès-verbal de l'injonction et de la réponse de l'inculpé ou de l'accusé.

630. — Si les inculpés ou les accusés n'obéissent pas à l'injonction, le président pourra ordonner qu'ils soient traduits par la force publique devant la cour ou le tribunal : il pourra également, après lecture faite à l'audience du procès-verbal constatant leur refus, ordonner que, nonobstant leur absence, il sera passé outre aux débats ; étant observées d'ailleurs les formes ordinaires.

A la fin de chaque audience, le greffier de la cour, ou du tribunal, donnera lecture aux inculpés ou aux accusés qui n'auront pas comparu, du procès-verbal des débats, ensuite il leur sera notifié copie des réquisitoires du ministère public, et des sentences prononcées par la cour, ou par le tribunal, cette procédure sera réputée faite contradictoirement.

631. — Les dispositions du second paragraphe du précédent article, dans les cas prévus par l'article 628, sont applicables aux inculpés ou aux accusés détenus.

TITRE IX.

Des défenseurs.

632. — Les avocats, ou les procureurs exerçant près les cours ou les tribunaux devront prêter leur ministère aux inculpés ou accusés, soit que ceux-ci les choisissent pour défenseurs, soit qu'ils aient été désignés d'office ; en observant les distinctions mentionnées dans l'article 278.

La désignation des défenseurs d'office aura lieu à tour de rôle, quand les circonstances ne l'exigent pas autrement.

633. — Lorsque les défenseurs nommés auront de justes motifs d'excuse, ou reconnaîtront leur incompatibilité dans les défenses à eux confiées, ils devront, sans retard, en faire la déclaration au président, lequel, s'il le faut, procédera à la nomination d'autres défenseurs comme il est dit dans l'article 275.

Dans les cas où les motifs d'excuse allégués seront rejetés, le président enjoindra aux défenseurs de prêter leur ministère : si ceux-ci persistent dans leur refus, il en fera rapport à la cour ou au tribunal, qui prononcera, selon le cas, telles mesures disciplinaires qu'il croira convenables aux termes de l'article 635, sans pour cela retarder la nomination d'un autre défenseur.

634. — Si, pour légitime empêchement survenu, un défenseur ne peut s'occuper de la défense, ou comparaître à l'audience, l'inculpé, ou l'accusé en sera averti par le président, et sera interpellé pour désigner un autre défenseur. A défaut, il lui en sera nommé un d'office et l'affaire pourra, selon les circonstances, être renvoyée à une autre audience.

635. — Si la défense des inculpés ou des accusés était inexacte(1), la cour ou le tribunal pourront, selon les cas, et par voie disciplinaire, avertir les défenseurs nommés ; et en cas de récidive pourront aussi les suspendre de l'exercice de leurs fonctions pour un temps non inférieur à quinze jours, ni supérieur à trois mois ; sauf en outre le remboursement des frais que le retard aurait occasionnés.

Les mêmes mesures, par voie disciplinaire, pourront être prises contre les avocats et les procureurs qui, dans leurs plaidoiries, ou dans leurs actes s'écarteront du respect dû à la dignité des juges, ou de quelque autre manière se rendront répréhensibles dans l'exercice de leur ministère ; étant maintenues les dispositions de l'article 580 (2) du code pénal, et

(1) Le mot italien *trascurata* signifie également *inexacte* et *peu soignée :* mais il nous a paru que pour de la négligence seulement on ne pouvait appliquer les prescriptions si sévères de l'art. 635. C'est pourquoi le mot *inexacte* nous a paru préférable et se prêtant mieux au sens de cet article.

(*Note du trad.*)

(2) *Code pénal.* 580. — L'action pénale n'a pas lieu quand il s'agit d'imputations, ou d'injures contenues dans les dis-

sauf à procéder en la forme ordinaire si les manquements constituaient un délit spécial.

Dans le cas de suspension prononcée par le tribunal, le président en informera la cour d'appel.

636. — Les sentences, prononcées en voie disciplinaire contre les avocats et les procureurs, ne seront précédées que du procès-verbal constatant le manquement. Elles seront prononcées contradictoirement ou par défaut si ceux qui sont cités ne se présentent pas à l'audience pour produire leur moyens de défense. Le ministère public sera toujours entendu dans ses conclusions.

La discussion aura lieu à huis clos.

637. — On pourra émettre appel devant la cour, des condamnations portant la peine de la suspension prononcée par les tribunaux.

La déclaration d'appel se fera au greffe du tribunal qui a prononcé la sentence, dans les trois jours qui suivront celui auquel elle a été prononcée, si elle est contradictoire ; et, si elle est par défaut, dans les trois jours qui suivront la notification au condamné, outre un jour pour chaque trois myriamètres de distance.

Le greffier transmettra immédiatement les pièces de la procédure, la sentence, et la déclaration d'appel

cours, ou dans les écrits ou imprimés produits en justice et relatifs à la contestation tant en matière civile qu'en matière pénale.

Toutefois, en prononçant sur le mérite de la cause, les juges pourront déclarer injurieux les discours, ordonner la saisie des écrits, ou des imprimés injurieux et condamner le coupable à des dommages-intérêts.

Ils pourront, en outre, appliquer a l'avocat ou a celui qui plaide, lorsqu'ils se sont rendus coupables de pareilles imputations ou injures, les mesures disciplinaires indiquées dans l'art. 621 du code de procédure pénale, en observant les regles établies par les articles 622, 623 du même code.

au greffe de la cour ; laquelle prononcera soit après avoir entendu l'appelant en personne, soit sur les Mémoires qu'il aura consignés au même greffe dans les dix jours qui suivront sa déclaration d'appel. Le ministère public sera entendu dans ses conclusions.

La discussion devant la cour aura pareillement lieu à huis clos.

TITRE X.

De la cassation et de la révision.

638. — Les sentences prononcées en dernier ressort en matière criminelle, correctionnelle, ou de police, et les actes d'instruction qui les auront précédées, pourront être annulés, sur recours, dans les cas et selon les distinctions des deux chapitres suivants.

Chapitre I.

*Des cas dans lesquels on peut se pourvoir
en cassation.*

§ 1. — *Matières criminelles.*

639. — Le ministère public pourra se pourvoir en cassation contre les arrêtés prononcés par la chambre d'accusation dans les cas prévus par les articles 434, 435 et 436, et pour les causes précisées dans les numéros 2, 3, 4 et 5 de l'article 460.

La même faculté compétera au ministère public contre tout arrêt de la chambre d'accusation, qui, aux termes dudit article 434, aurait déclaré n'y avoir lieu de procéder parce que le fait imputé ne constitue ni crime, ni délit, ni contravention, ou parce que l'action pénale est prescrite, ou éteinte de toute autre manière.

640. — En cas de condamnation de l'accusé, si dans l'arrêt de la chambre d'accusation qui aura ordonné son renvoi devant une cour, ou dans les actes qui suivront, ou dans l'instruction et dans la procédure qui auront été faites devant ladite cour, ou dans l'arrêt même de condamnation, il y a violation ou omission de quelqu'une des formalités que le présent code prescrit à peine de nullité, cette omission ou cette violation donnera lieu, à la requête de la partie condamnée, ou du ministère public, à l'annulation de l'arrêt de condamnation et des actes qui l'ont précédé à partir du premier acte nul, pourvu que la nullité ne soit pas ou ne puisse pas être couverte par le silence.

Il en sera de même :

1° Quand il a été omis ou refusé de statuer soit sur une demande de l'accusé, soit sur une réquisition du ministère public, tendant à se prévaloir d'une faculté ou d'un droit, accordé par la loi, encore que la peine de nullité ne soit pas textuellement applicable au manquement de la formalité dont on a demandé ou requis l'exécution. Dans ces cas le recours ne sera pas admis, sinon quand on aura fait à ce sujet des réserves ;

2° Quand on aura contrevenu aux règles de compétence établies par la loi ;

3° Quand il y aura eu excès de pouvoir.

641. — L'annulation de la sentence pourra aussi être requise tant par le ministère public, que par la partie condamnée, lors que la nullité proviendra de

ce que la sentence a prononcé une peine différente de celle appliquée par la loi à la nature du crime, ou quand on aura retenu comme punissable un fait qui ne l'était pas ou qui avait cessé de l'être.

642. — Le même droit de pourvoi appartiendra au ministère public contre l'arrêt de non lieu, mentionné dans l'article 515, alors qu'il a été prononcé parce que le fait dont l'accusé a été déclaré coupable ne constitue pas de délit, ou parce que l'action pénale est prescrite ou éteinte de toute autre manière.

En dehors de ce cas, l'annulation d'une sentence qui n'a pas donné lieu à poursuite, ou qui a prononcé l'acquittement, ne pourra être demandée par le ministère public, sinon dans l'intérêt de la loi, et sans porter préjudice à la partie acquittée, ou à l'égard de laquelle il a été déclaré n'y avoir lieu de procéder.

643. — Lorsque la peine prononcée est égale à celle que la loi applique au crime, personne ne pourra demander l'annulation de la sentence sous le prétexte qu'il y a eu erreur dans la citation de l'article de la loi.

644. — La partie civile sera également admise à se pourvoir en cassation contre les sentences de condamnation, mais seulement en ce qui touche les dispositions relatives à ses intérêts civils.

En aucun cas elle ne pourra demander l'annulation d'une sentence d'acquittement, ou qui aurait déclaré n'y avoir pas lieu de procéder : mais si la sentence a prononcé contre elle des condamnations civiles supérieures aux demandes de l'accusé acquitté, ou à l'égard duquel il a été déclaré n'y avoir lieu de procéder, cette disposition de la sentence pourra être annulée sur la demande de la partie civile.

§ 2. — *Matières correctionnelles et de police.*

645. — Les moyens d'annulation prévus ci-dessus, dans l'article 640, sont ouverts, en matière correctionnelle et de police, respectivement à l'inculpé, au ministère public, et à la partie civile pour ses intérêts civils seulement, contre toute sentence en dernier ressort, sans distinction entre celles qui ont prononcé l'acquittement, ou déclaré n'y avoir lieu de procéder, et celles qui portent condamnation.

Néanmoins, si la sentence prononce l'acquittement ou déclare n'y avoir lieu de procéder, elle ne pourra plus être attaquée pour violation ou omission des formes prescrites pour assurer la défense de l'inculpé.

646. — Les dispositions des articles 641, 642 et 643 sont applicables aux sentences en dernier ressort prononcées en matière correctionnelle et de police.

Dans ce cas, l'inculpé acquitté, ou à l'égard duquel il aura été déclaré n'y avoir lieu de procéder, sera immédiatement mis en liberté, nonobstant le pourvoi en cassation du ministère public.

§ 3. — *Des pourvois en cassation.*

647. — Le pourvoi en cassation contre les sentences préparatoires ou d'instruction non susceptibles d'appel, ne sera admis qu'après la sentence définitive. L'exécution volontaire desdites sentences n'empêchera pas le recours en cassation.

La présente disposition ne s'applique pas aux arrêts de la chambre d'accusation par lesquels il a été déclaré n'y avoir lieu de procéder pour défaut de preuves suffisantes de culpabilité contre l'inculpé, quand ces arrêts ne seront pas en contradiction avec

18

les motifs de cassation indiqués dans les numéros 2, 3 et 4 de l'article 460.

648. — La déclaration de pourvoi en cassation sera faite au greffe de la cour, du tribunal, ou du préteur qui a prononcé la sentence, par la partie condamnée et sera signée par celle-ci et par le greffier. Si le déclarant ne peut ou ne veut signer, le greffier en fera mention.

La déclaration pourra se faire dans la même forme par le procureur de la partie condamnée, ou par une personne munie d'un mandat spécial. Dans ce dernier cas, le mandat sera annexé à la déclaration.

Elle sera inscrite dans un registre à ce destiné. Ce registre sera public; et chacun aura le droit de s'en faire donner un extrait.

649. — Le condamné aura trois jours entiers pour faire la déclaration mentionnée dans l'article précédent. Ce délai partira du jour qui suivra la prononciation de la sentence, ou de celui qui suivra sa notification, suivant la distinction établie dans le second paragraphe de l'article 322.

650. — S'il y a condamnation à mort, le défenseur devra, sous sa responsabilité personnelle, produire le recours dans le délai voulu par la loi, quand même le condamné ne le voudrait pas.

Si le recours n'a pas été produit par le défenseur ou s'il a été produit après les délais indiqués par la loi, l'exécution de la sentence restera suspendue et le ministère public adressera d'office les pièces de la procédure à la cour de cassation, laquelle désignera un avocat, et examinera les motifs d'annulation qu'il produira, sauf au ministère public près la cour de cassation et à la même cour, la faculté d'en relever d'autres d'office ; et sauf à la même cour, s'il y a lieu, de prononcer des peines disciplinaires contre le défenseur qui aura omis de produire le recours dans les délais légaux.

651. — Le ministère public et la partie civile pourront dans le même délai, à partir du jour de la prononciation de la sentence, déclarer dans la forme ci-dessus prescrite qu'ils se pourvoient en cassation.

652. — Pendant les trois jours, s'il y a eu pourvoi en cassation, sinon à la réception de l'arrêt de la cour de cassation, l'exécution de la sentence restera suspendue.

Si la cause est personnelle, le recours en cassation d'un des condamnés suspendra également l'exécution de l'arrêt à l'égard des autres.

653. — Dans le cas d'acquittement de l'accusé ou de l'inculpé, ou quand il n'y aura pas eu lieu à procéder, le ministère public ou la partie civile n'auront que 24 heures pour se pourvoir en cassation.

654. — Le recours en cassation formé par la partie civile ou par le ministère public contre une sentence en dernier ressort en matière criminelle, correctionnelle ou de simple police, sera notifiée dans le délai de trois jours à la partie contre laquelle elle a été rendue, à peine de déchéance.

Si l'inculpé à qui doit se faire la notification se trouve détenu, l'acte contenant le recours en cassation lui sera lu par le greffier, lequel recevra en même temps sa déclaration touchant le choix d'un défenseur : l'inculpé la signera ; et, s'il ne peut ou ne veut la signer, le greffier en fera mention.

Si l'inculpé se trouve en liberté, le recours en cassation lui sera notifié, par ministère d'un huissier, ou à personne, ou au domicile par lui élu ; ou à défaut à sa résidence, ou à son domicile réel, ou à sa demeure. Le délai établi pour la notification sera, dans ce cas, augmenté d'un jour pour chaque trois myriamètres de distance.

652. — Dans la déclaration de pourvoi en cassation on devra toujours indiquer contre qui la sentence est rendue : et quand on entend également demander l'annulation d'autres sentences antérieures préparatoires, ou d'informations, celles-ci devront également être indiquées dans la demande.

La partie civile qui a formé le pourvoi en cassation est tenue, à peine de déchéance, de joindre aux pièces de la procédure, une copie authentique de la sentence ou des sentences attaquées.

656. — A l'exception du ministère public, quiconque se sera pourvu en cassation, est tenu, à peine de déchéance, de déposer à titre de multe une somme de cent cinquante francs, si la sentence contre laquelle on se pourvoit en cassation a été prononcée par une cour ; de soixante-quinze francs si elle a été prononcée par un tribunal, et respectivement de la moitié de ces sommes si la sentence a été prononcée par contumace.

Lorsqu'il s'agit du jugement rendu par un préteur, le dépôt pour la multe sera de la moitié de la somme fixée ci-dessus pour les jugements rendus par les tribunaux.

Un seul dépôt suffit, lorsque, conjointement au recours en cassation contre la sentence définitive, on s'est pourvu en cassation contre une ou plusieurs sentences préparatoires, ou d'instruction.

Seront dispensés du dépôt de la multe les condamnés à des peines criminelles.

Toute autre personne, si le pourvoi est rejeté, perdra, en faveur du Trésor public, la multe déposée.

Néanmoins seront dispensés du dépôt de la multe ceux qui joindront au pourvoi en cassation, ou au recours mentionné dans l'art. 659, les documents constatant leur indigence, dans la forme prescrite par les règlements.

657. — Les condamnés à la peine de l'emprisonnement supérieur à trois mois, par sentence contradictoire, ou par contumace, ne seront pas admis à se pourvoir en cassation, lorsqu'ils ne se sont pas constitués prisonniers, ou bien lorsqu'ils ne seront pas en liberté provisoire.

Ceux qui ne se trouvent pas détenus, ou ne seront pas en liberté provisoire pourront, dans les délais prescrits pour former leur recours, demander cette liberté provisoire au tribunal, ou à la cour qui a prononcé la condamnation. Le tribunal ou la cour statuera sur cette demande.

Lorsque la condamnation a été prononcée par une cour d'assises qui aura clôturé la session, la demande de liberté provisoire sera adressée à la cour d'appel, chambre des appels correctionnels, qui statuera.

Si la condamnation a été prononcée par le préteur, dans le cas prévu par l'article 346, la demande devra être adressée au tribunal correctionnel duquel dépend le préteur.

658. — Le choix d'un avocat près la cour de cassation, dans le cas d'un recours formé par l'accusé, ou le condamné, ou par la partie civile, sera fait par les requérants, dans l'acte de pourvoi mentionné dans les articles 457, 459, et 648 ; ou bien dans le pourvoi indiqué par l'article 650.

Si le recours est formé contre l'accusé ou le condamné, le choix d'un avocat près la cour de cassation sera fait soit dans la forme établie par le second paragraphe de l'art. 654, soit par acte consigné au greffe de la cour, du tribunal, ou du préteur, par qui a été prononcée la sentence attaquée, ou présenté directement au greffe de la cour de cassation dans les cinq jours de la notification prescrite par le même article.

Si le recours est dirigé contre la partie civile, celle-ci fera le choix de l'avocat dans le même délai de cinq jours de la notification de la demande.

Les avocats choisis par les parties les représenteront dans tous les actes qui interviendront devant la cour. En ce qui concerne ces actes, le domicile des parties sera censé élu près ces mêmes avocats.

Lorsque l'accusé ou le condamné n'aura choisi aucun avocat pour soutenir son pourvoi, le président de la cour de cassation lui désignera un avocat d'office.

Le président désignera aussi un avocat d'office à la partie civile, quand elle en fera la demande et que son indigence aura été établie dans les formes prescrites.

659. — Quiconque se pourvoit en cassation, devra soit en même temps que sa déclaration, soit dans les dix jours suivants, déposer au greffier de la cour, du tribunal, ou du préteur qui a prononcé la sentence attaquée, le recours motivé ; dans lequel devront être indiquées avec précision les formalités omises et les articles de loi violés.

Le greffier en délivrera reçu, et consignera, ou restituera immédiatement le recours au magistrat chargé des fonctions du ministère public.

660. — Les dix jours de la déclaration étant écoulés,

le magistrat chargé des fonctions du ministère public transmettra directement à la cour de cassation les pièces et les documents du procès, le recours, et les documents qui auront été déposés par le requérant.

Le greffier de la cour, du tribunal ou du préteur qui a prononcé la sentence attaquée, dressera sans frais un inventaire des documents qu'il joindra aux pièces de la procédure, conjointement avec la copie de la déclaration, sous peine de cent francs de multe qui sera prononcée par la cour de cassation.

Les condamnés pourront aussi transmettre directement au greffe de la cour de cassation soit leurs mémoires, soit les copies notifiées tant des sentences que de leurs pourvois en cassation. La partie civile ne pourra se prévaloir du bénéfice de cette disposition si ce n'est par le ministère d'un avocat près la cour de cassation.

661. — Les recours et les documents transmis à la cour de cassation seront, par le greffier, notés sur un registre spécial, et immédiatement il en sera donné connaissance aux avocats choisis par les parties ou désignés d'office par le président.

Ceux-ci auront un délai de dix jours pour examiner au greffe de la cour les actes et les documents y déposés et présenter soit un recours contenant l'indication des formalités omises ou des articles de loi violés, soit un supplément au recours présenté suivant les dispositions de l'article 659. Ils pourront, dans le même délai, présenter les Mémoires et les documents qu'ils croiront nécessaires.

662. — Passé ce délai, le greffier communiquera les actes, les recours et les documents présentés, au ministère public, lequel les examinera et les resti-

tuera au greffe dans le délai de cinq jours. Le greffier notera sur le registre le jour de cette restitution.

663. — Les délais respectivement établis dans les deux articles précédents pourront, à la requête du ministère public ou des autres parties, être, par le premier président de la cour, prorogés par des motifs légitimes.

Les parties pourront produire alors de nouveaux documents, ou proposer de nouveaux moyens de cassation, jusqu'à l'avant veille du jour fixé pour la discussion du recours.

664. — Dans toute cause criminelle, correctionnelle, ou de police, la cour de cassation pourra prononcer sur la demande en cassation, immédiatement après l'expiration des délais mentionnés dans le précédent paragraphe; mais pas après plus de trente jours à partir de celui auquel les délais susdits seront expirés.

665. — Dans le cas de pourvoi en cassation formé par l'accusé, ou le condamné contre la partie civile, et réciproquement si la partie contre qui la cassation est demandée, n'a pas fait le choix d'un avocat dans les délais et dans les formes établies dans la première partie et dans les deux seconds paragraphes de l'article 658, elle sera jugée par défaut, et sans qu'il puisse y avoir lieu à opposition.

666. — Le greffier donnera avis du jour fixé pour l'audience de la cour de cassation au ministère public et aux avocats des parties; et en fera l'annotation dans le registre indiqué dans l'article 661.

667. — Les audiences de la cour de cassation sont publiques.

Les parties n'y comparaîtront pas en personne. Elles

pourront y comparaître par l'intermédiaire de leurs avocats ; et pourront aussi y faire déposer leurs mémoires pourvu qu'ils soient signés d'un avocat en exercice.

Dans le cas prévu par l'article 657 devront être présentés à l'ouverture de l'audience, s'ils n'ont été déposés avant au greffe, les documents, constatant l'incarcération du condamné, ou son admission à la liberté provisoire.

Pareillement à l'ouverture de l'audience devra être présenté, s'il n'a été déposé avant au greffe, le document constatant le dépôt de la provision ; sauf l'exception mentionnée dans le dernier paragraphe de l'article 656.

La cour de cassation, ouï le rapport fait par un des conseillers délégués par le président, et après avoir examiné les documents et les mémoires des parties ; ouï leurs avocats s'ils sont présents, et le ministère public dans ses conclusions, rejettera le pourvoi, ou annulera la sentence.

Ces arrêts, soit qu'ils rejettent la demande, soit qu'ils annulent l'arrêt attaqué, seront motivés et prononcés en audience publique.

668. — Chaque fois que la cour de cassation annulera une sentence prononcée par une cour d'appel, ou par un tribunal, ou par un préteur, en matière correctionnelle, ou de police, elle renverra les actes de la procédure et les parties devant une cour autre que celle qui aura prononcé ladite sentence, ou devant un autre tribunal, ou un autre préteur de la juridiction de la cour de laquelle dépend le tribunal ou le préteur qui aura prononcé la sentence annulée.

669. — Lorsque la cour de cassation annulera une

sentence prononcée en matière criminelle, ou une sentence prononcée en matière correctionnelle, par une chambre d'accusation ou par une cour d'assises, on procédera comme il est dit dans les articles suivants.

670. — Si un arrêt de la chambre d'accusation, par lequel on déclare n'y avoir lieu de procéder, est annulé parce que le fait imputé constitue un crime, ou un délit de la compétence de la cour d'assises, la cause sera renvoyée à la chambre d'accusation de la même cour, composée, à cet effet, de conseillers autres que ceux qui ont prononcé l'arrêt annulé.

Si l'arrêt de la chambre d'accusation qui déclare n'y avoir lieu de procéder est annulé parce que le fait imputé constitue un délit de la compétence des tribunaux, ou des préteurs, la cour de cassation renverra la cause devant le tribunal correctionnel, ou devant le préteur qu'elle désignera ; et si l'action pénale ne peut être exercée que sur l'instance de la partie lésée, et que cette instance n'ait pas été introduite, il ne sera prononcé aucun renvoi.

Si la sentence de la chambre d'accusation qui déclare n'y avoir lieu de procéder est annulée parce que l'action pénale n'est pas prescrite ni autrement éteinte, la cause sera renvoyée, selon les cas, devant la chambre d'accusation de la même cour, composée pour cela de conseillers différents ; ou devant un tribunal ou un préteur, ainsi qu'il est dit ci-dessus.

671. — Si un arrêt de la chambre d'accusation est annulé dans les cas et pour les causes énoncées dans la première partie de l'article 639, la cour de cassation renverra la cause devant la chambre d'accusation de la même cour, composée pour cela de conseillers autres que ceux qui ont prononcé l'arrêt annulé.

672. — Si l'arrêt de la chambre d'accusation qui a donné lieu à un renvoi devant la cour d'assises est annulé parce que le fait ne constitue pas un crime, ou un délit de la compétence de la cour d'assises, mais constitue au contraire un délit, ou une contravention de la compétence des tribunaux ou des préteurs, on appliquera les dispositions du second paragraphe de l'article 670.

Si l'arrêt de la chambre d'accusation est annulé parce que celle-ci a renvoyé l'affaire devant les juges incompétents, la cour de cassation renverra le procès devant les juges qui devront en connaître, et dont elle fera la désignation.

Si l'arrêt de la chambre d'accusation est annulé seulement pour un des motifs précisés dans l'article 460, la cour de cassation prononcera le renvoi des pièces de la procédure devant la chambre d'accusation de la même cour, composée, à cet effet, de conseillers qui n'auront pas coopéré à prononcer l'arrêt annulé.

673. — Si un arrêt de la cour d'assises et l'instruction qui s'y rattache sont annulées pour nullités commises ou dans la procédure qui a suivi l'arrêt d'accusation, ou devant la cour d'assises, la cour de cassation ordonnera le renvoi de la cause devant une cour d'assises, autre que celle qui a prononcé l'arrêt annulé; et l'on procédera à de nouveaux débats.

L'acte d'accusation et les actes qui le suivront, sauf celui annulé, conserveront leur force.

Si l'arrêt et la procédure sont annulés pour incompétence, la cour de cassation renverra le procès devant les juges compétents qu'elle désignera. Si cependant le tribunal compétent était celui auquel appartient le juge qui aura fait la première instruction, la cause sera renvoyée à un autre tribunal de la même juridiction.

674. — Si l'arrêt est annulé parce qu'il a été prononcé une peine autre que celle établie par la loi pour le fait incriminé, la cour de cassation renverra la cause devant une cour d'assises autre que celle qui a prononcé l'arrêt, laquelle, sans autre intervention de jurés, jugera sur la déclaration déjà faite par les premiers jurés, après avoir entendu la partie civile s'il y en a, le ministère public, l'accusé et ses défenseurs.

La même règle sera observée s'il est annulé un arrêt par lequel il a été déclaré n'y avoir pas lieu de procéder, parce que le fait dont l'accusé est reconnu auteur ou complice ne constitue pas de délit, ou parce que l'action pénale est prescrite, ou éteinte d'une autre manière.

675. — Lorsque l'arrêt sera annulé parce que le fait qui a donné lieu à la condamnation n'est qualifié ni crime, ni délit, ni contravention par la loi, si ce fait a cessé d'être punissable, la cour de cassation n'ordonnera aucun renvoi, s'il n'y a pas de partie en cause. Dans le cas contraire, elle renversera la cause pour faire statuer sur les intérêts civils, s'il y a lieu, devant un préteur, ou un tribunal autre que celui auquel appartient le juge d'instruction, et placé dans le ressort de la même cour d'appel.

Cette dernière disposition s'observera également si la sentence et l'instruction sont annulées seulement dans les parties qui ont trait aux intérêts civils.

676. — La cour de cassation n'annulera l'arrêt qu'en partie, quand la nullité ne concerne qu'une ou quelqu'une de ses dispositions.

677. — Dans tous les cas auxquels la cour de cassa-

tion est autorisée à choisir un tribunal, ou à désigner les juges qui devront connaître d'une cause renvoyée, en conformité de ce qui est dit de dessus, le choix ou la désignation sera faite dans le même arrêt par lequel il est déclaré y avoir lieu à cassation.

L'accusé qui devra être soumis à un nouveau jugement pénal, en suite de l'annulation de sa sentence, sera traduit ou en état d'arrestation, ou en exécution de l'ordonnance de prise de corps, devant les juges auxquels sera renvoyée la cause. Il devra se présenter devant les mêmes juges lorsqu'il n'a été décerné contre lui qu'un mandat de comparution ou qu'il se trouve en état de liberté provisoire.

678. — L'accusé qui se sera pourvu en cassation ne pourra être condamné à une peine qui, par la durée ou par la nature, soit supérieure à celle qui lui a été infligée par l'arrêt attaqué, « Dans le cas où il y a eu » pourvoi en cassation de la part du ministère pu- » blic. » (Modifié par le décret du 18 juin 1876) (1).

679. — La partie civile, si son pourvoi en cassation est rejeté, sera condamnée à une indemnité de cent cinquante francs et aux dépens envers la partie qui aura été acquittée, ou en faveur de laquelle il est déclaré n'y avoir pas lieu de procéder ; et cela en outre de la multe envers le Trésor public, comme il est dit dans le 5ᵉ paragraphe de l'article 656.

680. — Lorsque l'arrêt aura été annulé, la provision déposée en conformité de la première partie ou du second paragraphe de l'article 656 sera immédiatement

---

(1) Voici la fin de l'art. 678 du code pénal, d'après l'ancien texte : « Dans le cas ou il n'y *a pas eu* pourvoi en cassation de la part du ministere public. »

restituée, de quelque façon que soit conçu l'arrêt qui aura statué sur le recours, et quand même on aurait omis d'en ordonner la restitution.

681. — Quand un recours en cassation aura été rejeté, la partie qui l'aura fait ne sera plus admise à le renouveler contre la même sentence, sous quelque prétexte que ce soit.

682. — L'arrêt qui aura rejeté le pourvoi en cassation sera remis dans les trois jours par extrait, signé par le greffier, au ministère public près la cour de cassation, lequel transmettra au ministère public près la cour ou le tribunal qui aura prononcé la sentence attaquée ; si la sentence a été prononcée par le préteur, le greffier lui transmettra l'extrait de l'arrêt par l'entremise du procureur du roi près le tribunal dont dépend le préteur.

683. — Lorsque, après la cassation d'une première sentence prononcée en dernier ressort, la seconde sentence prononcée dans la même cause, entre les mêmes parties qui agissent en la même qualité, est attaquée pour les mêmes motifs proposés contre la première, la cour de cassation prouóncera toutes chambres réunies.

Si la seconde sentence est annulée pour les mêmes motifs pour lesquels a été annulée la première, la cour, le tribunal, ou le préteur auquel a été renvoyée la cause, se conformera à l'arrêt de la cour de cassation sur le point de droit par elle décidé.

684. — Lorsqu'il aura été prononcé par une cour, ou par un tribunal correctionnel ou par un préteur une sentence non susceptible d'appel, mais sujette à cassation, sans qu'aucune des parties ait réclamé contre elle dans le délai établi par la loi, le ministère

public près la cour de cassation pourra d'office, et nonobstant l'expiration du délai, la dénoncer à la cour de cassation, laquelle en fera l'examen et en prononcera, s'il y a lieu, l'annulation dans l'intérêt de la loi.

685. — L'arrêt de la cour de cassation qui aura, dans les cas mentionnés par l'article précédent, prononcé l'annulation dans l'intérêt de la loi, sera, dans les vingt jours, notifié au condamné avec l'avertissement du droit qui lui accordent les dispositions suivantes :

1° Si la sentence a été annulée pour violation de la loi, pour avoir été appliquée à son préjudice une peine supérieure à celle établie pour le fait incriminé, le condamné aura droit à un nouveau jugement pour l'application de la peine, la déclaration de culpabilité à sa charge restant valable ;

2° Si l'annulation a été prononcée pour seule violation ou pour omission de formes essentielles de la procédure, il sera facultatif au condamné de choisir entre l'épreuve d'un nouveau jugement, ou l'exécution de la première sentence bien qu'annulée.

686. — Le condamné a le droit de faire parvenir directement à la cour de cassation sa déclaration, pas plus tard que deux mois à partir de la notification qu'il aura reçue.

Si la déclaration contient la demande d'un nouveau jugement, la cour de cassation désignera le préteur, le tribunal ou la cour à qui devra être renvoyée la cause.

Si, enfin, la sentence a été annulée parce que le fait qui a donné lieu à la condamnation n'est pas qualifié délit, ou a cessé d'être punissable, la cour de cassation n'ordonnera aucun renvoi. La sentence d'annulation sera, dans ce cas, remise directement pour l'exécution au ministère public près le tribunal ou près la cour qui a prononcé la condamnation, ou près le tribunal dans la juridiction duquel se trouve le préteur qui a jugé.

687. — Dans chaque cas d'annulation d'une sentence, le ministère public transmettra copie de l'arrêt de cassation au ministère public près la cour ou le tribunal qui aura prononcé la sentence annulée, et si la sentence a été prononcée par le préteur, au ministère public près le tribunal duquel il dépend.

Le ministère public la communiquera immédiatement au premier président de la cour, ou au président du tribunal, ou au préteur ; lesquels tiendront la main à ce que, par le greffier, il en soit fait mention au bas ou en marge de la sentence annulée.

Chapitre II.
De la révision.

688. — Quand deux personnes auront été condamnées pour un même crime, par deux arrêts qui ne peuvent se concilier, et sont la preuve de l'innocence de l'un ou de l'autre des condamnés, l'exécution des deux arrêts sera suspendue, jusqu'à ce que le pourvoi en cassation contre l'un ou l'autre arrêt ait été rejeté.

Le ministre de grâce et justice, soit d'office, soit sur la demande des condamnés ou de l'un d'eux, ou du ministère public, chargera le procureur général près la cour de cassation de dénoncer à la même cour les deux arrêts.

La cour, après avoir vérifié si les deux arrêts ne peuvent se concilier, les annulera, et renverra les accusés pour un nouveau jugement, sur les actes d'accusations qui resteront maintenus, devant une cour autre que celles qui auront prononcé les deux sentences.

689. — Lorsque, après une condamnation pour homicide, et d'ordre du ministre des grâce et justice, des documents présentés après la condamnation seront transmis à la cour de cassation, et seront de nature à fournir des indices suffisants sur l'existence de la personne dont la mort supposée avait donné lieu à la condamnation, la cour de cassation pourra, avant toutes choses, désigner une cour d'appel, afin qu'elle reconnaisse l'existence et l'identité de la personne supposée tuée, procède à l'interrogatoire de celle-ci, à l'audition des témoins, et à tous les autres moyens de preuve de nature à faire écarter le fait qui a donné lieu à la condamnation.

En suite de l'ordre du ministère des grâce et justice, l'exécution de la sentence sera, de plein droit, suspendue jusqu'à ce que la cour de cassation ait statué.

La cour d'appel à laquelle la cause aura été renvoyée se prononcera seulement sur l'identité ou la non identité de la personne. Son arrêt sera transmis, avec les actes de la procédure, à la cour de cassation, laquelle pourra, selon les cas, annuler l'arrêt de condamnation, ou bien renvoyer la cause devant une cour d'assises autre de celle qui a prononcé l'arrêt annulé.

690. — Quand, après une condamnation contre un accusé, un ou plusieurs témoins qui ont déposé dans

le procès seront inculpés de faux témoignages ou de réticences à sa charge, et que l'accusation, pour ce fait, aura été admise, ou qu'il aura été seulement délivré contre ces témoins mandat d'arrêt, l'exécution de l'arrêt de condamnation sera suspendue de plein droit, encore que la cour de cassation ait rejeté le recours du condamné.

Si les témoins sont ensuite condamnés, le ministre des grâce et justice, soit d'office, soit sur la demande de la personne condamnée par la première sentence, ou du ministère public, chargera le procureur général près la cour de cassation de dénoncer le fait à la même cour.

La cour de cassation, après avoir vérifié la déclaration des jurés sur laquelle a été rendue le second arrêt, annulera le premier, toutes les fois que la déclaration de ces témoins sera reconnue entachée de faux témoignages ou de réticences contre le premier condamné ; et renverra l'accusé devant une cour d'assises autre que celles qui auront prononcé tant la première que la seconde sentence, afin qu'il soit procédé à un nouveau jugement, l'acte d'accusation restant toujours maintenu.

Si les accusés de faux témoignages ou de réticences sont acquittés, ou s'il est déclaré n'y avoir pas lieu de procéder contre eux, le sursis sera clos de plein droit, et l'arrêt suspendu sera exécuté.

691. — Les témoins condamnés pour faux témoignages ou pour réticences ne pourront plus être entendus dans les nouveaux débats.

692. — Lorsque il y aura lieu à révision d'une condamnation dans le cas prévu par l'article 689, et que cette condamnation sera rendue contre une personne

morte ensuite, la cour de cassation nommera un curateur à sa mémoire, en contradictoire duquel le procès sera fait et qui exercera tous les droits du condamné.

Si du nouveau procès il résulte que la première condamnation a été prononcée injustement, la cour d'assises réhabilitera la mémoire du condamné.

Dans ce cas, les héritiers du défunt pourront intenter l'action en dommages-intérêts contre qui de droit.

La même règle se pratiquera dans le cas prévu par l'article 688, alors qu'un seul des deux condamnés serait mort.

693. — Les dispositions des articles 688, 689, 690 et 691 sont communes aux jugements, non susceptibles d'appel prononcés en matière correctionnelle.

Néanmoins, si dans les cas prévus par les articles 688, 689 et 690 l'affaire doit être renvoyée, la cour de cassation désignera, selon les cas, une autre cour d'appel, ou un autre tribunal correctionnel qui se trouvera dans la juridiction de la cour dans lesquels sont placés le tribunal, ou les tribunaux qui auront prononcé les sentences annulées.

694. — Dans tous les cas de condamnation à une peine corporelle à temps, la détention subie par le condamné, soit à l'occasion de la sentence, soit durant la suspension de l'exécution de celle-ci, sera comprise dans la durée de la peine.

LIVRE TROISIÈME.

DE QUELQUES PROCÉDURES PARTICULIÈRES ET DE QUELQUES DISPOSITIONS RÉGLEMENTAIRES.

TITRE I.

DU FAUX.

Chapitre I.

Du faux dans les écritures.

695. — Les plaintes et dénonciations pour faux ou altérations d'écritures pourront toujours être reçues, quoique les écritures qui en sont l'objet aient servi de base à des actes ou judiciaires ou civils; ou encore à des sentences prononcées en juridictions civiles.

L'écriture arguée de faux, sera signée dans l'acte ou elle est présentée, au bas de toutes les pages, par le juge qui informe, par l'officier chargé des fonctions du ministère public, s'il intervient, par le greffier et par la personne qui l'aura présentée, si elle sait écrire; de tout quoi il sera fait mention.

Le juge dressera immédiatement procès-verbal de l'état matériel de l'écriture; décrira les ratures, abréviations, interlignes, additions, énoncera toutes les autres circonstances qui peuvent en indiquer la

faussseté ou l'altération ; et en ordonnera immédiatement après le dépôt au greffe.

Le procès-verbal sera signé comme il est dit ci-
dessus.

696. — Si l'écriture arguée de faux ou d'altération
se trouve dans un état qui ne permette pas d'y apposer
les suscriptions mentionnées dans l'article précédent, on observera ce qui est mentionné par le 3ᵉ paragraphe de l'article 144.

697. — Si l'écriture n'a pas été présentée ou n'a pas
été transmise par le dénonciateur ou le plaignant,
mais par d'autres, le plaignant ou le dénonciateur
sera cité à comparaître devant le juge à l'effet de reconnaître l'écriture qui lui sera présentée. Il devra
signer tant l'écriture que le procès-verbal, suivant le
mode prescrit par les articles précédents.

Le juge entendra pareillement toutes les autres
personnes qui peuvent avoir un intérêt dans l'écriture, pour dire ce qu'elles savent et indiquer ceux
des témoins qu'elles croiront utiles à la vérification
du fait, et pour prendre aussi, si elles le veulent, partie
dans la cause au point de vue de leur intérêt civil.

698. — Quiconque est dépositaire public ou privé
d'écritures arguées de faux est tenu, sur l'ordre du
juge d'instruction, de les lui présenter, pour qu'il soit
procédé conformément à l'article 695 ; sous peine, en
cas de refus, de l'arrestation personnelle : le ministère public entendu.

Cet ordre, et le certificat de dépôt qui lui sera délivré, lui serviront de décharge envers tous ceux qui
auront un intérêt dans l'écriture.

699. — Il appartient au juge qui procède à l'information de se procurer les écritures qui doivent servir

de comparaison. Si ces écritures sont détenues par des notaires ou autres dépositaires publics, on observera ce qui est prescrit par l'article précédent.

700. — Les écritures qui devront servir de type de comparaison seront signées comme il est dit dans les articles 695 et 696.

701. — Alors qu'il sera nécessaire d'enlever de sa place une écriture authentique, il en sera laissé au dépositaire une copie collationnée, laquelle sera vérifiée sur la minute ou sur l'original par le président du tribunal dans la juridiction duquel se trouve le dépositaire; et il en sera dressé procès-verbal.

Cette copie sera replacée par le dépositaire à la place de l'acte original, et, si le dépositaire est une personne publique, il pourra en délivrer d'autres copies, en faisant, dans celles-ci, mention du procès-verbal susdit.

Toutefois, si l'écriture faisait partie d'un registre, de façon à ne pouvoir en être, même pour peu de temps séparée, le juge pourra ordonner l'apport du registre.

Si l'apport du registre a été ordonné, les formalités prescrites par le présent article n'auront pas lieu.

702. — Les écritures privées peuvent aussi être présentées pour types de comparaison, si les parties intéressées les reconnaissent.

Les écritures susdites ne pourront cependant être admises pour servir de comparaison, si ce n'est dans le cas où le juge ne peut facilement se procurer des écritures publiques ou tirées des archives publiques.

Il sera, de préférence, fait usage des écritures qui portent une date se rapprochant de celle des écritures attaquées pour faux.

Les personnes privées, qui retiendront près d'elles

lesdites écritures, ne peuvent être immédiatement contraintes à les présenter; mais si, après avoir été citées devant le tribunal où a lieu l'instruction, pour faire cette consignation ou déduire les motifs de leur refus, elles succombent dans la contestation, le tribunal pourra ordonner qu'elles y soient contraintes par l'arrestation personnelle.

703. — Les expertises, dans le cas de faux, seront faites par des notaires, par des calligraphes, ou par toutes autres personnes, et suivant les règles prescrites par l'article 154 jusqu'à l'article 158 inclusivement.

704. — L'écriture arguée de faux sera présentée à l'inculpé dans l'acte de son interrogatoire, afin qu'il déclare s'il la reconnaît, et il sera requis de la signer au bas de toutes les pages : s'il ne peut, ou ne veut la signer il en sera fait mention.

Il pourra pareillement être requis de produire un écrit de sa main, et aussi de former un corps d'écriture sous la dictée du juge d'instruction, en cas de refus ou de silence, on en fera mention.

705. — Quand des actes authentiques seront déclarés faux en tout ou en partie, la cour ou le tribunal qui aura jugé sur le faux, ordonnera que ces actes soient reconstitués, biffés ou réformés; et il en sera dressé procès-verbal.

Si l'acte avait été extrait d'un dépôt, il sera restitué à son lieu et place, en y annexant la copie du procès-verbal; et il en sera fait mention dans le même procès-verbal.

706. — Si la fausseté ou l'altération des écritures n'est pas établie, la cour ou le tribunal en ordonnera la restitution.

Le plaignant, et quiconque aura pris part dans le jugement pour soutenir l'accusation dans son intérêt civil, pourra être condamné à une multe qui pourra être portée à cinq cents francs et à des dommages-intérêts envers qui de droit, sauf la prescription du second paragraphe de l'article 512.

707. — Les écritures types de comparaison seront, dans les quinze jours de la date de la sentence, renvoyées par le greffier au dépôt d'où elles ont été extraites ; ou seront restituées aux personnes par lesquelles elles ont été présentées; sous peine d'une amende de cinquante francs.

Chapitre II.

Le la falsification des monnaies, des effets publics, des sceaux de l'État, des actes souverains, des poinçons ou timbres du gouvernement Royal.

708. — Les juges d'instruction et les préteurs pourront faire, même en dehors de leur ressort, les perquisitions et visites nécessaires dans les maisons des personnes suspectées d'avoir fabriqué, introduit ou distribué de la fausse monnaie, des faux billets ou fausses obligations de l'État, ou autres effets publics émis par le Trésor, ou d'avoir falsifié des actes souverains, sceaux, poinçons ou timbres du gouvernement du Roi, servant à marquer les actes, papiers, marchandises ou autres objets.

La présente disposition aura pareillement lieu pour les faits relatifs à la falsification des effets publics émis par un gouvernement étranger.

Ces magistrats procéderont, dans ce cas, aux actes de

conservation ou d'instruction que l'urgence exigera, suivant les règles établies dans le chapitre III, et dans les sections 3 et 4 du chapitre V, du titre II, livre I.

709. — Dans l'instruction pour fait de fausse monnaie, de faux poinçons ou timbres du gouvernement, la vérification se fera par l'intermédiaire des employés des monnaies royales à ce destinés, à moins qu'il ne s'agisse de vérifications qui peuvent être faites par le concours d'autres experts.

710. — La vérification se fera devant le juge instructeur avec l'intervention du ministère public et du greffier, et il en sera dressé procès-verbal dans la forme ordinaire.

711. — Si la vérification doit être faite sur des monnaies royales et qu'il n'en existe aucune dans le lieu où se fait l'instruction, le juge fera précédemment une exacte description des monnaies, ou des autres objets arqués de faux; les transmettra, dans un paquet fermé ou scellé, au juge d'instruction près le tribunal du lieu dans lequel est établie la royale monnaie, avec les réquisitions pour procéder aux vérifications nécessaires.

Le paquet renfermant les monnaies et les autres objets ne sera ouvert qu'au moment où se dressera l'acte de vérification, après avoir constaté au préalable l'intégrité de la fermeture.

La vérification se fera comme il est dit dans l'article précédent.

Le procès-verbal de vérification sera transmis en original, clos et scellé, ensemble avec le corps du délit, au juge de qui émanera la réquisition.

712. — Pour les faits de falsifications de cédules, obligations de l'État, ou autres effets du Trésor public,

du sceau, ou d'actes souverains, on procédera selon les formes établies dans le chapitre I de ce titre.

713. — Lorsqu'il s'agira de billets ou obligations de l'État argués de faux, le juge d'instruction transmettra sans retard, avec les précautions opportunes, le procès-verbal qui aura été dressé, conjointement avec les pièces contenant les suscriptions prescrites, au procureur général près la cour d'appel de la ville où réside l'administration du débit public. Le procureur général requerra qu'il soit procédé incontinent avec l'assistance du conseiller de la cour qui sera par le premier président désigné à la vérification desdites pièces. Cette vérification se fera par les employés de l'administration du débit public, et il en sera dressé procès-verbal.

Si le juge d'instruction dépend de la susdite cour d'appel, le procureur général lui transmettra une copie du procès-verbal avec les pièces, et lui donnera, en même temps, toutes les indications qu'il jugera opportunes : Si au contraire le juge d'instruction dépend d'une autre cour, le procureur général près la cour d'appel susindiquée transmettra les pièces au procureur général du ressort auquel appartient le juge d'instruction, pour qu'il les fasse parvenir à ce dernier avec les indications susmentionnées.

TITRE II.

De l'inscription en faux dans les procédures pénales.

714. — Si dans l'instruction d'un procès pénal l'inculpé veut arguer de faux un document, il devra faire sa déclaration devant le juge qui procède.

Si le document est argué de faux après l'arrêt

d'accusation, la déclaration se fera au greffe de la cour qui doit juger.

Dans le cas où le document est argué de faux aux cours des débats, le président fera dresser procès-verbal de la déclaration de l'inculpé ou de l'accusé.

715.—Si l'inculpé est cité directement à l'audience, la déclaration susdite se fera devant le greffier, soit avant qu'expire le délai de la citation, soit à la même audience.

716. — L'inculpé ou l'accusé pourra aussi faire sa déclaration par l'intermédiaire d'un mandataire spécial. Le mandat sera joint à la déclaration ; laquelle sera signée, suivant les cas, par l'inculpé ou l'accusé, ou par le mandataire spécial.

Il devra être exprimé dans cette déclaration si l'on entend attaquer en faux le document en entier, ou dans quelque partie seulement, laquelle sera alors indiquée ; et il sera cité les motifs du prétendu faux, les faits, les circonstances et les preuves au moyen desquelles on entend l'établir.

On fera connaître à l'inculpé ou à l'accusé les conséquences auxquelles il s'expose s'il ne réussit pas dans la preuve proposée ; et il sera fait, de cela, mention dans l'acte, ainsi que de la réponse.

717.—Dans les cas prévus par les articles 714 et 715, la cour ou le tribunal devant lequel se trouve pendante la cause, le ministère public entendu, décidera en voie préliminaire s'il y a lieu ou non de suspendre l'instruction.

Si la suspension est prononcée, il sera procédé sur le faux incident dans les formes prescrites pour le faux principal ; dans le cas contraire, il sera passé outre à l'instruction et à la sentence, sans avoir égard au document argué de faux, sauf le droit à la partie qui a attaqué le document, et au ministère public, de mettre en mouvement l'action pénale devant les juges compétents.

718. — Les dispositions des articles précédents, relatives à l'inscription en faux pour l'inculpé et l'accusé, sont communes à l'inscription en faux demandée par la partie civile.

719. — Si l'incident de faux a été soulevé devant un préteur, celui-ci devra premièrement rendre certaine l'identité du document argué de faux, et ensuite il le transmettra, avec les pièces y relatives, au procureur du roi près le tribunal correctionnel, afin qu'il prenne les mesures qu'il croira opportunes.

Dans ce cas, la cause principale sera suspendue, à moins que le préteur ne croit pouvoir statuer sur celle-ci indépendamment du document argué de faux; étant maintenues pour le reste, les dispositions de l'article 717.

720. — Si la cour ou le tribunal, à qui il appartient de prononcer sur l'incident de faux, déclarent que la fausseté des documents n'est pas évidente, l'inculpé ou l'accusé, ou la partie civile qui s'est inscrite en faux, pourra être condamnée, en conformité du 1er paragraphe de l'article 706.

721. — Chaque fois que le ministère public voudra arguer de faux un document produit dans l'instruction ou dans les débats, il devra faire sa déclaration dans les actes de la procédure, ou à l'audience de la cour, du tribunal, ou du préteur.

Dans ces cas, il sera procédé comme il est dit dans l'article 717.

722. — Si dans le pourvoi en cassation contre une

sentence définitive en matière pénale, il est formé
une déclaration d'inscription en faux, soit contre la
sentence, soit contre le procès-verbal d'audience, soit
contre l'acte de notification de la sentence, la cour
de cassation décidera en voie préliminaire s'il y a lieu
ou non à surseoir au jugement ; et dans le cas où
le sursis sera prononcé, elle renverra la cause devant
le juge compétent.

TITRE III.

*De la manière dont on doit recevoir les dépositions
de certains témoins.*

723. — Ne pourront être cités comme témoins, soit
dans l'instruction, soit dans les débats, devant les
cours, les tribunaux ou les préteurs, les Princes
Royaux.

724. — Ne pourront être cités comme témoins, soit
dans l'instruction, soit dans les débats, devant les
cours, les tribunaux ou les préteurs, les grands officiers de l'État.

725. — S'il y a lieu d'entendre quelqu'une des personnes indiquées dans les deux précédents articles,
leurs dépositions seront reçues par le magistrat instructeur ou par le préteur du lieu où ils résident, ou
bien du lieu où ils se trouvent par hasard ; et à cet
effet la cour, le tribunal ou le magistrat instructeur
devant lequel est pendante la cause, adressera au
préteur délégué un état des faits et des interrogations
sur lesquels est requis le témoignage.

Le magistrat instructeur ou le préteur délégué se
concertera avec les personnes dont il s'agit pour se

transporter avec le greffier à leur habitation, et y recevoir leurs dépositions.

726. — Les ambassadeurs royaux ou chargés d'une mission à l'étranger, durant leur résidence hors du royaume, ne pourront être cités comme témoins devant les cours, les tribunaux ou les préteurs ni dans l'instruction, ni dans les débats.

S'il y a lieu d'entendre dans l'instruction quelqu'une desdites personnes, le juge qui procède transmettra au ministère public près la cour de laquelle il dépend un aperçu des faits avec les interrogations principales à faire au témoin. La cour, sur la représentation du ministère public, requerra l'autorité judiciaire étrangère du lieu ou résident les ambassadeurs ou chargés royaux, selon les formes établies dans l'article 853.

727. — Dans les cas prévus par les articles 725 et 726, les dispositions seront immédiatement consignées au greffe, ou renvoyées, fermées et scellées au greffe de la cour, du tribunal ou du préteur requérant, et ensuite communiquées sans retard à l'officier chargé des fonctions du ministère public.

Les susdites dépositions seront lues en audience publique, dans les débats, à peine de nullité.

728. — Si les cours ou les tribunaux pour de graves motifs jugeaient indispensable, dans les procès pour crimes ou pour délits, que quelqu'une des personnes indiquées dans les articles 724 et 726 soient entendues devant eux soit dans l'instruction, soit dans les débats, elles en informeront par l'intermédiaire du procureur général le ministre des grâce et justice, lequel pourvoira aux mesures opportunes.

729. — Lorsque dans l'instruction ou dans les débats il est nécessaire d'appeler ou d'entendre un of-

ficier public hors du lieu de sa résidence, la citation sera transmise au chef de l'administration duquel il dépend, afin qu'il donne les ordres nécessaires pour la comparution personnelle du témoin cité (1).

730. — A l'égard des personnes ecclésiastiques, qu'il y aurait lieu d'entendre dans l'instruction ou dans les débats, on observera les règlements et les usages actuellement en vigueur.

TITRE IV.

Des conflits de juridictions.

731. — Il y a conflit de juridiction quand deux ou plusieurs cours, tribunaux, juges d'instruction, ou préteurs prennent dans le même temps, ou refusent de prendre connaissance de la même affaire.

Le conflit peut être dénoncé par le ministère public, par l'inculpé ou par l'accusé présent au jugement, et par la partie civile.

Dans tous les cas de conflit, il sera procédé selon les règles ci-après établies.

732. — Lorsque deux ou plusieurs préteurs connaîtront du même fait incriminé ou des mêmes faits connexes, la décision sur le conflit appartiendra au tribunal duquel dépendent les uns et les autres ; et s'ils dépendent de tribunaux divers, la décision appartiendra à la cour de laquelle ils dépendent ; sauf le recours, s'il y a lieu, à la cour de cassation.

---

(1) L'expression d'*officier public* ne doit pas être prise ici comme nous l'entendons en France. Il faut — au contraire — la prendre dans le sens d'*employé*. C'est d'ailleurs ce qu'indique le contexte de l'art. 729.

(*Note du trad.*)

Si le conflit s'élève entre deux ou plusieurs tribunaux compris dans le ressort de la même cour d'appel, la décision appartiendra pareillement à cette cour, sauf le recours, s'il y a lieu, à la cour de cassation.

733. — Si le conflit ne cesse pas en vertu de la déclaration faite par une des autorités (1) soit sur la requête qui en aura été faite, soit d'office, la partie qui a droit de réclamer de cette autorité la décision, présentera au tribunal ou à la cour d'appel son recours motivé, avec les documents à l'appui.

L'inculpé qui ne sera pas en état d'arrestation, devra, si besoin est, élire domicile dans le lieu où réside une des autorités en conflit, en l'indiquant dans son recours. La même obligation est imposée à la partie civile.

A défaut de cette élection, ils ne pourront opposer le défaut de notification contre les actes qui auraient dû leur être signifiés.

734. — La cour ou le tribunal, entendu le ministère public, ordonnera que le recours et les documents à l'appui soient communiqués à l'autorité judiciaire en conflit, en enjoignant à l'une et à l'autre de donner leur avis motivé sur le conflit, et de transmettre les dossiers.

Ces communications se feront par l'entremise du ministère public.

Elles feront suspendre de plein droit les actes de juridiction, à l'exception des actes conservatoires ou d'instruction.

735. — Dans l'ordonnance de communication il sera

(1) Il s'agit évidemment ici des *autorités* dont la sentence donne lieu a conflit.   (*Note du traducteur.*)

fait mention sommaire des actes qui ont fait naître le conflit ; et il sera fixé, selon la distance des lieux, le délai dans lequel les avis motivés et les pièces devront être déposés au greffe.

Cette ordonnance sera notifiée, à la diligence du ministère public, aux parties intéressées qui auront formé leur recours. Celles-ci pourront présenter leurs observations au greffe de la cour ou du tribunal, dans le délai de huit jours.

736. — La cour ou le tribunal prononcera, en chambre du conseil, sur le conflit, à la suite du rapport sur l'affaire qui se fera par le juge à ce délégué, et après avoir entendu le ministère public.

La sentence rendue devra déclarer s'il y a lieu de maintenir les actes faits par le tribunal ou le préteur reconnu incompétent et dans quelle partie.

737. — La sentence prononcée sur conflit sera communiquée à la diligence du ministère public, aux tribunaux ou aux préteurs entre lesquels existait le conflit, et notifiée aux parties.

Les pièces du procès seront transmises au tribunal ou au préteur compétent.

738. — L'inculpé, la partie civile et le ministère public pourront se pourvoir en cassation, s'il y a lieu, dans le délai de trois jours et dans les formes prescrites dans le § 3 du chapitre I du titre X du livre II. (*Des recours en cassation.*)

Ce recours fera suspendre de plein droit le jugement, comme il est dit dans le 3e paragraphe de l'article 734.

739. — Les dispositions des deux paragraphes de l'article 733 sont communes à l'inculpé ou à l'accusé et à la partie civile, qui auront préalablement ou dans le

délai établi par l'article précédent, élu domicile dans le lieu où siège l'une des autorités judiciaires en conflit.

740. — Si le conflit a lieu entre deux ou plusieurs juges d'instruction, la décision appartiendra à la cour d'appel de laquelle ils dépendent ; sauf le recours, s'il y a lieu, à la cour de cassation.

Il n'est pas réputé y avoir conflit entre eux lorsqu'il ne s'agit que de faire des informations préliminaires, ou de procéder à de simples actes conservatoires.

741. — La cour, sur le rapport circonstancié qui lui sera transmis par les juges d'instruction en conflit, prononcera, sans retard, à qui doit appartenir l'instruction. Avant de prononcer, elle pourra aussi ordonner que les procédures lui soient transmises.

742. — La décision de la cour sera notifiée, à la diligence du ministère public, aux juges d'instruction, à l'inculpé, et à la partie civile.

Dans le cas de recours en cassation on observera les dispositions contenues dans l'article 738.

743. — Quand le conflit s'élèvera entre deux ou plusieurs cours d'appel, ou entre deux ou plusieurs tribunaux, juges d'instruction ou préteurs dépendant de cours diverses, la décision appartiendra à la cour de cassation.

Si le conflit s'élève entre cours, tribunaux, juges d'instruction ou préteurs, et autres autorités exerçant une juridiction spéciale, la décision appartiendra pareillement à la cour de cassation.

744. — La cour de cassation, en se prononçant sur le conflit, devra déclarer si on doit maintenir, et dans quelle partie, les actes qui ont été faits par la cour,

par le tribunal, ou par le préteur, qui se sera reconnu incompétent (1).

745. — Sont considérés actes de juridiction les mandats d'arrêt ou de comparution ; l'acte de citation de l'inculpé ; les interrogatoires sur le fond de l'affaire ; l'acte d'accusation, les débats et le jugement.

Les autorités en conflit pourront cependant, dans les cas prévus par l'article 74 et après la communication susmentionnée, ordonner l'arrestation de l'inculpé, et elles la constateront dans le procès-verbal, en conformité dudit article.

TITRE V.

Du mode de procéder dans les cas de récusation ou de remise des affaires d'une cour à une autre cour, d'un tribunal à un autre tribunal, ou d'un juge à un autre juge.

Chapitre I.

De la récusation.

746. — Chaque conseiller de la cour, chaque juge de tribunal correctionnel et chaque préteur, doit s'abstenir, et peut être récusé, pour les mêmes motifs

---

(1) On a oublié, dans cet article, de parler du juge d'instruction qui est cependant mentionné dans l'art. 743. Ce n'est là qu'une omission sans autre portée légale. La cour de cassation appelée à statuer sur un conflit entre juges d'instruction (art. 738 et 742) doit évidemment se prononcer sur ce conflit comme sur les autres prévus ci-dessus. (*Note du trad.*)

qui sont prévus dans les lois de procédure civile en matière de récusation.

747. — Quand un membre d'une cour, ou d'un tribunal. ou un préteur chargé de l'instruction, reconnaît se trouver dans un cas à pouvoir être récusé, il sera tenu de le déclarer à la cour ou au tribunal; lesquels, oui le ministère public, décideront en chambre du conseil si le magistrat doit s'abstenir.

Dans le cas susmentionné, le préteur devra transmettre sa déclaration au président du tribunal cortionnel, lequel en fera rapport au tribunal, en chambre du conseil, qui rendra sa décision.

748. — Les officiers du ministère public ne peuvent être récusés; ils peuvent cependant s'abstenir, quand ils se trouvent dans quelqu'un des cas de récusation prévus par les lois de procédure civile relativement aux juges.

749. La récusation peut être proposée par le ministère public, par l'inculpé ou l'accusé présent au jugement, et par la partie civile.

750. — La récusation des membres d'une cour ou d'un tribunal sera discutée et décidée par la cour ou par le tribunal auquel ils appartiennent, sans leur intervention.

Quand, pour la récusation des juges d'un tribunal, il n'en reste pas un nombre suffisant pour prononcer sur la récusation, il appartiendra à la cour de désigner le tribunal devant lequel devra être portée la cause.

751. — Dans le cas de récusation d'un juge d'instruction ou d'un juge chargé de l'instruction, la cour ou le tribunal, qui doit juger le délit pour lequel procède le juge, connaîtra de la récusation.

752. — La récusation d'un membre de la cour ou du tribunal qui aura à juger, devra être proposée par acte présenté au greffe, au plus tard, vingt-quatre heures avant l'audience fixée pour la discussion de la cause.

L'acte contiendra les motifs de récusation et l'indication des moyens de preuve, et sera signé par la partie, ou par la personne munie d'un mandat spécial qui sera joint au même acte. ,

753. — Le greffier présentera immédiatement l'acte original de récusation au président, lequel désignera un rapporteur pour en faire le rapport à la cour ou au tribunal, après les conclusions préalables du ministère public.

Si la récusation est inadmissible, la cour ou le tribunal la rejettera.

Si elle est admissible, elle ordonnera la communication de l'acte de récusation, et les documents qui y seront annexés, au juge récusé, afin qu'il fasse, au bas de l'acte, sa déclaration sur la vérité des faits qui en sont l'objet, dans le délai qui sera désigné par la même sentence (1).

754. — Si le juge récusé admet les faits allégués à l'appui de la récusation, ou si ces faits sont prouvés et sont de nature à établir l'allégation motivée de récusation, la cour ou le tribunal ordonnera que le juge ait à s'abstenir.

Si le juge n'admet pas les faits de récusation, ou si la partie qui récuse ne présente aucune preuve écrite, ou ne fournit aucun commencement de preuve écrite des motifs de la récusation, il est laissé à la prudence

____

(1) Sous-entendu « de communication ».   (*Note du trad.*)

de la cour ou du tribunal de rejeter la récusation ou d'ordonner la preuve par le moyen de témoins.

Dans ce dernier cas, les témoins seront entendus par la cour ou par le tribunal en chambre du conseil, ou par un des juges à cet effet délégué.

755. — Si la récusation du juge d'instruction ou de quelqu'autre juge chargé de l'instruction est proposée par le ministère public ou par la partie civile, l'acte de récusation devra être présenté au greffe dans la forme prescrite par l'article 752, et avant l'ordonnance dont il est question dans la section XI, chapitre V, titre II, livre I; et l'on procédera pour le surplus comme il est établi ci-dessus.

L'inculpé, qui voudra, dans le cas précédent, proposer la récusation, devra en faire la déclaration dans son premier interrogatoire, à moins qu'il justifie de n'avoir pas eu avant connaissance des faits qui donnent lieu à la récusation, ou qu'il s'agisse de faits survenus postérieurement.

Le magistrat instructeur dressera de la déclaration faite un procès-verbal qui sera immédiatement transmis au greffe de la cour ou du tribunal qui doit connaître de la récusation.

L'inculpé déduira les motifs de la récusation dans un acte présenté au greffe de la cour en conformité de l'article 752; et il sera observé, pour le reste, les dispositions des articles 753 et 754.

756. — Les dispositions des paragraphes de l'article 734 et de l'article 745 sont applicables à la récusation.

757. — La récusation d'un préteur dans les affaires de sa compétence devra être proposée dans un acte qui sera dressé dans la même forme que celle prescrite par l'article 752.

L'acte sera présenté au greffe de la justice de paix, en double original signé de celui qui récuse. Un original sera restitué à la partie par le greffier qui y apposera son vu et la date.

L'autre original sera communiqué immédiatement par le greffier ou préteur, lequel devra faire au bas du même acte, dans le délai de deux jours, la déclaration portant ou son acquiescement à la récusation, ou son refus de s'abstenir, avec ses réponses des motifs de récusation.

758. — Dans les trois jours de la réponse du préteur, ou aussitôt après l'expiration du délai mentionné dans l'article précédent, si le préteur n'a donné aucune réponse, le greffier devra transmettre l'acte de récusation, et la déclaration du préteur, s'il y en a, au Procureur du roi près le tribunal correctionnel, lequel provoquera la décision dans la forme prescrite par les articles précédents.

759. — La récusation sera décidée en chambre du conseil sans l'intervention des parties, sur le rapport du juge délégué, le ministère public entendu.

Les parties pourront présenter des mémoires écrits, sans retarder cependant le cours du jugement.

La sentence sera notifiée aux parties, à la diligence du ministère public.

760. — L'inculpé, l'accusé ou la partie civile, à l'égard desquels la récusation aura été déclarée non admissible pour défaut de causes légitimes ou pour défaut de preuves, pourront être condamnés à une multe qui pourra être portée à trois cents francs, sauf au juge, s'il y a lieu, de faire valoir les raisons pour la réparation de l'injure et pour les dommages-intérêts. Dans ce cas toutefois le juge devra s'abstenir

de juger, ou de poursuivre l'instruction, s'il en est chargé.

761. — On pourra interjeter appel des jugements des tribunaux prononcés sur la récusation, lorsque, à raison de la matière, le tribunal pouvait statuer en dernier ressort dans la cause principale.

L'appel devra être interjeté dans le délai de trois jours à partir de la notification de la sentence, avec déclaration faite au greffe du tribunal, contenant les motifs d'appel et l'indication des documents produits à l'appui.

Cette déclaration sera immédiatement transmise par le greffier, avec les actes et les documents à l'appui, au greffe de la cour.

Les dispositions de l'article 759 seront applicables à la procédure en appel.

762. — Si la récusation est admise, et que les juges du tribunal ne sont cependant plus en nombre suffisant pour prononcer dans la cause principale, la cour renverra l'affaire à un autre tribunal de son ressort.

Si, dans le cas susdit, les conseillers d'une cour ne restent pas en nombre suffisant pour prononcer, le ministère public transmettra les actes au procureur général près la cour de cassation, lequel ordonnera, à ce sujet, la désignation d'une autre cour pour connaître de l'affaire.

763. — La récusation d'un juge chargé de l'instruction étant admise, la cour ou le tribunal en déléguera un autre, et déclarera en même temps, s'il y a lieu, de conserver en tout ou en partie les actes faits par le juge instructeur récusé.

764. — La récusation d'un préteur étant admise,

il sera remplacé par le vice-préteur (1). En l'absence du vice-préteur, et quand celui-ci aura été pareillement récusé, la cause sera dévolue au préteur le plus voisin dans la juridiction du tribunal.

765. — Si à l'audience d'une cour ou d'un tribunal intervenait un conseiller ou un juge qui, ne devant pas siéger à la chambre pour laquelle il a été désigné par décret royal, avait cependant jugé, la récusation pourra être faite à l'ouverture des débats. L'indication des motifs et la discussion qui s'en suivra auront lieu à huis clos. Si la récusation vient à être admise, la cause sera renvoyée à une autre audience, dans le cas seulement où le conseiller, ou le juge récusé ne puisse être immédiatement remplacé, en conformité des articles précédents et de la loi sur l'organisation judiciaire.

On ne pourra émettre appel, ni se pourvoir en cassation contre les arrêts sur récusation rendus dans les cas prévus par cet article, si ce n'est après la sentence définitive.

Chapitre II.

Du renvoi des affaires d'une cour, d'un tribunal, d'un préteur ou d'un juge d'instruction à un autre.

766. — En matière pénale, le renvoi d'une affaire d'une cour à une autre cour, d'un tribunal à un autre tribunal, d'un préteur à un autre préteur, d'un juge d'instruction à un autre juge d'instruction, pourra avoir lieu pour cause de sûreté publique ou de suspicion légitime.

(1) En France *juge de paix suppléant.*   (*Note du trad.*)

767. — La demande de renvoi pour cause de sûreté publique ne peut être proposée que par le ministère public.

Dans le cas de suspicion légitime, la demande peut aussi être proposée par l'inculpé ou l'accusé, ou par la partie civile.

768. — Le renvoi, à raison des mêmes motifs, des affaires qui sont pendantes devant un tribunal ou un préteur, ou qui sont en instruction, sera ordonné par la cour de laquelle le tribunal, le préteur, ou le juge chargé de l'instruction dépendent.

769. — Dans les cas prévus dans les articles précédents le ministère public près la cour, ou les autres parties devront présenter leur demande à la cour par voie de représentation ou de recours motivé, auquel seront joints les documents qui justifient la demande.

Le recours des parties privées sera signé par elles, ou par une personne munie d'un mandat spécial qui sera joint au recours.

770. — La cour prononcera, en chambre du conseil, sur le rapport d'un conseiller désigné par le président, et le ministère public entendu, s'il n'est lui-même le requérant.

L'arrêt de la cour ne sera pas motivé.

771. — Si la demande a été formée par l'inculpé ou l'accusé ou par la partie civile, la cour pourra en ordonner la communication à l'officier chargé des fonctions du ministère public près le tribunal ou le juge d'instruction qui procède dans la cause, afin qu'il donne son avis sur la demande.

Si le renvoi est demandé pour cause de suspicion légitime contre un préteur, la demande sera communiquée au ministère public près le tribunal duquel il dépend.

La cour pourra aussi ordonner la communication de la demande à l'autre partie pour (qu'elle fasse) ses observations.

772. — La cour, avant de prononcer, pourra aussi réclamer la communication des actes de la procédure, et se procurer tous les éclaircissements qu'elle croira nécessaires pour la vérification des faits sur lesquels est appuyée la demande.

773. — Si la cour ordonnait la remise de la cause, elle devra dans le même arrêt déclarer si les actes qui ont déjà été faits doivent être conservés et dans quelle partie.

774. — Les dispositions des paragraphes de l'article 734 et de l'article 745, sont communs à l'arrêt de renvoi.

775. — L'arrêt de la cour sera notifié, à la diligence du ministère public, au tribunal ou au préteur devant lequel est pendante la cause, ou au juge chargé de l'instruction, et aux parties.

776. — L'arrêt qui rejette la demande de remise n'empêchera pas les parties ou le ministère public de faire une nouvelle demande, si celle-ci est fondée sur des faits survenus postérieurement.

777. — Le renvoi d'une affaire par une cour à une autre cour pour cause de sûreté publique, ou de suspicion légitime, ne pourra avoir lieu que par arrêt de la cour de cassation, sur l'instance du ministère public ou des autres parties.

TITRE VI.

De l'exécution des sentences de condamnation aux peines du confinement et de l'exil local, et à la surveillance spéciale de la sûreté publique (1), et du mode de procéder dans les cas d'infraction (à ces sentences).

778. — Lorsque les sentences de condamnation aux peines de confinement et de l'exil local seront exécutoires suivant la règle indiquée dans l'article 584, il sera procédé de la manière suivante :

Dans le cas de condamnation à la peine du confinement, la cour ou le tribunal qui l'aura prononcée, devra, sur les réquisitoires du ministère public, enjoindre au condamné de se rendre dans le lieu destiné à sa résidence, dans le délai de quinze jours au plus tard, et de se présenter à l'autorité chargée de veiller à l'accomplissement, sous peine d'être arrêté et traduit par la force publique au lieu destiné.

S'il s'agit d'un condamné à la peine de l'exil local, il lui sera enjoint de s'éloigner dans le même délai des lieux indiqués dans la sentence ; sous peine d'être arrêté et expulsé desdits lieux.

L'ordre susdit sera notifié suivant les règles prescrites dans les articles 188, 189 et 190.

779. — Un extrait de la sentence de condamnation au confinement ou à l'exil local sera transmis, sans retard, par le ministère public au président du tribunal dans la juridiction duquel sont situées les com-

____

(1) En France *surveillance* de *la haute police.*

(Note du traducteur.)

munes où il est imposé ou interdit au condamné de fixer sa résidence.

Le président en transmettra une copie aux préteurs dans la juridiction duquel lesdites communes sont situées.

La même obligation est imposée aux préteurs à l'égard des maires des susdites communes, excepté au maire de la commune où siège le préteur.

780. — La surveillance pour l'exécution de la sentence de condamnation au confinement ou à l'exil local est confiée :

1° Aux présidents, dans la ville où résident les tribunaux ;

2° Aux préteurs, dans les autres villes et dans les communes où ils ont leur siège ;

3° Dans tous les autres lieux, aux maires ou à ceux qui en remplissent les fonctions.

Le condamné devra se soumettre aux ordres qui lui seront donnés par lesdites autorités, pour l'exécution de la sentence ; suivant les prescriptions établies par les règlements.

781. — Dans le cas d'infraction au confinement, à l'exil local, ou aux ordres des autorités susindiquées, celles-ci en dresseront procès-verbal qu'elles transmettront au ministère public près la cour ou le tribunal qui doit connaître de l'infraction, lequel fera telles réquisitions qu'il croira nécessaires.

La connaissance de l'infraction appartient à la cour ou au tribunal qui a prononcé la condamnation.

Néanmoins si la condamnation a été prononcée par une cour d'assises, le jugement pour l'infraction appartiendra à la cour d'appel, chambre des appels correctionnels.

Si la condamnation a été prononcée par le préteur, le tribunal duquel ce préteur dépend devra connaître de l'infraction.

782. — La cour ou le tribunal qui doivent statuer, sur les réquisitions du ministère public, délégueront pour l'instruction tel juge instructeur ou tel préteur qu'ils estimeront convenables.

783. — Si le condamné est arrêté, il sera traduit devant le juge délégué, lequel, après lui avoir donné lecture du procès-verbal mentionné dans l'article 781, l'entendra immédiatement dans ses réponses et le renverra devant la cour ou le tribunal et à l'audience qui sera, à cet effet, fixée comme il est dit ci-dessous. Le juge l'invitera en même temps à désigner un défenseur, en l'avertissant que, s'il a des témoins à faire entendre pour sa défense, il devra les présenter à la même audience.

Cela fait, l'individu arrêté sera traduit dans les prisons établies près la cour ou le tribunal : les pièces (1) fermées et scellées, seront transmises par le juge délégué au greffe des mêmes juridictions. Le président nommera un rapporteur et fixera l'audience par une ordonnance qui sera notifiée au détenu et au défenseur trois jours avant la même audience.

784. — A l'audience fixée, le rapporteur fera le rapport de l'affaire. Pour le surplus, que l'inculpé soit présent ou défaillant, on observera les dispositions respectivement établies dans ce code quant à l'instruction, aux débats, au jugement, à l'appel, et à la cassation.

785. — Le temps de la détention subie pendant

____

(1) Sous-entendu : *de la procédure. (Note du trad.)*

l'instruction et le jugement sera compris dans le nombre de celui qui sera prononcé comme complément de la peine.

786. — Les règles établies dans les articles 781 et suivants sont applicables à celui qui contreviendra à la surveillance spéciale de la sûreté publique.

TITRE VII.

De la manière de procéder en cas de fuite des condamnés et de l'arrestation qui s'en suivra.

787. — Dans le cas de fuite des condamnés, ceux qui seront chargés de leur garde ou de leur translation seront obligés d'en faire rapport, sans retard, au procureur du roi près le tribunal correctionnel du lieu dans lequel s'est opérée la fuite.

Le procureur du roi transmettra immédiatement ce rapport au juge d'instruction, avec ses réquisitions, pour affirmer le fait, et procéder, comme de droit, également contre les personnes responsables de la fuite.

788. — Tout officier de police judiciaire, à la connaissance duquel, de quelque manière que ce soit, parviendra l'avis de la fuite d'un condamné, devra le faire rechercher et arrêter, et en informer sans retard le procureur du roi.

789. — Si le fugitif est arrêté, il sera conduit dans les prisons du tribunal dans la juridiction duquel s'est opérée la fuite.

Le juge d'instruction procédera immédiatement à son interrogatoire, afin de vérifier l'identité de la personne, et découvrir les complices de sa fuite ou ceux qui l'ont favorisée.

790. — Si l'individu arrêté admet être lui-même le fugitif, et s'il est reconnu par deux témoins au moins, il sera par ordonnance du juge d'instruction, et à la diligence du ministère public, traduit dans le lieu d'où il s'est évadé, ou dans celui auquel il était destiné.

791. — Si l'individu **arrêté** nie être le condamné fugitif, le juge d'instruction procédera aux informations pour affirmer l'identité de la personne, et les transmettra à la cour ou au tribunal qui a prononcé la condamnation.

Si par suite des informations recueillies la cour ou le tribunal reconnaissent l'identité de la personne, ils le déclareront, et renverront le condamné au lieu d'où il s'était évadé, ou à celui auquel il était destiné.

Dans le cas contraire, elle ordonnera la mise en liberté de l'individu arrêté.

792. — Les cours d'appel et les cours d'assises, sans l'intervention des jurés, et les tribunaux prononceront leurs sentences après avoir entendu les témoins appelés à la requête tant du ministère public que de l'individu arrêté.

L'audience sera publique, et l'individu arrêté sera présent à peine de nullité.

793. — Les sentences prononcées sur la reconnaissance de l'identité de la personne pourront être attaquées dans les règles ordinaires.

794. — Si le condamné s'est rendu coupable de quelque délit dans l'acte de l'évasion ou après celle-ci, le juge de l'évasion ajoutera à celle-ci le nouveau délit, et il sera procédé par le juge compétent, selon les règles et les formes ordinaires.

795. — Dans les cas d'évasion de condamnés qui

subissent la peine des travaux forcés, on observera des règlements spéciaux.

TITRE VIII.

De la manière de procéder dans le cas de destruction ou de soustraction des pièces d'un procès, d'une ordonnance ou d'une sentence.

796. — Quand pour cause d'incendie, d'inondation, ou pour toute autre cause, auront été détruits, soustraits ou perdus les originaux d'ordonnances ou de sentences prononcées en matière criminelle, correctionnelle ou de police, et non encore exécutées, ou dans des procès actuellement en cours, et qu'il n'a pas été possible de les retrouver, il sera procédé de la manière suivante.

797. — S'il existe une copie authentique de l'ordonnance, de la sentence, ou d'autres pièces du procès, elle sera considérée comme original, et en conséquence placée dans le lieu destiné à son dépôt ou à sa conservation.

A cet effet, tout officier public et tout dépositaire de ladite copie est tenu, sur l'ordre du président ou du préteur, de la remettre au greffe de la cour, du tribunal, ou du préteur qui a prononcé la sentence ou l'ordonnance. Ledit ordre leur servira de décharge envers quiconque y aurait intérêt.

Il sera facultatif au dépositaire de la copie, en la remettant, de s'en faire délivrer une copie gratuitement.

798. — La cour, le tribunal, ou le préteur pourront aussi contraindre par l'arrestation personnelle le dé-

positaire de ladite copie, à se conformer à la prescription de l'article précédent.

799. — Quand il n'existe plus aucune copie authentique de la sentence de la cour d'assises, si la déclaration des jurés existe encore en original ou en copie authentique, il sera procédé, en se servant de cette déclaration, à une nouvelle sentence, étant observées les règles du chapitre VI, titre III, livre II.

Si la déclaration des jurés ne peut plus être présentée, ou qu'il s'agisse d'affaire jugée sans jury ; ou que les actes relatifs à la poursuite aient été conservés, il sera procédé à l'égard de ces actes dans la forme ordinaire, afin de prononcer une nouvelle sentence ou une nouvelle ordonnance.

Si lesdits actes n'existent plus, ou manquent en partie, l'instruction sera refaite en commençant du premier acte manquant, tant en original qu'en copie authentique.

800. — Lorsque, dans les cas mentionnés dans l'article précédent, on procédera à un nouveau jugement, ou à de nouvelles informations, le ministère public, l'inculpé ou la partie civile pourront présenter des témoins, et produire des documents pour établir la préexistence et la teneur des pièces détruites, soustraites ou perdues ; sauf à la cour, au tribunal ou au préteur à y avoir tel égard que de raison.

801. — Dans tous les cas, et pour tous ses effets, la sentence de condamnation non exécutée, qui n'est présentée ni en original ni en copie authentique, est considérée comme si elle n'avait jamais existé, et ne peut servir de base pour prononcer la peine de récidive, déterminée par la loi.

TITRE IX.

De la manière de procéder dans les cas d'arrestation, de détention et de séquestration illégale des personnes.

802. — Quiconque aura connaissance qu'une personne est détenue dans un lieu non destiné à servir de maison d'arrêt, ou de dépôt, ou de prison, est tenu d'en donner immédiatement avis au préteur ou à toute autre autorité judiciaire, ou aussi à un officier de police judiciaire.

803. — Les autorités et les officiers susmentionnés, sur l'avis reçu, ou sur la connaissance acquise autrement, d'un acte arbitraire de la nature de ceux prévus dans l'article 199 (1) et suivants du code pénal, devront

---

(1) *Code pénal.* 199. — Quiconque, sans ordre de l'autorité compétente, et hors des cas de flagrant délit ou de clameur publique, ou de ceux des autres cas pour lesquels la loi autorise l'arrestation des délinquants, aura arrêté, détenu ou séquestré une personne pour n'importe quel motif, sans cependant qu'il y eut pour objet d'autre fait délictueux spécial, et quiconque aura prêté un lieu pour exécuter la détention ou la séquestration, sera puni de la peine de l'emprisonnement qui ne pourra être inférieure à un an.

Quant à la réparation des dommages, il sera observé les dispositions de l'art. 195 (').

(') *Code pénal* art. 195. — Le payement des dommages - intérêts dus en suite des attentats mentionnés dans l'art 194 (**) sera réglé eu egard à la qualité de la personne, aux circonstances et au préjudice souffert, mais il ne pourra, dans le cas de détention arbitraire, être inférieur à 25 francs par chaque jour de détention et par chaque personne qui a souffert celle-ci

---

(**) *Code pénal*, art 194 — Tout officier public, agent ou employé du gouvernement qui, dans les fonctions pour lesquelles il est commandé, aura commis quelque acte arbitraire contre la liberté person-

se transporter immédiatement sur les lieux, et faire mettre en liberté la personne détenue ou séquestrée, ou, s'il est allégué quelque motif légal de détention, la faire traduire sur-le-champ devant le juge compétent.

Ils dresseront procès-verbal de chaque cas.

804. — Les autorités judiciaires pourront, pour l'exécution des dispositions de l'article précédent, se faire assister de la force nécessaire ; et quiconque serait requis est tenu de leur prêter main-forte.

TITRE X.

De la manière de procéder dans les cas où est nécessaire l'autorisation souveraine.

805. — Lorsque, par la nature du fait incriminé et par la qualité de la personne inculpée, il est défendu de procéder sans l'autorisation du Roi, on observera les règles suivantes :

Le juge chargé de l'instruction devra, avant tout, entreprendre les premières informations et procéder aux premiers actes, pour établir s'il est nécessaire de délivrer un mandat de comparution ou d'arrêt.

Si ces indices ne se recueillent pas, il pourra, sans

nelle d'un citoyen ou le libre exercice de ses droits, sera puni de la peine de l'emprisonnement et de la multe, et de la peine de la suspension des officiers publics

Si l'acte arbitraire a été commis pour satisfaire la passion, ou pour un intérêt particulier, le coupable sera puni de la rélégation et de l'interdiction des officiers publics, sauf l'application d'une autre peine dans les cas spéciaux indiques par la loi.

Toute personne indiquée dans le présent article qui justifiera avoir agi par l'ordre de ses superieurs auxquels il devait obéissance, sera exempte de la peine, laquelle sera, dans ce cas, infligee au supérieur qui aura donné l'ordre.

autre formalité, être par le procureur du roi requis et par le juge d'instruction déclaré n'y avoir pas lieu de procéder.

Si au contraire, après vérification, il y a lieu de délivrer mandat de comparution ou d'arrêt, il sera déposé par le ministère public la requête en autorisation susmentionnée, afin de procéder contre l'inculpé.

806. — Lorsque le ministère public aura requis la déclaration de non-lieu sans la faire précéder de la demande d'autorisation souveraine, et que le juge d'instruction reconnaîtra au contraire devoir délivrer mandat de comparution ou d'arrêt, il le déclarera et renverra les pièces de la procédure au procureur du roi, afin que ladite demande soit faite.

Pareillement si le ministère public avait fait opposition à l'ordonnance du juge d'instruction, par laquelle il est déclaré n'y avoir pas lieu de procéder, et que la chambre des mises en accusation estime qu'il est le cas de délivrer mandat de comparution ou d'arrêt, elle annulera l'ordonnance du juge d'instruction et renverra les pièces de la procédure au procureur du roi, afin qu'il demande l'autorisation souveraine, et que celle-ci ayant été accordée, il soit par le juge d'instruction délivré le mandat susdit.

807. — Si l'inculpé a été arrêté en flagrant délit, l'autorisation de procéder sera requise immédiatement. Tant que cette autorisation n'est pas donnée, l'inculpé demeurera provisoirement en prison, sauf la disposition des sections VIII et IX du chapitre V, titre II, livre I.

808. — La requête en l'autorisation souveraine se fera par un rapport transmis hiérarchiquement, par le

procureur du roi au ministre de grâce et justice ; au rapport seront joints les actes recueillis.

L'autorisation souveraine n'étant pas accordée, le juge d'instruction, à la requête du ministère public, déclarera n'y avoir pas lieu de procéder, en indiquant les motifs dans l'ordonnance.

TITRE XI.

Des prisons et des visites aux prisonniers.

809. — Aucun gardien des prisons ne pourra, sous les peines portées par l'article 198 (1) du code pénal, recevoir, ni retenir quelque personne que ce soit sinon en vertu d'un mandat d'arrêt, ou d'une sentence de renvoi devant la cour, ou d'une sentence de condamnation à la peine de la prison, ou à une peine plus grave, ou aussi en vertu d'un ordre écrit de l'autorité compétente.

810. — Tout agent de la force publique est tenu, avant de consigner au gardien la personne arrêtée, de faire inscrire l'acte dont il sera porteur dans le registre prescrit par l'article 806 : l'acte de consignation sera écrit en sa présence, et signé tant par lui que·

(1) *Code pénal.* 198.—Les gardiens et les geôliers qui auront reçu un prisonnier sans s'être fait représenter l'ordre d'arrestation ou le jugement qui ordonne l'incarcération, ou sans l'ordre de l'autorité supérieure et qui l'auront retenu ; ou qui auront refusé de présenter le prisonnier à l'officier public ou à la personne qui sera porteur de ses ordres, sans justifier que cette interdiction provient du ministère public ou du juge instructeur ; ou qui, requis par l'autorité compétente, auront refusé de présenter leurs registres, seront punis de l'emprisonnement et, en outre, de la privation de leur charge.

Une seule de ces deux peines pourra être appliquée.

par le gardien, lequel lui en donnera copie pour sa décharge.

811. — Le gardien fera immédiatement le rapport de la consignation au procureur du roi, et au juge d'instruction qui aura délivré le mandat d'arrêt.

Dans la ville où résidera une cour d'appel, pareil rapport se fera au procureur général.

812. — Dans le cas de consignation de plusieurs personnes arrêtées qu'elles soient co-auteurs ou complices, on devra, autant que possible, les tenir séparés les unes des autres, de façon à empêcher toute communication entre elles, jusqu'à ce qu'on ait reçu les instructions de l'autorité compétente.

813. — Les gardiens des prisons sont obligés de tenir un registre à colonnes, dans lequel ils porteront avec des numéros progressifs, les noms, prénoms, la patrie, l'âge, l'état des personnes qu'ils recevront, ainsi que le nom de leur père et leurs signalements personnels ; le jour de l'entrée dans les prisons, et le temps et le lieu de l'arrestation, avec l'indication du mandat d'arrêt, de la sentence ou de l'ordonnance en vertu de laquelle l'arrestation aura eu lieu. Ils devront, en outre, faire mention de l'autorité à la disposition de laquelle se trouve le détenu, et du nom des agents qui en ont fait la consignation.

Ils devront pareillement noter en marge de l'acte de consignation la date de la sortie du prisonnier, comme aussi l'ordre ou la sentence qui la prescrit.

814. — Le registre susmentionné sera numéroté, et, à chaque page, paraphé par le président du tribunal ou par le préteur, pour les prisons qui existent dans leurs résidences respectives ; on mentionnera, à la fin du registre, le nombre des pages qui le composent.

815. — Les registres, lorsqu'ils seront remplis, seront remis par le gardien au greffier du tribunal, lequel lui en donnera un reçu sur lequel le président apposera son visa.

816. — Si quelque détenu, avant la notification de l'acte d'accusation ou de la citation, demandait à parler avec son défenseur, ou avec quelque parent ou ami, le ministère public près le tribunal ou la cour, en observant les règles voulues, le permettra, quand il n'aura pas des motifs raisonnables pour s'y opposer.

La permission sera donnée par écrit avec les précautions qu'il croira devoir prescrire. Le gardien conservera ledit permis pour le représenter à toute réquisition de l'autorité qui l'aura délivré.

817. — Après la notification de l'acte d'accusation, ou de la citation, le défenseur est admis librement à conférer avec l'accusé ou l'inculpé, en faisant connaître sa qualité au gardien.

818. — Aucun détenu ne pourra être relaxé sinon en vertu d'une sentence, ou d'une ordonnance, ou par ordre d'une autorité compétente.

En cas de contravention à cette disposition, le gardien sera puni, aux termes des dispositions du code pénal, comme coupable de négligence ou de connivence dans l'évasion.

819. — Les détenus infirmes ne pourront être transportés aux hospices établis en dehors des prisons, sauf dans les cas de nécessité constatée, et en vertu de l'autorisation de la cour, du tribunal ou du préteur qui doit juger (1), lesquels, après s'être concerté avec les administrateurs desdits hospices, prescri-

____

(1) Sous-entendu : *le prévenu*. (*Note du trad.*)

ront les précautions à observer pour leur garde. Néanmoins, s'il s'agit de fait de la compétence de la cour ou du tribunal et s'il y a urgence, les juges chargés de l'instruction, sans distinction s'ils résident dans la même ville ou siège la cour ou non, et les préteurs, pourront, de concert avec le ministère public, et avec le consentement des susdits administrateurs, ordonner provisoirement le transport, en en faisant le rapport immédiat à la cour ou au tribunal.

820. — Les gardiens devront informer sans retard de la maladie, de la mort, ou de la fuite des prisonniers, le procureur du roi, et aussi le juge d'instruction si les prisonniers n'ont pas encore été jugés ; ou le préteur dans la juridiction duquel sont établies les prisons. Dans les villes où réside une cour, les gardiens en informeront pareillement le procureur général.

821. — Les autorités judiciaires et administratives auront soin, en ce qui les concerne, que les prisons soient sûres et propres ; de façon que la santé des prisonniers ne soit pas altérée, que leur nourriture soit suffisante et saine ; qu'ils soient préservés de la rigueur des saisons, et que leur traitement soit conforme aux règlements.

Ils veilleront particulièrement à ce que l'on n'use pas à l'encontre des prisonniers de rigueurs non permises par les règlements.

822. — Le juge d'instruction devra visiter, au moins une fois par mois, les personnes mises en jugement, détenues dans les prisons de la ville où siège le tribunal.

Une fois au moins dans le cours de chaque session des assises, le président de la cour devra visiter les personnes mises en accusation, détenues dans les prisons de la ville dans laquelle siège la cour.

Le juge d'instruction et le président des assises ordonneront toutes les précautions qu'ils croiront nécessaires tant pour l'instruction que pour le jugement.

823. — Si quelque prisonnier se laissait aller à des menaces, injures ou violences, soit envers les officiers de l'autorité judiciaire ou administrative, soit envers les gardiens et les geôliers, ou les autres détenus, ou quelqu'autre personne, il pourra, sur l'ordre de l'autorité compétente, être renfermé tout seul, et aussi attaché avec la chaîne en cas de violence grave, en conformité de la loi ou des règlements.

824. — Les peines disciplinaires mentionnées dans l'article précédent seront infligées indépendamment de celles que le coupable aurait pu encourir aux termes du code pénal.

825. — Les gardiens ou geôliers, qui contreviendront aux dispositions susmentionnées en ce qui les regarde, pourront être suspendus de l'exercice de leurs fonctions, et aussi destitués par l'autorité de laquelle ils dépendent, sans préjudice des peines disciplinaires établies par les règlements particuliers.

TITRE XII.

Des grâces, des amnisties et des pardons généraux.

826. — Les suppliques pour obtenir la grâce des peines prononcées devront être adressées au Roi, et présentées au ministre de grâce et justice : elles seront signées par celui qui implore, ou par un avocat ou un procureur exerçants.

Les suppliques pour grâce, présentées comme ci-dessus, ou en quelque autre forme, ne suspendront pas l'exécution de la sentence, sauf qu'il en soit autrement ordonné par le Roi par l'intermédiaire du ministre de grâce et justice.

Le décret de grâce ne peut viser qu'une condamnation passée en force de chose jugée.

827. — Ceux qui obtiendront le décret de grâce, devront, dans le délai de deux mois de l'expédition, le présenter au ministère public près les cours ou tribunaux qui ont prononcé la condamnation. A défaut de quoi ils seront déchus du bénéfice du décret.

Si la grâce concerne un fait de la compétence des préteurs, le décret sera présenté dans le même délai et sous la même peine au procureur du roi, près le tribunal duquel dépendent les préteurs.

Malgré cela, le décret portant la grâce complète d'une peine corporelle prononcée par une sentence, ou bien la grâce du surplus de ladite peine qui reste encore à subir et qui a fait l'objet de la demande du même décret, sera immédiatement transmis lorsque le condamné se trouve détenu, par le ministre de grâce et justice au ministère public près la cour ou le tribunal qui a prononcé la sentence, afin qu'il soit procédé sans retard, en conformité de la disposition de l'article suivant, et ensuite à la mise en liberté du détenu.

828. — Le décret de grâce sera mentionné en note par le greffier de la cour du tribunal ou du préteur qui a prononcé la sentence, à la fin ou en marge de la minute de la sentence.

Cette annotation se fera dans les trois jours de celui auquel le décret a été communiqué au greffier ; sous peine d'une amende non inférieure à dix francs.

829. — Si le décret ne porte qu'une commutation ou une diminution de peine, ou l'une et l'autre ensemble, ou s'il contient des conditions, le ministère public en poursuivra l'exécution, et il sera observé, quant à l'annotation, la disposition des deux articles précédents.

830. — L'amnistie se concède par décret royal, sur la proposition du ministère de grâce et justice, le conseil des ministres entendu. Elle abolit l'action pénale et éteint les peines infligées pour délits déterminés dans le décret royal.

Si le décret d'amnistie ne prescrit pas des conditions ou des obligations à l'inculpé accusé ou condamné pour être admis à en jouir, il produit son effet de plein droit. Le procureur général près la cour d'appel, dans le ressort de laquelle devait être prononcé ou s'est prononcé le jugement sur le fait incriminé, provoquera d'office la déclaration d'admission et l'ordre de mise en liberté des détenus. La chambre d'accusation les prononcera sur sa requête.

Si des actes il ne résulte pas encore suffisamment si le fait incriminé, pour lequel on procède, doit être compris dans l'amnistie, le procureur général suspendra sa requête, jusqu'à ce que la nature du fait incriminé soit suffisamment indiquée dans les actes.

Si le fait incriminé est de la compétence des tribunaux correctionnels ou des préteurs, le procureur général devra aussitôt transmettre au procureur du roi ou au préteur copie de la déclaratoire et de l'ordre de mise en liberté émanée de la chambre d'accusation.

L'inculpé, accusé ou condamné qui prétendra avoir droit de jouir de l'amnistie, et en faveur duquel le procureur général n'aura pas formé sa requête d'office, pourra, dans les six mois de la publication du décret royal, recourir pour obtenir ladite déclaration et la chambre d'accusation, laquelle statuera immédiatement sur le recours, le ministère public entendu.

Si le décret d'amnistie impose des conditions ou des obligations pour l'admission, celui qui entendra en jouir devra, dans le délai établi par le décret royal, ou, à défaut, dans les six mois de sa publication, recourir à la chambre d'accusation du ressort qui aurait dû connaître ou qui a connu de l'affaire, pour obtenir la déclaration d'admission. La chambre procédera, le ministère public entendu.

Dans les cas prévus par les deux paragraphes précédents, si le fait incriminé est soumis à l'appréciation des tribunaux ou des préteurs, les requérants devront faire connaître aux mêmes la déclaration obtenue de la chambre d'accusation et ce dans les deux mois de sa date.

831. — Le pardon général s'accorde par décret royal, dans lequel sont déterminés. les délits et les condamnations qui y sont comprises et les conditions pour l'admission.

Le pardon général n'abolit pas l'action pénale ; il éteint ou atténue les peines infligées par sentence passée, en force de chose jugée.

Celui qui entendra jouir du bénéfice du pardon général devra exécuter la disposition des deux derniers alinéas de l'article précédent, dans les délais qui y sont prescrits.

832. — Le recours pour jouir de l'amnistie ne suspendra pas le cours de la procédure déjà commencée,

quand des actes du procès il ne résulte pas encore suffisamment si le fait incriminé est compris dans l'amnistie ; dans ce cas, le recours sera joint aux pièces de la procédure, pour que la décision puisse être prise dans le cours ultérieur de l'affaire.

Si la nature du fait incriminé est déjà suffisamment indiquée en l'état de la procédure, la chambre d'accusation statuera immédiatement sur le recours.

833. — La disposition de l'article 147 (1) du code pénal pourra s'appliquer à ceux qui ont obtenu un décret de grâce, ou joui des pardons pour crimes prévus dans ledit article.

Cette disposition sera également applicable à celui qui aura joui de l'amnistie, quand cela a été expressément prescrit ou permis dans le décret royal par lequel l'amnistie a été accordée. Dans ce cas, le décret d'amnistie ne recevra pas d'exécution, si celui qui entend en jouir n'a pas présenté le recours prescrit par l'article 830, dans le délai y établi.

TITRE XIII.

De la réhabilitation des condamnés.

834. — *(Modifié par la loi des 28-30 juin 1876.)* Tout condamné à une peine criminelle emportant l'inter-

---

(1) *Code pénal.* 147. — Dans les cas ou la peine de mort ou celle des travaux forcés prononcées pour homicide ou autre crime contre les personnes seront prescrites, le condamné ne pourra habiter dans le lieu ou demeure la victime, ni, en cas de mort de celle-ci, dans le lieu ou demeurent ses héritiers légaux, ou son conjoint, ou ses conjoints consanguins ou alliés jusqu'au troisième degré inclusivement, sauf avec le consen-

diction mentionnée dans les articles 19 (1), 25, (2) 30 (3) du code pénal, qui aura subi sa peine, ou qui aura obtenu un décret royal de pardon général, de commutation ou de pardon pour grâce, pourra être réhabilité (4).

835. — *(Modifié par la loi des 28-30 juin 1876)*. La demande de réhabilitation ne pourra être faite par les condamnés aux travaux forcés à temps, à la réclusion, et à la rélégation, sinon après cinq ans du jour où ils auront subi leur peine ; et par les condamnés à la seule interdiction des offices publics, sinon après cinq ans à partir du jour où la condamnation sera devenue irrévocable.

tement écrit des mêmes. Il devra faire constater l'authenticité de ce consentement avant d'obtenir le décret de la cour.

Dans le cas ou ce consentement n'est pas obtenu, le condamné ne pourra établir sa propre résidence que dans la distance qui sera déterminée par la cour, cette distance ne pourra être inférieure à trois myriamètres.

(1) *Code pénal*. 19. — Voir la traduction de cet article page 151.

(2) *Code pénal*. 25. — Voir la traduction de cet article page 151.

(3) *Code pénal*. 30. — *L'exil local* consiste dans l'obligation enjointe au condamné de demeurer éloigné du lieu ou il est domicilié ; il ne pourra choisir sa propre résidence qu'à la distance de trois myriamètres tant de la commune où il est domicilié que de celle ou le crime a été commis, et du domicile des victimes ou des personnes ayant souffert le dommage.

En cas de désobéissance, le coupable sera arrêté, et la peine de l'exil sera convertie en celle de l'emprisonnement, en conformité du premier paragraphe du précédent article.

(4) *Code d'instruction criminelle*. — 834. *(Ancien texte)*. — Tout condamné à une peine criminelle emportant l'interdiction mentionnée dans les articles 19, 25, 39 du code pénal, qui aura subi sa peine, ou qui aura obtenu un décret royal d'amnistie, de pardon général, de commutation ou de pardon pour grâce, pourra être réhabilité.

Pourra aussi être réhabilité le condamné à la seule interdiction des offices publics.

Dans le cas de commutation, la demande de réhabilitation ne pourra être faite sinon après cinq ans après l'expiration de la nouvelle peine; et dans le cas de pardon, cinq ans après l'annotation du décret de grâce, ou la déclaration d'admission au bénéfice du pardon (1).

836. — La réhabilitation fera cesser, pour l'avenir, en la personne du condamné toutes les incapacités résultant de la condamnation, à l'exception de l'interdiction de l'exercice des droits politiques mentionnés dans le second paragraphe de l'article 19 (2) du code pénal; sauf les dispositions de l'article 847 du présent code de procédure.

837. — Aucun condamné ne sera admis à demander sa réhabilitation s'il n'a, pendant l'espace de cinq ans, demeuré dans le royaume, et tenu, pendant les deux dernières années au moins, son domicile dans une même commune.

Le condamné devra joindre à sa demande les certificats de bonne conduite des administrations des communes dans le territoire desquelles il avait sa résidence durant le temps qui a précédé sa demande.

Dans le cas de changement de résidence, les certificats de bonne conduite ne pourront lui être délivrés qu'au moment où il abandonnera une commune pour se transférer dans une autre.

Ces certificats devront être confirmés par les pré-

---

(1) L'ancien texte était ainsi rédigé, dans la dernière phrase de l'article « et, dans le cas de » pardon, cinq ans après l'an- » notation ou décret de grâce, » ou la déclaration d admission » au bénéfice de l'*amnistie* » et du pardon. »

(2) Voir la traduction de cet article, page 151.

teurs des lieux dans lesquels il aura résidé et visés par le procureur du roi.

838. — La demande de réhabilitation, les certificats susmentionnés, et la copie de la sentence de condamnation, seront remis au greffe de la cour dans·le ressort de laquelle résidera le condamné. Le greffier présentera, sans retard, la demande avec les documents à l'appui, au président de la chambre d'accusation, lequel nommera un rapporteur, et ordonnera que la demande soit communiquée au procureur général.

839. — L'annonce de la demande de réhabilitation présentée à la cour sera insérée, à la diligence du requérant, dans le journal officiel du lieu où siège la cour indiquée dans l'article 838, et dans celui où siège la cour qui a prononcé la condamnation ; à défaut, dans le journal officiel du royaume.

840. — Après trois mois à partir de l'insertion dans le journal, le procureur général donnera par écrit ses conclusions motivées ; et la cause sera ensuite soumise à la cour (chambre d'accusation).

841. — La chambre d'accusation, sur les conclusions du procureur général donnera son avis motivé.

Elle pourra ordonner, et le ministère public requérir de nouvelles informations en tout état de cause.

Le requérant ne pourra être présent au rapport de l'affaire, aux conclusions du ministère public, ni à la délibération.

842. — Si la chambre d'accusation est d'avis que la demande ne peut être admise, le-condamné pourra former un nouveau recours après cinq autres années à partir du jour de la délibération.

Si cependant la demande a été rejetée pour irrégularité de quelque document, les justifications requises peuvent être présentées immédiatement.

843. — Dans le cas où la chambre d'accusation serait d'avis que la demande peut être admise, cet avis, avec les documents requis par l'article 837, sera, dans le plus bref délai, transmis par le procureur général au ministre de grâce et justice, lequel en donnera connaissance au Roi.

844. — Si le Roi accorde la réhabilitation, le décret royal sera adressé à la cour d'où dépend la chambre d'accusation qui aura donné son avis, et une copie authentique en sera transmise à la cour qui a prononcé la condamnation, pour que la transcription en soit faite en marge de l'original de la sentence.

Ces cours feront en outre donner lecture du décret en audience publique et en ordonneront le dépôt au greffe.

845. — Le condamné récidiviste ne peut demander à être réhabilité, si ce n'est après un délai double de celui mentionné ci-dessus.

Dans le cas d'une nouvelle condamnation d'un réhabilité, la demande ne sera plus admise.

846. — La réhabilitation produit ses effets du jour auquel la cour, qui prononce la sentence, aura donné lecture du décret en audience publique, aux termes du premier paragraphe de l'article 844.

La réhabilitation a lieu sans préjudice de ce qui est établi par le premier paragraphe de l'article 136 (1) du code pénal.

---

(1) *Code pénal*. 436. — Le fait délictueux et les peines étant éteints par le pardon général ou par une grâce souveraine spéciale, la disposition de l'article précédent aura lieu néanmoins, sans préjudice de ce qui a été établi dans le titre cité

847. — Le condamné à une peine qui n'est pas criminelle, et qui, par disposition de la loi spéciale, porte son exclusion de l'exercice des droits d'élection et d'éligibilité dans les comices des élections administratives ou publiques, ou porte une autre incapacité quelconque, pourra être réhabilité, après l'expiration du délai prescrit par l'article 835.

Seront pareillement, dans ce cas, applicables les autres dispositions du présent titre. La demande de réhabilitation sera toujours présentée à la cour d'appel (chambre d'accusation), même si la condamnation a été prononcée par un tribunal correctionnel ou par un préteur.

DISPOSITIONS GÉNÉRALES.

848. — Toutes les fois que pour l'affirmation des faits incriminés doit se prouver l'existence des contrats desquels ils dépendent, il sera admis à ces fins, ensemble avec d'autres preuves, la preuve testimoniale, lorsque elle est admissible, aux termes des lois civiles.

849. — L'inobservation des formes que le présent code prescrit à peine de nullité, invalide l'acte et tous les actes successifs qui en dépendent, chaque fois que

du code de procédure pénale pour la *réhabilitation des condamnés* qui ont été compris dans les pardons généraux ou qui ont obtenu la grâce.

Les pardons généraux et le décret de grâce laissent intacte l'action civile pour la réparation du préjudice dérivant du délit, et pour le recouvrement des dépens du procès ; et ne comprennent pas les peines pécuniaires ou la confiscation appartenant au Trésor de l'État, sauf pour les sommes qui n'ont pas encore été payées.

la nullité n'a pas été, ou ne peut être couverte par le silence des parties.

850. — La cour ou le tribunal, alors qu'il annulera quelque acte de procédure, pourra, dans les cas de faute grave, ordonner que l'acte soit refait aux frais de l'officier (1) qui a commis la nullité : et pourra encore soumettre ledit officier au paiement d'une multe ou d'une amende selon les cas.

Il pourra encore y avoir lieu à l'application de la multe et de l'amende susdite, dans le cas où la cour, ou le tribunal reconnaîtront l'acte irrégulier, quoique les formes omises ou violées ne soient pas prescrites à peine de nullité.

851. — L'officier public qui, requis aux termes de la loi, refuse d'apposer sa signature à un acte, pourra, par le même juge qui procédera, être condamné à une amende extensible à dix francs.

852. — Les sentences et ordonnances des cours, des tribunaux ou des préteurs, ainsi que leurs requêtes pour citations, notifications, informations ou autres actes d'instruction, seront de plein droit exécutoires dans tout le royaume, quand même l'exécution doive avoir lieu en dehors de leur juridiction.

853. — Quand il y a lieu, dans les poursuites pénales, de procéder à l'audition de témoins ou à d'autres actes d'instruction par le concours des autorités judiciaires étrangères, ou de demander l'arrestation ou l'extradition d'un inculpé qui se trouve dans un territoire étranger, le magistrat instructeur en informera la cour (chambre d'accusation) de laquelle il dépend ; laquelle, au besoin, en fera la demande dans les

----

(1) Sous-entendu : *ministériel.* (*Note du trad.*)

formes accoutumées, et la dirigera par l'intermédiaire du ministère public, en y joignant les documents nécessaires, au ministre de grâce et justice, afin qu'il en provoque l'exécution.

L'extradition d'un inculpé pourra être directement requise par le gouvernement du Roi.

Si l'extradition de l'inculpé ne peut être obtenue par le gouvernement que sur des témoignages, le juge qui procède à l'instruction pourra entendre les témoins, sous la foi du serment, si ces dépositions sont nécessaires ; de ces dépositions il sera fait un dossier séparé qui servira pour la demande d'extradition. Dans les débats, cependant, ces témoins prêteront un nouveau serment dans les règles prescrites par la loi.

854. — Quand il y a lieu dans les affaires pénales de procéder à des actes d'instruction judiciaire sur la requête d'autorités judiciaires étrangères, les actes se feront par la cour d'appel (chambre d'accusation) ou par le juge qui sera délégué par elle.

Dans ce cas les témoins pourront, si cela est requis, être entendus sous la foi du serment.

855. — Rien n'est innové aux usages en vigueur entre les autorités du royaume et celles des gouvernements étrangers, en ce qui concerne le service de la justice, en matière pénale ; on observera les conventions spéciales existant.

856. — Dans les cas où, aux termes du code pénal, les tribunaux de l'État sont compétents pour connaître des faits passibles d'une peine commis par un citoyen italien dans un pays étranger, et que le coupable rentre dans l'État, on pourra procéder aux actes d'instruction nécessaires pour établir et conserver les preuves de la culpabilité de l'inculpé : il ne

pourra toutefois être décerné mandat de comparution ou d'arrêt, à moins que l'inculpé ne rentre dans l'État.

857. — Sont abrogés par le présent code toutes les lois, les décrets, rescrits et règlements contraires à ses prescriptions pénales, sauf dans les seuls cas auxquels le même code s'y rapporte.

On continuera toutefois à observer les lois et les règlements particuliers en vigueur, pour toutes les matières qui ne sont pas réglées par ce code.

TABLE

Dispositions génerales.

LIVRE II.

Du Jugement.

Dispositions generales.

LIVRE III.

De quelques des procédures particulières et de quelques des dispositions reglementaires.

TABLE

ANALYTIQUE ET ALPHABÉTIQUE.

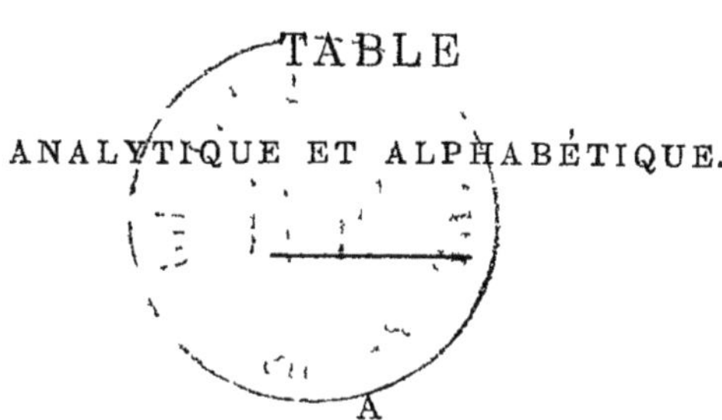

A

ABROGATION de toutes les lois et règlements antérieurs sur la procédure pénale, sauf les cas dans lesquels il y a lieu de se référer au nouveau code pénal, art. 857.

ACCUSATION devant la cour d'assises. V: *Cour d'assises* art. 422 et suiv.

ACCUSÉ OU INCULPÉ.—Interrogatoire, art. 231 et suiv. — intervention personnelle de l'accusé aux audiences publiques des cours ou tribunaux ; quand, art. 271 — il doit comparaître libre, sans liens, et seulement accompagné par la force publique, art. 273 — assistance du defenseur, art. 275 — intervention de la partie civile, art. 277 — conditions imposées aux défenseurs, avocats ou aux procureurs, art 278 — accusé contumax, art. 279 — les accusés peuvent être interrogés séparément, art. 283 — l'accusé peut se faire représenter à l'audition à domicile, des témoins empêchés, art. 294 — peut interroger directement les témoins et les experts, art. 305. V: *Defenseurs.*

ACTE D'ACCUSATION, art. 442.

ACTES DE PROCÉDURE faits à l'étranger pour connaître des faits punissables dans le royaume, art. 33, 853 et suiv. — regles relatives à la classification des actes au greffe. V: *Greffier*, art. 51 et suiv. 71, 82, 86 et suiv. — annulation des actes d'instruction, V: *Cassation* — remise des actes par une cour à une autre, etc V: *Remise*, art. 766 et suiv. — maniere de procéder en cas de destruction des sentences ou des pièces d'une procédure. V: *Destruction* ou *soustraction*, art. 796 et suiv. — nullité des actes. V: *Nullité*, art. 849 ; *Copie*, art. 463.

ACTIONS naissant du délit.—Action pénale, art. 1 —action civile pour dommages-intérêts, etc., ibi. — action pénale : comment elle est publique, art. 2 ; par qui elle s'exerce, ibi. — action civile : à qui elle appartient et contre qui elle peut être exercée, art. 3 ; devant quel juge, art. 4 — en cas de mort de l'accusé, art. 5. — des absolutions en voie criminelle, art. 6 — ou d'ordonnance de *non lieu*, et en quels cas, ibi. — Quand l'action pénale doit être exercée par la partie lésée, elle ne peut provoquer l'action pénale, si la décision au civil n'est survenue avant ; art. 7 ; si à l'action pénale sont opposées des exceptions civiles, art. 31 — il n'est pas nécessaire d'être plaignant pour se constituer partie civile, art. 109 — règles art. 110, 111, 113 et suiv. – désistement de l'instance de partie civile, art. 116, 117, 118 et suiv. ; elle ne peut faire opposition à la liberté provisoire, ait. 125 — intervention de la partie civile à l'audience, 277 — action publique et action privée naissant des contraventions. V : *Contraventions*, art. 330.

AGENTS de la sûreté publique. — Leurs attributions, art. 58, 59 — faculté d'arrêter, art. 60 — transmission au préteur ou au procureur du Roi des procès-verbaux d'arrestation et des objets séquestrés, art. 61, 151 — ces agents sont tenus de prendre des informations de tout délit et de recevoir les plaintes et de les transmettre au préteur ou procureur du Roi, art. 62 et suiv., 101.

AMNISTIE.—Pour quels motifs—règles relatives. Art. 830.

ANNULATION des sentences. V : *Appel, Cassation, Revision*.

APPEL (ou opposition) des ordonnances du juge d'instruction et de la chambre du conseil, art. 97, 260 et suiv. — Des sentences des préteurs ; quand on l'émet et comment on y procède, art. 353 et suiv. V : *Sentences*. — Appel des sentences des tribunaux, art 398. V : *Sentences*.

APPROBATION du nouveau code de procédure pénale et exécution de celui-ci du 1er janvier 1866, décret Royal annexé à ce code.

ARRESTATION.—V : *Agents de la sûreté publique*, art. 60, 64, 65 et suiv., 74 — approbation ou légitimation de l'arrestation par la chambre du conseil, art. 197, 198 — mise en liberté temporaire, art. 199 et suiv. — liberté provisoire, art. 205 et suiv. — l'arrestation ne peut plus être opérée s'il est déclaré qu'il n'y a pas lieu de procéder, art. 206 — dépôt de l'inculpé arrêté aux prisons. V : *Prisons*, art. 809 et suiv. — Arrestation ou détention illégale des personnes ; manière de procéder en pareil cas, art. 802 et suiv.

AUDIENCES devant la cour d'appel, le tribunal ou le préteur — elles doivent être publiques à peine de nullité : exceptions, art. 268 — avec l'assistance du ministère public et du greffier, art. 270 — quand il faut aussi celle de l'inculpé ou accusé, art. 271 ; absent, légitimement empêché ; délai, art. 272 ; accompagné de la force publique, mais libre, art. 273 — assistance du défenseur, art. 274 et suiv. — Intervention de la partie civile, art. 277 — qui peut être défenseur, art. 278 — accusé contumax, art. 279 — ordre de la discussion, art. 281 — règles nécessaires sous peine de nullité, art. 282, 283 — les délibérations prises dans le cours de la discussion publique ne produisent pas des moyens de nullité s'il n'y a pás eu protestation des parties, art. 284. V : *Cassation*, art. 667. V. — *Cour d'appel, Cour d'assises, Tribunal correctionnel, Police des audiences.*

AUDITION des témoins — règles, art. 160, 161 — obligation qu'ils ont de déposer et exceptions, art. 162 — citation, art. 163, 164, 165 — simple avis, art. 167 — témoins non cités, art. 168 — audition à domicile, art. 169, 294 — témoins poursuivis ; sauf-conduit, art. 170, 296 — séparation des témoins, art. 171 — serment, quand il y a lieu, art. 172 — admonition, ib. — regles pour l'audition, art. 173, 174, 175 — témoins récalcitrants, art 176, 177, 178, 179 — confrontation des témoins avec l'inculpé, art. 241 et suiv. — Capacité des témoins et des experts, art. 285 et suiv. — Exclusion des témoins intéressés, et autres, eu égard à leurs fonctions. art. 288 et suiv. — Témoins cites non comparaissant, art. 291 — peines contre les mêmes, art. 292 — opposition à l'ordonnance relative, art. 293 — empêchés de comparaître ; délégation pour l'audition,

art. 667 — comparution des avocats représentant les parties ; règles relatives aux débats et à la sentence, ibi. art.
668 et 673 — annulation partielle, art. 676 — multe à la
partie civile qui succombe, art. 679 — elle ne peut plus recourir, art. 681 — règles sur la nouvelle sentence, recours
contre elle, suivant qu'il a été décidé ou non en conformité du premier jugement, art. 683 — cassation dans
l'intérêt de la loi et son effet, art. 684, et 685 — droits
du condamné dans une telle hypothèse, art. 686 — conflit de juridiction ; recours en cassation pour ce motif, art.
731 et suiv. V : *Conflit.*

CAUTION pour obtenir la liberté provisoire — quand elle
peut avoir lieu, art. 205 et suiv. — elle est encore admise
pour crimes et dans certaines limites, ibi. — personnes non
admises à la caution. art 206 — à qui le soin en appartient, art. 209 — demande relative ; règles, art. 210, 211 —
procédure, art. 212, 213 — pauvres : quand ils sont dispensés de la caution, art. 214 — appel de l'ordonnance relative à la caution, art 215, 216 — comment se donne la
caution, art 217, 218 — fidéjusseur, art. 219 et suiv. — caution en argent, en obligations, ou en biens stables, art.
220, 221 — relax de l'inculpé, ou révocation du mandat
d'arrêt, art. 223 — nouvelle arrestation, art. 224 — règles
sur la restitution de la caution, quand elle peut avoir lieu,
art 228 à 230.

CHAMBRE (*Section*) d'accusation — appel devant elle de
l'ordonnance du juge d'instruction, art. 97 — règles relatives a la manière de traiter les affaires devant la chambre
d'accusation, art 427 et suiv. — évocation des actes, art.
448.

CHAMBRE DU CONSEIL — comment elle est composée,
art. 198 — elle donne sa sanction à l'arrestation art. 197,
199 et suiv. — sur la liberté provisoire, art. 205 et suiv. —
sur les ordonnances, art. 209 — quand l'instruction est
complète, art. 246 et suiv. — opposition, art. 260 et suiv.

CITATION DIRECTE pour flagrant délit, art. 46 — devant
les tribunaux, art. 371 — devant les cours d'assises, art. 453.

CITATION DE TÉMOINS V : *Témoins.*

CODE de procédure pénale — son approbation et exécution

à partir du 1er janvier 1866 — décret royal annexé au même code — abrogation des lois antérieures, art. 857.

COMPARUTION. V : *Mandat de*

COMPÉTENCE de la cour d'assises, art. 9 — des tribunaux correctionnels, art. 10 — des préteurs, art. 11 — regles pour déterminer la compétence, art. 12, 13, 14, 15 et suiv. V. Connexité, art. 20; *Prevention*, art. 34 — compétence pour les délits commis par des fonctionnaires de l'ordre judiciaire, art. 37.

CONDAMNÉS — leur réhabilitation, art. 834 — quand ils ne peuvent y être admis, art. 835. — effets de la rehabilitation, art. 836 — conditions pour l'obtenir, art. 837 — regles y relatives, art. 838 et suiv. — condamnés récidivistes, si ils y sont admissibles, art. 845 — exclus de l'exercice des droits politiques, électoraux ou d'eligibilité, art. 847.

CONFINEMENT, peine du — exécution, art. 778 et suiv.

CONFIRMATION de l'arrêt de prévention, art. 197 et suiv.

CONFLIT de juridiction — quand il existe, art. 731 — manière de procéder en pareil cas, art. 732 et suiv. — décision, art. 736 — recours en cassation, art. 738 et suiv. — quand la décision du conflit appartient à la cour de cassation, art. 743 — règles pour la sentence, art. 744 et suiv.

CONFRONTATIONS Art. 241.

CONNEXITÉ entre les crimes; et entre ceux-ci, les délits et les contraventions, art. 20.

CONTRAVENTIONS — Quelles sont celles d'action publique et quelles sont celles d'action privée, art. 330 — règles pour les citations, art. 331 et suiv. — délai pour comparaître, art. 334 — jugement de défaut, ibi. — expertises, art. 336 — discussion publique, art. 338 et suiv. — Défaut, art. 347 — jugement, art. 342 et suiv. — opposition, art. 348, 349, 350, 351. — absence de la partie civile ou lésée, art. 352 — appel, art. 353 et suiv.

CONTUMACE (1) dans les jugements des préteurs, art. 347 — dans les jugements d'appel contre les sentences des préteurs, art. 368 — dans les jugements des tribunaux correctionnels, art. 388 — dans les jugements d'appel contre

(1) Nous avons voulu conserver cette appellation générique qui s'applique à tous les jugements par defaut.   (*Note du trad.*)

D

ou de la partie civile; leur répétition à l'encontre des condamnés, art. 562, 563 et suiv. — quels frais sont à la charge des accusés ou des inculpés, art. 566 — restitution des dommages, art. 569 — en cas d'acquittement de l'inculpe, frais qui sont à charge de la partie civile, art. 570, 571 — jugement pour la liquidation des dommages, art. 572 — quand la liquidation doit avoir lieu devant le tribunal civil, art. 573, 878 — caution de la partie lésée pour l'execution de la sentence par defaut, art. 574, 575, 577, 581.

FUITE des condamnés detenus; regles pour la garde des mêmes, art. 787 — et en cas de nouvelle arrestation, art 789 et suiv. — sentence, 792, 793 — fuite des condamnés aux travaux forcés, art. 795.

G

GARDES champêtres et de la sûreé publique — leurs attributions, art. 58, 59 — arrestations opérées par ceux-ci art. 60 — transmission au préteur et au procureur du Roi des proces-verbaux et des objets séquestrés, art. 61.

GRACE des peines — demandes et suppliques y relatives, regles, art. 826 — décrets relatifs obtenus : leur presentation art. 827 et suiv.

GREFFIER — Il assiste le préteur dans l'accomplissement des actes, art. 71 — et le juge d'instruction, art. 82 — règles pour les procès-verbaux, art. 86, 87, 88 — dans le cas ou il est nécessaire d'avoir un interprete, art. 91, 93, 94 — de sourd-muet, art. 92, 93, 94 — amende, art. 95 — secret, art. 96 — partie civile, art. 110 — regles dans le cas où des objets saisis dans des perquisitions ont été séquestrés, art 144 et suiv. — signature des mandats de comparution, art 188 — règles dans le cas de caution pour mise en liberté provisoire, art 215, 219, 222 — interrogatoires, art. 231 et suiv. — reconnaissances et confrontations, art. 241 et suiv. — corps de délits restant au greffe art 255 — opposition à ordonnance, art. 261, 262 — audience, art. 281, N. 2 — audition à domicile, art. 294 — serment des témoins et des experts, art. 297, 298 — proces-verbaux des debats, art. 316 et suiv. — des sentences, art 325 — copie, art 326 — minute, art. 329 — citations devant les preteurs, art 332 — sentence par contumace,

H

I

121 — regles, art. 122, 123 à 141. V : *Visite domiciliaire*, art. 142 et suiv.

J

JUGE D'INSTRUCTION — Attributions, art. 79, 80 — instruction des procès, art. 81, 82, 83 et suiv. — interpretes pour les étrangers, art. 91 — pour les sourds-muets, art. 92, 93 — nullité, art. 94 — secret à tenir pour les actes, art 96. — ordonnances; appel des mêmes, art. 97. V : *Inspection*, art. 121 et suiv. Visites domiciliaires, art. 142 et suiv; Audition des témoins, art. 160 et suiv. Mandat d'arrêt et de comparution, art 180 et suiv. ; caution, art. 205 et suiv. ; Interrogatoire de l'inculpé art. 231 et suiv. — communication à faire par le juge d'instruction au procureur du roi des opérations achevées, art. 246 — quand il peut rendre l'ordonnance lui-même et quand il doit en référer à la chambre du conseil, art. 246 et suiv.

L

LECTURE des dépositions aux débats, art. 311.

LIBERTÉ PROVISOIRE. — Qui y a droit, art. 205 — pour quels inculpés elle peut être accordée, art. 205 — pour lesquels elle est exclue art. 206 — règles relatives, art. 207 et suiv.

LIEU ou le délit a été commis. V : *Competence*, art. 14 et suiv. — lieu du domicile ou de l'arrestation, art. 34. V : *Prévention*.

LISTE des témoins, art. 384, 468.

M

MANDAT d'arrêt et de comparution. — Pour quels motifs art. 180, 181 — quand sont décernes le premier et le second, art. 182, 183, 184 — révocation, art. 185. — Il faut la plainte ou la dénonciation pour les mandats d'arrêt, art. 186 — comment le mandat d'arrêt peut-il être décerne dans le cours de l'instruction, art. 187 — forme du mandat d'arrêt et de comparution, art. 188 — modifications de ce dernier art. 189 et suiv. — execution du premier, art. 192 — ces mandats sont exécutoires dans tout l'Etat : comment, art. 194 — transfert de la personne arrêtée, art. 195 — maladie de celle-ci, art 196 V : *Caution*, art. 197.

N

O

et plaintes, art. 41 — actes judiciaires d'instruction criminelle, art. 53 — personnel et attributions de la police
judiciaire, art. 56, 57. V: *Agents de la securité Publique*
— secret imposé aux officiers de police judiciaire, art. 96
— obligation qu'ils ont de dénoncer les délits et d'ordonner
dans certains cas l'arrestation des inculpés, art. 62, 63 et
suiv. et art. 101.

OFFICIERS de santé — obligation qu'ils ont de dénoncer
les empoisonnements, les blessures ou offenses corporelles,
pour lesquels ils auront prêté les secours de leur art. 102,
103 — ils sont obligés de donner avis au juge en cas de
mort de la personne soignée, art. 134 — déclaration spéciale quand il y a soupçon d'infanticide, 135.

OFFICIERS publics — refus de la part de ceux-ci d'apposer leur signature sur les actes ; peine y relative, art. 851.

OISIFS, vagabonds, mendiants et suspects — leur arrestation, art. 66, 74 — non admis a la mise en liberté temporaire s'ils sont inculpés de délits punissables d'une peine
non inférieure à l'emprisonnement, art. 199, 3ᵉ alinéa —
non admis en aucun cas à la liberte provisoire, art. 206.

P

PARDONS, art. 831 — regles pour en jouir, art. 832.

PARTIE CIVILE — sa constitution, art. 109 — ses droits
art. 110 et suiv. V : *Appel, Liberté provisoire, Plainte.*

PARTIE LÉSÉE — sa poursuite pour l'exercice de l'action
pénale, art 2, alinéa 2ᵉ — exercice de l'action civile et
contre qui, art. 3 — devant quel juge, art. 4 — en cas de
mort de l'inculpé, art. 5 — ou d'absolution, ou d'ordonnance *de non lieu*, art. 6 — quand la partie lésée ne peut
exercer l'action pénale, art. 7 — renonciation à l'action
civile, ses effets, art. 8 — opposition de la partie civile
aux ordonnances de la chambre du conseil ou du juge d'instruction, art. 260 — en cas de rejet de l'opposition, condamnation de la partie civile aux frais et à des dommages-
intérêts, art. 265.

PEINES de diverses especes qui concourent et qui s'appliquent au même fait : compétence relative, art. 13 — absorption des peines, art. 23, 25.

PERQUISITIONS. V : *Visites domiciliaires.*

PERSONNES civilement responsables pour crimes ou pour délits — citation aux mêmes, art. 549, 550 et suiv. — procédure, art. 555, 556 et suiv.

PLAINTE — par qui elle peut être portée et à quelle autorité, art. 104, 105 — contre-plainte, art. 106, 107 et suiv. — qui peut se constituer partie civile, art. 109 — de quelle manière, art. 110, 111, 113 — désistement de la plainte, art. 116, 117, 118 et suiv.

POLICE des audiences, art. 619, 620 — troubles dans les mêmes : peines de police, art. 621 — délits dans les audiences, art. 622, 624 — sentence, art. 623, 626 — injures de l'accusé, art. 628 — inculpés ou accusés qui refusent de comparaître, art. 629, 630.

PRÉTEUR. – Sa compétence, art. 11 — règles pour la déterminer, art. 12 — juge du lieu où le délit a été commis, art. 15. *V: Competence* — faculté de recevoir les plaintes et les dénonciations, art. 29 — et de faire les actes relatifs en dehors du canton, art. 30 — obligation d'en informer le ministère public, art. 31, 36 — obligations du préteur dans le cas de délits commis dans sa juridiction, art. 71 — et encore qu'ils ne soient pas de sa compétence, art. 75 – audience devant les préteurs, art 330 et suiv. — obligation au préteur de transmettre au procureur du roi copie de ses sentences, art. 327 — appel des sentences, art. 353. V : *Sentence.* — V : *Recusation*, art. 746 et suiv.

PREUVE testimoniale des contrats admise dans les causes criminelles toutes les fois qu'elles sont admises suivant les lois civiles, art. 848.

PRÉVENTION. — Quand elle a lieu et comment elle demeure établie, art. 16, 18, 35.

PRISE DE CORPS. V : *Mandat de prise de corps* ou *d'arrêt.*

PRISONS. — Il ne peut y être reçu ni retenu personne, sinon en vertu d'ordres, sentence ou mandat d'arrêt d'une autorité légitime, art. 809 — règles pour la consignation des prévenus arrêtés, art. 810, 811 — registre à tenir par les gardiens, art 813 et suiv. — entretien avec les détenus : regles, art. 816 — relax : quand, art. 810 — malades, art. 819 et suiv. — soin et surveillance des prisons de la part de l'autorité judiciaire, art. 821, 822 — peines disciplinaires aux gardiens et aux détenus, art. 823 et suiv.

PROCUREUR GÉNÉRAL près la cour d'appel, art. 38 et suiv. — il peut, quand il le croit convenable procéder aux actes qui sont de la compétence des procureurs du roi, art 55. V: *Ministere public* — opposition aux ordonnances d'instruction, art 263. V: *Cours d'assises*, art. 422 et suiv.

PROCUREUR DU ROI. V: *Ministère public*, art. 42, 43 et suiv. 51, 52, 53 et suiv. — opposition aux ordonnances du juge d'instruction et de la chambre du conseil, art 97, 260 et suiv. — transmission obligatoire des jugements du tribunal au procureur général, art. 328 — seulement pour ce qui concerne toutes les affaires criminelles, correctionnelles ou de police, art. 452.

R

RÉCUSATION des conseillers d'une cour, des juges d'un tribunal, ou des préteurs — quand elle a lieu, art. 746, 747 — exception pour les officiers du ministère public, art. 748 — par qui peut être proposée la récusation, art. 749 — regles de procédure, art. 750 et suiv. — condamnation et peine contre celui qui récuse, en cas de récusation non admis, art. 710 — appel du même, art. 761 — admission de la récusation, art. 762 et suiv.

RÉHABILITATION des condamnés — quand et dans quel cas, art. 834 — règles pour la demande et quand elle ne peut avoir lieu, art. 835 — effets de la réhabilitation, art. 836 — conditions pour l'obtenir, art. 837 — regles re'atives, art. 838, 839 et suiv. — comment et par qui elle est accordée, art. 840, 841 et suiv. V : *Condamnes.*

RENVOI de la cause par une cour à une autre cour, ou à un autre tribunal, ou à un autre préteur : quand il peut avoir lieu, art. 766 — règles relatives, art. 767, 768 et suiv. — sentence, notification, art. 775 — demande nouvelle, art. 776 — quand la décision de la cour de cassation est nécessaire, art. 777.

RÉVISION et annulation des sentences. V : *Cassation,* art. 638 — comment et en quel cas elle a lieu : regles, art. 688, 689, 690, 693 — témoins qui ne peuvent être entendus dans les nouveaux debats, art 691 — réhabilitation de la mémoire des personnes condamnées injustement, art. 692.

S

SAUF-CONDUIT. — Quand il peut avoir lieu, art. 170 V : *Audition des temoins*, art. 170, 296.

SECRÉTAIRE du procureur du Roi — son intervention pour la compilation des actes d'instruction criminelle, art. 52 — règles relatives aux actes auxquels il est intervenu, art. 86. 87 et suiv. — secret des actes, art. 96.

SENTENCES. — La prononciation des sentences doit avoir lieu immédiatement après les débats terminés, art. 318 — règles, art. 319, 320 et suiv. — dispositions particulières pour les sentences des cours d'assises, art. 324 — obligation pour le greffier de les coucher par écrit et de les faire signer, art 325 — peine d'omission art. 326 — transmission des copies des sentences par les préteurs et par les procureurs du roi, art. 327, 328 — minutes des sentences des cours d'assises, dépôt, art. 329 — sentence dans les contraventions, art. 342. V : *Contraventions* — appel des sentences des préteurs, art. 353 et suiv. — exécution suspendue, art. 354 — délai pour l'appel, art. 355 — règles pour l'appel, art. 356 et suiv. — sentences des tribunaux correctionnels, art. 363 et suiv. — contumace d'une des parties, art. 368 — opposition, art. 368, 2ᵉ alinéa. V : *Tribunaux correctionnels*, art. 371 et suiv. *Cour d'appel, Cour d'assises* — frais des sentences, des procédures et liquidation des dommages intérêts. V : *Frais*, art 562 à 582 — exécution des sentences. V : *Exécution*, art. 584 et suiv. — annulation des sentences ; quelles. V : *Cassation*, art. 638. V : *Révision*, 688 et suiv.

SOURDS-MUETS. — Audition de ceux-ci. V : *Greffier interprète* art. 32, 93, 94.

SURVEILLANCE de la sûreté publique exécution, art. 786.

SYNDICS V : *Agents de la sûreté publique*.

T

TÉMOINS. V : *Audition*, art. 160 et suiv. — témoins récalcitrants, faux ou réticents. art. 176, 177, 178, 179 —

ERRATUM.

———

Pages

109 — art. 198, ligne 8 : au lieu de « à laquelle appartiennent »,
    mettre « a laquelle appartient ».

120 — note (1), ligne 5 : mettre au pluriel le mot « au ».

217 — art 479, ligne 4 : au lieu de « tel document nouveau »,
    mettre « tel nouveau document ».

219 — note (1), ligne 12 : au lieu de « du jury », mettre « du jury
    italien ».

238 — art. 534, ligne 3 : au lieu de « ses coaccusés », mettre
    « ses coaccusés présents ».

246 — art. 561, ligne 5 : mettre au singulier le mot « défauts ».

246 — note (1), ligne 3 : au lieu de « est une institution » mettre
    « était une institution ».

253 — art. 588, ligne 1e : supprimer la virgule apres le mot
    « cour ».

253 — art. 591, ligne 1e : supprimer la virgule apres le mot
    « sentences ».

257 — note (1) : au lieu de « de,1 traduit page 223 », mettre
    « voir la traduction à la page 446 du volume 2e ».

280 — art. 613, ligne 4 : au lieu de « proroges par » mettre
    « proroges pour ».

286 — art. 681, ligne 2 : au lieu de « qui l'aura fait », mettre
    « qui l'aura formé ».

304 — art 734, ligne 3 : au lieu de « communiqué à l'autorité
    « judiciaire » mettre « communique aux autorites judi-
    « ciaires ».

310 — art. 755, 2e paragraphe, ligne 3 : au lieu de « à moins
    qu'il justifie » mettre « à moins qu'il ne justifie ».

312 — art. 762, ligne 2 : au lieu de « ne sont » mettre « ne soient ».

333 — art. 839, paragraphe 2, ligne 3 : supprimer la virgule qui
    est apres le mot « passee ».

Tours — Imp. Mazereau.

TOURS. — IMPRIMERIE MAZEREAU.

www.ingramcontent.com/pod-product-compliance
Ingram Content Group UK Ltd.
Pitfield, Milton Keynes, MK11 3LW, UK
UKHW021504090726
13657UKWH00001B/33